重庆工商大学经济学院"重庆市经济学拔尖人才培养示范基地"与国家一流专业建设点系列成果

重庆工商大学经济学院学科经费(63201503501)
经济学拔尖人才培养示范基地(61011600107) 资助

数字经济与农产品流通现代化耦合发展对农户收入的影响研究

SHUZI JINGJI YU NONGCHANPIN
LIUTONG XIANDAIHUA OUHE FAZHAN
DUI NONGHU SHOURU DE YINGXIANG YANJIU

杨海丽 邹剑涛 王 源 ○ 著

西南财经大学出版社
Southwestern University of Finance & Economics Press
中国·成都

图书在版编目(CIP)数据

数字经济与农产品流通现代化耦合发展对农户收入的
影响研究/杨海丽,邹剑涛,王源著.--成都:西南
财经大学出版社,2024.11.--ISBN 978-7-5504-6266-3

Ⅰ.F724.72;F323.8

中国国家版本馆 CIP 数据核字第 2024B1S366 号

数字经济与农产品流通现代化耦合发展对农户收入的影响研究
SHUZI JINGJI YU NONGCHANPIN LIUTONG XIANDAIHUA OUHE FAZHAN DUI NONGHU SHOURU DE YINGXIANG YANJIU

杨海丽 邹剑涛 王 源 著

策划编辑:李晓嵩
责任编辑:李 才
责任校对:周晓琬
封面供图:董潇枫
封面设计:何东琳设计工作室
责任印制:朱曼丽

出版发行	西南财经大学出版社(四川省成都市光华村街55号)
网 址	http://cbs.swufe.edu.cn
电子邮件	bookcj@swufe.edu.cn
邮政编码	610074
电 话	028-87353785
照 排	四川胜翔数码印务设计有限公司
印 刷	四川五洲彩印有限责任公司
成品尺寸	170 mm×240 mm
印 张	23.5
字 数	287 千字
版 次	2024 年 11 月第 1 版
印 次	2024 年 11 月第 1 次印刷
书 号	ISBN 978-7-5504-6266-3
定 价	98.00 元

前言

农产品流通链接农产品生产与消费，对实现农产品价值与使用价值发挥着非常重要的作用。改革开放40多年，我国农产品流通领域发生了深刻变革，先后经历了"农产品禁止市场流通→农产品进入市场流通→农产品市场化流通→农产品电商→农产品流通数字化→农产品流通现代化"的演变历程。

第一阶段（1979—1984年）：农产品流通从全面计划下的禁止流通转向逐渐放开。1979年以前，中国长期实行计划经济模式，国家在农业方面的投入、生产及分配，完全采取计划方式，农产品供求完全由政府主导，农产品流通实行政府统购分销。自1979年开始，农产品生产与流通逐步放开，农村实行土地所有权改革，农村经济增长之源初步形成；1983年2月《国家经济体制改革委员会、商业部关于改革农村商品流通体制若干问题的试行规定》出台，国家开始实行计划与市场并行的双轨制，在以坚持计划经济为主、市场调节为辅的原则下搞活市场，逐渐推行经济形式多样化、经营方式多元化、流通渠道多维化，从而减少流通环节，优化流通资源，提高流通效率。1984 年底，进入市场销售的农产品范围逐步拓宽，统购统销的农产品类别不断减少（由180 种减少到 38 种），越来越多的农产品的价格开始由市场供求决定。农产品流通从禁止到开放，逐渐实现了自由流通。

第二阶段（1985—1992 年）：农产品流通由计划的统购统销，迈向计划-市场双轨流通和市场化流通，且市场配置的农产品的数量和范围进一步扩大，逐步占据主导地位。1985 年，我国放开了批发市场，水果、蔬菜等农产品批发市场相继成立。统购统销的农产品流通体制机制被彻底打破，形成了宏观调控下的农产品自由流通机制。1990 年 10 月 12 日，第一家全国性粮食批发市场在河南郑州开业，标志着中国农产品流通市场化机制的启动，这也是经济体制从计划转变为市场的关键标志。1990—1992年，国家对部分农产品价格开始实行指导性定价，不断完善统购分销合同制，市场配置的农产品收购金额进一步扩大至 90% 以上，农产品购销进一步迈向自由化和市场化。

第三阶段（1993—2000 年）：以市场为配置主体的农产品流通大市场确立。1993 年 2 月《国务院关于加快粮食流通体制改革的通知》发布，明确规定要积极稳步放开粮食价格和经营权，力争在 2~3 年内全面放开粮食价格。通过农产品的消费需求和供给两个方面，拉动典型农产品的城市销地批发市场和农村产地批发市场的迅猛发展，跨区域、大范围和多品种的农产品批发市场逐渐形成。农产品批发市场成为最重要的农产品流通渠道，标志着中国农产品流通快速迈向市场化。

第四阶段（2001—2012 年）：农产品流通持续深化改革。从流通体制、流通模式、流通渠道、流通组织等多方面改革创新；同时，农产品流通规模、质量、方式均有了翻天覆地的变化，出现了农产品电商模式。2001 年中国加入世界贸易组织，对中国经济体制的影响是深远的，该事件推动了国内各产业快速变革。从农产品流通行业来看，流通模式多元化，流通渠道持续创新，农产品冷链体系逐步建立；中央对农产品流通的政策指向和引导趋向加强，如 2004—2009 年的中央一号文件中反复提及要创建、发展农产品的现代物流业，建设以冷藏和低温仓储运输为主的农产品冷链体系，建立以集中采购、统一配送为中心的农产品流通模式，通过创新流通模式降低流通成本，提高流通效率。因此，在该阶段农产品流通中的物流行业犹如雨后春笋般迅猛发展。

1997 年连锁经营模式引入中国，同年中国成立了连锁经营协会；2001 年中国加入世界贸易组织后，国外连锁零售业快速进入中国，连锁组织形式的各种类型超市快速发展，农产品流通的组织化程度迅速提升，农产品流通组织创新层出不穷；2001 年启动"农改超"，国内出现了大量以生鲜为主的标准超市和大型综合超市，如永辉超市、重庆新世纪超市、湖南步步高、北京超市发和物美等；2002 年，农业部出台《全国农产品市场体系建设规划》，开展"菜篮子"工程建设，不断推进作为农产品流通主渠道的批发市场的改造升级；2003年起，国家进一步把培训农村经纪人作为重要工作之一，与此同时，国家鼓励农民专业合作社、供销合作社及龙头企业成为农产品流通的主力军。2004年中央一号文件鼓励发展各类农产品专业合作组织，以规模化经营提升农产品流通效率，增强其市场竞争力；同年，国家全面放开农产品收购和销售市场，我国农产品流通进入全面市场化阶段，流通体系更加健全，机制保障和政策调控进一步增强，农产品流通进入网络化和数字化时代，如出现了社区生鲜店——以生鲜品为主，满足居民日常买菜和肉等需要的、进入居民区的连锁店。2005年商务部启动"万村千乡市场工程"和"农产品进城、工业品下乡"双向流通促进工程，同年中国第一家生鲜电商平台"易果网"成立，促进了农产品流通创新和发展，夯实了农产品流通基础，推动了农产品与电商的融合发展，构筑起农产品流通现代体系；2007年《中华人民共和国农民专业合作社法》实施，助推合作社加速发展，我国农业产业化由点及面，邮政物流企业、粮食流通企业、大型商贸流通企业是流通主体的有益补充。政府及行业协会作为政策制定者和体系保障者，发挥了重要作用。农业部每年支持各地举办30多场农业会展，初步形成了国际性、全国性、区域性相衔接，综合性、专业性相补充的会展营销体系。

在众多市场主体的共同努力下，我国农产品流通体系不断完善，交易方式和流通业态逐步改进。农产品流通由过去传统集市贸易扩展到专业批发、订单购销、拍卖和期货交易等现代化方式，农资连锁配送发展势头良好；连锁经营、超市、便利店等新型业态逐渐走进农村日用消费品流通领域。

第五阶段（2013—2019年）：农产品电商成为农产品流通的重要渠道。2012年褚橙进京事件是农产品流通创新与变革历史上的重要事件，给农产品电商注入了发展的动力。2013年起资本及互联网巨头开始进入生鲜电商行业，比如当年阿里收购了中国第一家生鲜电商平台易果网；大部分生鲜电商平台主要成立于2013—2019年，如天猫生鲜、京东到家、多点、盒马鲜生、每日优鲜、百果园、永辉优选、大润发优选等，以生鲜电商为代表的农产品流通行业得到了充分发展，可以称为"生鲜电商黄金七年"，其中，2017年生鲜电商行业开始进入调整期，代表性的事件是"许鲜"倒闭。2017—2019年生鲜电商开始激烈竞争和重新洗牌，大量生鲜平台倒闭或者转型，而具有竞争力的头部生鲜电商逐渐形成，如京东到家、美团买菜、饿了么、多点、叮咚买菜、每日优鲜、盒马鲜生等。农产品流通模式和渠道由于商家间的激烈竞争得到了改进和完善，农产品流通线上线下模式不断完善，"盒马村+盒马鲜生"模式成为农产品流通渠道和模式的典型代表。

第六阶段（2020年至今）：突发疫情加速线上农产品和生鲜电商融合，数字经济与农产品流通协同程度不断加深，引发农产品流通渠道爆发式革新，农产品电商爆炸式增长，农产品直播进入快速增长阶段。2020 年，生鲜电商规模首次突破千亿元，达到 1 253.9 亿元，线上渠道虽能为生鲜品牌化、标准化、规模化带来巨大的发展空间，通过多渠道融合与数字经济赋能农产品流通模式，规范农产品流通方式，激发农产品流通创新，提升农产品流通效率，降低农产品的流通成本，但从整体来看，农产品流通中批发市场仍然居于核心位置。值得注意的是，近些年农产品物流、冷链等配套行业发展加快。中国物流信息中心的数据显示：2020 年农产品物流总额达到 4.6 万亿元，同比增长 3%；2021 年农产品物流总规模达到 5 万亿元；2022 年达到 5.3 万亿元，农产品绿色物流成为这一阶段的一个特点。农产品流通一头连着农民生产，一头连着城镇居民的"菜篮子和米袋子"；不断完善农产品流通体系，拓宽农产品流通渠道，创新农产品流通模式，突破农产品流通技术，实现农产品流通现代化，是农业经济发展和农民增收的关键。

数字经济赋能农产品流通成为新时代农产品流通的时代特征。国家各类发展报告中多次提出要"加快发展数字经济，促进数字经济和实体经济深度融合""加快发展物联网，建设高效顺畅的流通体系，降低物流成本"。作为现代流通体系的关键组成部分，农村流通体系的不断完善与创新发展，对于乡村振兴及促进城乡市场衔接、发展农村经济等具有战略意义。数字经济与农产品流通主体、流通客体、流通渠道、流通环境、流通管理和流通政策等方面深度融合，改变了农产品流通的质量和成本，将传统批发经销渠道裂变为线上线下全渠道，由单一渠道变为实体批发、"经销+农产品电商+农产品直播+其他线上渠道"模式，数字技术加速农产品出村进城，加快了农产品集聚与农村流通市场融合发展；数字技术的广泛应用，消除了农产品供需市场信息的长期不对称而引发的流通功能失调，助力农产品价值和附加值的提升。数字经济发展使得城乡消费者的消费模式发生根本性变化，农产品流通的客体由此发生变化。数字经济赋能农产品流通信息交互方式，通过各种类型的平台实现了供需信息的实时沟通与共享，拓宽了农产品流通的范围，实现了农产品从农户到海外市场的顺畅流通，开拓了更广阔的市场。与此同时，数字经济赋能农产品流通体系，缩小城乡消费差距，挖掘农村消费潜力，有利于农村电商的发展。

党的二十大以来，中国式现代化备受关注，农业现代化是中国式现代化的重要组成部分，也是新时代党和国家的重要历史任务，更是实现乡村振兴的重要支撑。1993年美国著名的农业经济学专家盖尔·约翰逊针对中国农业当时的情况曾经指出，农业现代化仅仅决定生产的组织方式肯定是远远不够的，必须从农业全产业链考虑，尤其是向农村提供充足的生产要素和农产品流通的自由，确保农民利益的自由选择。因此，农业现代化包括农业生产中的物质装备现代化和生产体系的现代化，同时也包括农产品流通的现代化。农产品流通现代化不仅可以改变农产品流通的方式和渠道，还可以倒逼传统农业进行提高农业生产力的改革，进而提升农业生产现代化水平，统筹农产品供给与农产品需求两个市场、两种资源，保障农产品实现供求均衡，发挥价格稳定和均衡的调控作用。因此，研究农产品流通现代化是实现中国式现代化的一部分，符合国情和农产品流通产业发展特点。新时代农产品流通现代化研究是在数字经济、乡村振兴和共同富裕背景下研究农产品流通现代化水平发展的价值和意义，农产品流通现代化水平的评价、发展规律和发展态势，对进一步理解农产品流通现代化的内涵具有重要的价值和意义。从现有的文献来看，对农产品流通现代化的量化研究偏少，而对数字经济与农产品流通现代化的协同发展研究则非常稀缺，缺乏完整的框架，量化评价的指标体系也需要进一步完善。

新时代农产品流通现代化在李崇光、赵晓飞于 2016 年出版的《中国农产品流通现代化研究》的基础上被定义为：在中国市场经济条件下，借助新一代数字信息技术，实现农产品流通的创新发展，包括新技术赋能农产品流通设施、农产品流通组织、农产品流通体制、农产品流通方式等方面，从而实现农产品流通在不同阶段的变革和创新。新时代农产品流通现代化主要是指包括大数据、云计算、区块链等在内的数字技术赋能农产品流通形成的现代化运营。本书从数字经济与农产品流通现代化耦合发展出发展开研究，探索数字经济和农产品流通现代化耦合发展对农户增收的影响。

本书共包括八章内容。

第一章为文献综述，从数字经济、农产品流通现代化及农民收入方面展开文献研究。①关于数字经济的文献综述主要包括数字经济内涵、构成特征、数字经济对各产业的赋能和数字鸿沟方面；②流通、农产品流通的文献综述包括农产品流通相关概念，农产品流通效率、农产品流通水平和农产品流通现代化水平的评价指标体系；③农户收入的相关文献主要包括：农户收入的概念及构成，影响农户收入的主要因素如土地、资本、生产模式与结构、现代技术与服务、农产品流通模式，影响农户收入差距的主要因素如土地、资本、现代技术与服务及农产品流通模式；④数字经济与农产品流通关系的文献综述主要包括：农产品流通数字化变革（包括互联网+农产品流通、电子商务+农产品流通、数字基础设施及保障）、农产品流通渠道变革（包括传统农产品电商流通渠道、农产品电商流通渠道变革、农产品电商流通渠道的运作机制及其意义）、农产品供应链优化路径（包括数字供应链构建、农产品供应链数字化意义及其结构）以及数字经济与农产品流通关系的关系检验；⑤数字经济、农产品流通与农户收入的关系文献综述，包括从宏观层面研究三者关系的文献，如数字技术应用和农户消费的促进作用，也包括微观层面的研究文献——主要从数字经济如何作用于农产品流通的微观环节如采购、融资、运输、储存、终端销售等，如何提升流通效率、降低流通成本、拓宽流通渠道等方面研究了数字经济、农产品流通与农户收入的关系。通过文献综述发现数字经济、农产品流通现代化与农户收入的研究，主要集中在数字经济促进农产品流通现代化进而提升农民收入方面，而且国内外学者对三者之间的关系研究有待进一步深化。本书专门探索数字经济与农产品流通现代化耦合协同发展对农户收入的影响，可视为对现有理论的完善和推进。

第二章为数字经济与农产品流通现代化耦合发展对农户收入的影响效应研究的文献计量，笔者运用 Citespace 软件对数字经济、农产品流通及农户增收相关研究领域的知网 2000—2023 年共 24 年的相关文献 2 539 篇以及 WOS 的 1 229 篇外文文献进行分析。2000—2023 年中外文相关文献的数量持续增加，特别是 2019—2022 年文献量明显高于其他年份；而从外文文献来看，2000—2017 年持续稳定增加，虽然 2017 年之后有明显波动，但是仍然呈现增长态势，于 2022 年达到峰值；从国家与机构合作网络分析可以看出相关文献主要源于中国、美国和英国，这些文献占据了总文献量的 75%。通过研究关键词共线性发现国内该领域的研究重点较集中，形成了以数字经济和农产品流通为中心的研究体系；相比于国内，国外的相关研究关键词中心性较低，研究的集中度不高。从关键词聚类分析来看，农户收入、数字经济、粮食流通体制改革、数字金融等聚类结构性较好。通过关键词突现分析发现，有 20 个关键词更突出，突出强度最高的关键词是数字经济，其次是农产品流通、农产品。英文中突现性最高的有 15 个关键词，其中 agricultural product（农产品）、farm household（农户）突现性最高。从中外文献关键词突现强度和时间的比较不难发现，两者总体趋势保持较高的一致性和相似性。通过数字经济与农产品流通耦合对农户收入影响的演进路径研究，发现中英文文献对这一问题的研究的演进趋势基本一致。最后，通过词云更加直观地观测被研究对象的现状。通过文献计量研究，发现本书选题具有很强的研究价值，且研究方法具有较强的严谨性。

第三章为数字经济指标构建、水平评价与动态演进。本章从数字基础设施、数字发展环境、数字产业化和产业数字化 4 个维度选取合适指标并结合熵值法对我国 2013—2021 年数字经济水平进行测度，然后综合运用核密度估计、Dagum 基尼系数及其分解、σ 收敛、β 收敛和俱乐部收敛深入探究了观测期内数字经济的发展水平、分布动态、地区差异和收敛性特征。研究结果显示：①全国整体及四大区域数字经济均取得了长足发展，但省际差距在不断扩大，总体上呈现"东高西低"的梯式递减格局；②观测期内我国数字经济总体差异、区域间差异及其内部差异均表现出波动性下降趋势，而数字经济发展的地区差异主要源于四大区域间的发展差异，其中，东部地区内部省份发展最不均衡；③数字经济发展表现出典型的 σ 收敛和 β 收敛特征，在将某些经济社会因素的区域异质性纳入考虑后，在一定程度上提升了多数地区的收敛速度；④数字经济发展存在跨区域收敛现象，目前已形成 4 个收敛俱乐部和 1 个发散组。

第四章为农产品流通现代化指标构建、水平评价与动态演进。本章从农产品流通规模与效益水平、流通设施现代化、流通组织现代化、流通体制现代化、流通技术现代化等 8 个维度综合构建了我国农产品流通现代化指标体系，并结合变异系数法对其进行了客观测算，随后运用核密度估计、Dagum 基尼系数及其分解、σ 收敛、β 收敛和俱乐部收敛深入剖析了 2013—2021 年农产品流通现代化的发展水平、分布动态、地区差异和收敛性特征。结果显示：①近年来，全国整体及 4 大经济区域农产品流通现代化发展进程缓慢几近停滞，但各区域发展不平衡的局势却愈演愈烈；②农产品流通现代化发展的地区差异主要源于 4 大区域间差异，其与总体差异呈波动性上升趋势；③全国整体和 4 大区域均不存在 σ 收敛特征，但除东北地区外普遍存在绝对 β 收敛，综合考虑政府财政支出等经济社会影响因素后，东北地区也表现出条件 β 收敛特征；④农产品流通现代化发展存在显著的跨区域收敛现象，目前已经形成 6 个收敛俱乐部和 1 个发散组。

第五章为数字经济与农产品流通现代化耦合协调发展研究。本章在对我国数字经济发展水平与农产品流通现代化水平评价的基础之上，进一步探讨二者之间的协调发展水平。在二者协调发展的理论依据下，通过构建二者的耦合协调度对其进行评价，并从其耦合结果在考察期内时间和空间两个维度探讨其变化趋势及相关特征，结果表明我国数字经济与农产品流通现代化耦合协调度呈现出逐年递增的趋势，且在空间上呈现显著的东中西阶梯式分布的特点。由此，本章更进一步地分区域对其时空跃迁的趋势进行分析，并通过可视化分析提高结果的可信度。最后，本章运用 Tobit 回归模型，选取相关变量对我国数字经济与农产品流通现代化耦合协调度的驱动因素进行分析，回归结果与预期保持一致。

第六章为数字经济与农产品流通现代化耦合发展的空间效应分析。首先，本章通过 Dagum 基尼系数对其耦合协调度差距的来源进行分地区检测，再通过对东中西地区耦合协调度的组间差距、组内差距以及超密度进行分析，发现造成我国数字经济与农产品流通现代化耦合协调度差距的主要原因来自组间差距。其次，本章利用 Kernel 密度估计进一步刻画了各地区数字经济与农产品流通现代化耦合协调度绝对差异的动态特征及其演进过程，以更好地展示中国各地区数字经济与农产品流通现代化耦合协调的发展水平、分布演化、延展性以及极化趋势。最后，本章采用莫兰指数对我国不同省份的数字经济与农产品流通现代化耦合协调度聚类结果进行了更细致的划分，同时利用空间杜宾模型对其空间效应进行了更精准的拆分，从不同角度揭示了各影响因素对我国数字经济与农产品流通现代化耦合协调度的具体影响机制。

第七章为数字经济与农产品流通现代化耦合对农户收入的影响研究。本章以数字经济赋能农产品流通现代化为切入点，结合 2013—2021 年我国 30 个省（自治区、直辖市）的面板数据，深入探讨了数字经济与农产品流通现代化耦合协调对农户总体收入水平及其构成的影响效应。结果显示：①数字经济与农产品流通现代化耦合协调度显著促进了农户总体收入提升，在引入两种工具变量、使用 PSM 估计、替换指标评价方法等稳健性检验后，该结论仍然成立；②在异质性方面，拥有强外商投资或高创新能力的省份更能发挥耦合协调度对农户总体收入水平的提升作用；从收入来源的角度来看，耦合协调度通过提升农户的工资性收入提升农户总体收入水平；③机制分析表明，农村劳动力转移在耦合协调度对农户总体收入水平的影响中起到遮掩效应；④进一步分析发现，耦合协调度与农户总体收入之间存在数字经济、农产品流通现代化、耦合协调度三类面板门槛，随着三者任一水平的提高，耦合协调度的农户增收效应呈现逐渐增强的非线性变化趋势。本章的研究结论为评估数字经济与农产品流通现代化的协调均衡发展及其惠及农户群体的作用效果提供了数据支撑和分析视角，也为探寻农户收入水平的提升路径提供了政策参考。

第八章为数字经济与农产品流通现代化耦合对农户收入的政策效应。本章将《长江经济带发展规划纲要》政策作为推进数字经济与农产品流通现代化耦合协调发展的准自然实验，利用面板双固定效应双重差分模型完整评估了该项政策对农户总体收入水平及其四种构成的影响效果。结果显示：此项政策显著提升了长江经济带农户的经营净收入，但对农户总体收入水平、工资性收入、财产净收入和转移净收入的影响有待增强，这一结论在经过平行趋势检验、PSM-DID 模型、安慰剂检验后依然成立。针对上述结论，本章从加快培育区域代表性农业龙头企业、加大对农业科技创新和示范推广投入、鼓励设立农民专业合作社等方面提出对策建议。

　　本书查阅了大量文献，对典型地区进行了走访和调研并搜集了大量数据，在此基础上运用多种研究方法对数字经济与农产品流通现代化相关问题做了深入而全面的研究，从多视角探讨了数字经济与农产品流通现代化耦合发展的态势，包括时空跃迁、影响因素等。基于此研究农户增收，是一种学术上的创新，为未来相关方面的研究提供了参考，为政策制定提供了依据和启示。由于作者水平有限，本书仍有很多问题未能触及，诚望读者批评指正。

杨海丽

2024 年 1 月

目录

第一章　数字经济与农产品流通现代化耦合发展对农户
　　　　收入的影响效应研究的文献综述 / 001

一、数字经济 / 002

（一）数字经济的内涵 / 002

（二）数字经济构成及其特征 / 003

（三）数字经济对我国产业的赋能 / 004

（四）数字经济对于国际数字鸿沟的作用 / 008

二、农产品流通现代化 / 009

（一）流通内涵及相关描述 / 009

（二）农产品流通的内涵及相关概念 / 011

（三）关于我国农产品流通的相关研究 / 013

（四）农产品流通现代化内涵、定义及路径 / 016

（五）农产品流通相关指标评价体系 / 018

三、农户收入 / 021

（一）农户收入的概念及构成 / 021

（二）影响农户收入的因素 / 022

（三）影响农户收入差距的因素 / 030

四、数字经济与农产品流通的关系 / 033

（一）农产品流通数字化变革 / 033

（二）农产品流通渠道变革 / 036

（三）农产品供应链优化路径 / 039

（四）数字经济与农产品流通关系研究 / 042

五、数字经济、农产品流通现代化与农户收入的关系 / 042

（一）提升农户收入的直接作用 / 043

（二）提升农户收入的间接作用 / 046

第二章　数字经济与农产品流通现代化耦合发展对农户
　　　　收入的影响效应研究的文献计量 / 048

一、引言 / 049

二、文献的基本特征 / 050

（一）数据来源及文献趋势 / 050

（二）作者合作网络分析 / 051

（三）国家与机构合作网络分析 / 053

三、文献分析 / 054

（一）关键词共现 / 054

（二）关键词聚类分析 / 057

（三）关键词突现分析 / 060

（四）文献共被引分析 / 065

四、数字经济与农产品流通耦合对农户收入影响的

演进路径 / 067

五、研究结论与展望 / 068

（一）研究结论 / 068

（二）研究展望 / 070

第三章　数字经济指标构建、水平评价与动态演进 / 072

一、引言 / 073

二、指标评价方法与数据来源 / 074

（一）指标评价方法 / 074

（二）数据来源 / 076

三、指标体系构建 / 076

四、数字经济水平测度与评价 / 084

五、数字经济发展水平的分布动态、地区差异与收敛性

研究 / 088

（一）中国数字经济发展的分布动态演进 / 089

（二）中国数字经济发展的区域差异及来源分解 / 098

（三）中国数字经济发展的收敛性分析 / 107

第四章　农产品流通现代化指标构建、水平评价与动态

演进 / 126

一、引言 / 127

二、指标评价方法与数据来源 / 128

（一）指标评价方法 / 128

（二）数据来源 / 130

三、农产品流通现代化指标体系构建 / 131

四、农产品流通现代化水平测度与评价 / 140

五、农产品流通现代化分布动态、地区差异与收敛性研究 / 146

（一）中国农产品流通现代化发展的分布动态演进 / 146

（二）中国农产品流通现代化发展的区域差异

及来源分解 / 155

（三）中国农产品流通现代化发展的收敛性检验

与结果分析 / 164

第五章　数字经济与农产品流通现代化耦合协调发展

研究 / 176

一、引言 / 176

二、数字经济与农产品流通现代化耦合发展理论机制 / 179

三、指标体系与模型构建 / 181

（一）指标体系构建 / 181

（二）模型构建 / 183

四、数字经济与农产品流通现代化发展指数水平 / 186

（一）时间变动趋势 / 186

（二）区域变动趋势 / 189

五、数字经济与农产品流通现代化耦合发展研究 / 191

（一）耦合结果分析 / 191

（二）耦合协调度的时空演变分析 / 194

（三）区域间耦合协调度时空跃迁分析 / 196

六、数字经济与农产品流通耦合发展的影响因素研究 / 199

（一）引言 / 199

（二）变量与研究设定 / 201

（三）实证结果分析 / 203

七、研究结论与政策建议 / 205

　　（一）研究结论 / 205

　　（二）政策建议 / 206

第六章　数字经济与农产品流通现代化耦合发展的
　　　　空间效应分析 / 209

一、引言 / 210

二、实证模型、变量选取及数据解释说明 / 212

　　（一）实证模型选取 / 212

　　（二）控制变量选取 / 215

　　（三）数据解释说明 / 217

三、区域差异和分布动态 / 217

　　（一）Dagum 基尼系数 / 217

　　（二）Kernel 密度估计 / 222

四、数字经济与农产品流通现代化耦合发展的实证研究 / 225

　　（一）全局莫兰自相关检验 / 225

　　（二）局部莫兰自相关检验 / 227

　　（三）空间杜宾效应分析 / 231

　　（四）稳健性检验 / 236

五、数字经济与农产品流通现代化耦合发展的收敛性研究 / 237

　　（一）σ 收敛结果分析 / 237

　　（二）绝对 β 收敛结果分析 / 241

　　（三）条件 β 收敛结果分析 / 243

第七章　数字经济与农产品流通现代化耦合对农户
　　　　收入的影响研究 / 247

一、引言 / 248

二、理论分析与研究假设 / 249

（一）数字经济赋能农产品流通现代化 / 249

（二）数字经济与农产品流通现代化协同发展对农户收入的
　　　影响 / 251

（三）数字经济赋能农产品流通现代化对农户总体收入
　　　水平的非线性溢出效应 / 252

三、变量说明、数据来源与研究设计 / 253

（一）变量说明 / 253

（二）数据来源 / 255

（三）研究方法与模型设定 / 255

四、实证结果与分析 / 258

（一）基准回归分析 / 258

（二）稳健性检验 / 260

（三）异质性研究 / 268

（四）机制检验 / 270

（五）进一步研究：面板门槛检验 / 273

五、研究结论与政策建议 / 276

（一）研究结论 / 276

（二）政策建议 / 277

第八章　数字经济与农产品流通现代化耦合对农户
　　　　收入的政策效应 / 279

　　一、引言 / 280

　　二、理论分析与研究假设 / 281

　　三、研究设计 / 282

　　四、平行趋势检验 / 283

　　五、面板双固定效应双重差分模型回归结果 / 286

　　六、稳健性检验 / 288

　　　　（一）PSM-DID 模型 / 288

　　　　（二）安慰剂检验 / 289

　　七、研究结论与政策建议 / 291

参考文献 / 292

第一章 数字经济与农产品流通现代化耦合发展对农户收入的影响效应研究的文献综述

摘要：本章围绕数字经济、农产品流通现代化和农户收入三大核心研究内容，对其已有研究文献进行归纳总结。本章分别对其概念、结构特征、影响因素与相关实证研究进行分析，循序渐进地探索各自领域内的主要研究核心与发展趋势；同时，在对三者单独研究的基础上更进一步地对数字经济与农产品流通的关系，数字经济、农产品流通与农户收入的关系进行探索，找到不同领域的交叉点及其融合机制，并结合其综合影响进行分析。本章所述较为全面而又有所偏重，旨在通过最精炼的内容让读者更快把握三大领域的研究动态。

一、数字经济

(一) 数字经济的内涵

自 Tapscott (1996) 提出"数字经济"这一术语以来，数字经济研究大致经历了信息经济、互联网经济和新经济三个阶段 (Turcan and Juho, 2014; 张化尧、金波、许航峰, 2020)，每个阶段内人们都对数字经济的内涵进行了界定。中国在《二十国集团数字经济发展与合作倡议》中指出，数字经济是指以使用数字化的知识和信息作为关键生产要素、以现代信息网络作为重要载体、以信息通信技术的有效使用作为效率提升和经济结构优化的重要推动力的一系列经济活动，这个定义得到了领域内学者的普遍认同。

数字经济不断应用于各种不同场合，产生各种不同需要，这要求对数字经济的定义更加细致化、专业化，因此不同学者因其不同的研究需求给出了各具特色的相关定义。如：从其经济形态的角度来说，数字经济是随着信息技术革命发展而形成的 (常皓亮、夏飞龙, 2023)，以数字技术方式进行生产的 (李长江, 2017)，一种独立、高级的 (常皓亮、夏飞龙, 2023; 康铁祥, 2008) 经济形态；从其作用职能的角度来说，数字经济的发展不只是一个或若干产业的发展问题，它以数字技术为核心，承担着从根本上改变各行各业的业务流程、交易方式，刺激电子商务发展 (逄健、朱欣民, 2013; 张雪玲、焦月霞, 2017)，给实体经济发展带来巨大的推动作用 (何文彬, 2020)，助力共享发展和促进共同富裕的职能 (蔡昉, 2023)；从其作用机制的角度来说，数字经济是以信息通信技术为核心的技术手段（袁惠爱、赵丽红、岳宏志，2023；裴长洪、倪江飞、李越，2018），数字经济是以数字化的知识和信息作为关键生产要素，以数字技术为核心驱动力量，以现代信息网络为重要载体（崔军、刘冠宏、黎珍羽，2023；陈晓红 等，2022），通过数据要素、数字技术和数字基础设施三者叠加、渗透、扩散对传统行业形成叠加效应、渗透效应和扩散效应（张旺、白永秀，2022；杜建军 等，2023）；从产生源头来说，基于虚拟而严谨的数字，应用数字技术来描述数字流动的经济称为数字经济（赵星，2016；赵玉鹏、王志远，2003），且数字经济代表着一种新的技术变革和新的发展动力（李本庆、岳宏志，2022）。

（二）数字经济的构成及其特征

数字经济的构成没有一个固定的模式，相关学者根据应用的领域范围不同给出了多种划分方式。从狭义与广义的角度来看，狭义的数字经济包括信息和通信技术领域，而广义的数字经济包括所有潜在的能被数字化的领域（逢健、朱欣民，2013；Bukht and Heeks，2017）。从产权和使用权所属关系的角度划分，数字经济可划分为分享经济（共享经济）和非分享经济（李长江，2017）。从数字经济的应用范围来看，数字经济分为三个部分：电子商务基础设施、电子商务流程和电子商务（Mesenbourg，2001）。从数字化转型结构看，数字经济覆盖数字产业化和产业数字化两大部分（何文彬，2020；蔡昉，2023）。此外，一些政府机构也根据应用需要做出过划分：中国信息通信研究院（2017）将数字经济分为数字经济基础部分和数字经济融合部分。国家统计局在《数字经济及其核心产业统计分类（2021）》中将数字经济的核心产业划分为计算机通信、信息技术服务业等五个部分。

数字经济不断改变经济社会的发展方向和人们的生活方式，成为我国各领域发展的关键依托。如今，在国家政策的引导和经济发展的推动下，数字经济的应用广度、深度不断延伸（张雪玲、焦月霞，2017），数字经济与各行各业的融合发展也成为时代发展的大趋势（陈一明，2021；逢健、朱欣民，2013）。一方面，在与传统产业融合的过程中，数字经济凭借自身低成本、低能耗、低污染等优势，通过提高资源配置效率（杜建军等，2023；沈费伟，2020；陈冬梅、王俐珍、陈安霓，2020），搭建数字化信息共享平台（周洋、华语音，2017；戴瑞红，2019），激发大众创新创业热情（杨仁发、徐晓夏，2023；纪雯雯，2017）等作用机制来不断引领传统产业转型升级（张新红，2016），从而促进我国高质量发展。另一方面，随着数字经济在我国各行各业不断发展，不同地区数字经济发展不平衡（王军 等，2021；李治国、王杰，2021），侵犯客户隐私（彭岳，2018；费方域 等，2018），领域内出现"赢者通吃"的垄断现象等问题也逐渐暴露出来。故而，数字经济带来的发展成果日益丰硕，而显性问题也日益突出，细化了人们对于数字经济的认识，尤其是数字经济与其他产业融合的这种现象，被学者们定义为高渗透性（刘淑春，2019；Bailey，Leonardi，and Barley，2012；陈冬梅、王俐珍、陈安霓，2020）。

（三）数字经济对我国产业的赋能

随着数字经济与实体经济的交叉发展，数字经济逐步与第一、第二、第三产业进行交叉融合（李文睿、周书俊，2023；唐红涛、谢婷，2022；张旺、白永秀，2022）。

当前我国经济已由高速增长阶段转向高质量发展阶段，经济发展动力正在从传统要素驱动向创新驱动转变（赵宸宇、王文春，李雪松，2021；马中东、宁朝山，2020）；数字经济作为一种独立、高级的经济形式，在产业结构升级、发展方式转变、提高国际竞争能力等方面具有战略意义（常皓亮、夏飞龙，2023；文龙娇、张珩，2021；崔军、刘冠宏，黎珍羽，2023；逄健、朱欣民，2013）。所以，如何高效利用信息技术、有效配置数字资源，实现数字经济赋能经济高质量变革，成为当前经济社会可持续发展的重大研究课题（陈晓红 等，2022；陈晓红 等，2020）。

同时，我国经济的高质量发展又离不开数字经济与实体经济的交叉发展，所以针对这一热点民生课题，更多的学者首先对数字经济赋能农业、制造业和金融业做出了相关研究与探讨。

1. 对农业赋能

近几年，数字经济与农业产业的融合发展已初见成效，成为助力农业农村经济发展、供给侧结构性改革的重要力量（赵巍、徐筱雯，2023a；温涛、陈一明，2020）。学者们从作用机制和应用技术等方面具体阐述了数字经济如何赋能农业生产。比如有学者指出电子商务降低了乡村信息传递和农产品交易成本，进而扩大了农业生产规模（王俊豪、周晟佳，2021；郭红东 等，2021）。沈费伟（2020）则表示：物联网与数据等数字技术可以最大限度地利用生产资源，从而促进农业生产提质增效。陈一明（2021）从作用机制的角度，阐明了数字经济在动能切换、技术溢出等方面对农业的影响。章成、洪铮、王林（2021）指出数字金融普惠可以显著地提高农业的产业化水平。数字经济赋能农业可进一步细分为管理、生产、物流和交易四个重点环节,详见表1-1。

表1-1 数字经济赋能农业的四大环节

赋能环节	观点	作者	期刊/图书
管理环节	数字经济能充分发挥引导作用,鼓励更多人才返乡就业,并以各种培训方式提高农民综合素养	王俊豪、周晟佳(2021)	《数量经济技术经济研究》
生产环节	数字经济利用物联网与数据等数字技术进行农业技术条件转变,不仅提高了产品生产效率,而且实现了绿色可持续生产	程大为(2022)	《兰州学刊》
物流环节	数字经济通过数字平台为生产者和消费者搭建桥梁,可以降低农产品的流通成本,提升农村流通效率	温涛、陈一明(2020)	《农业经济问题》
交易环节	对于小型个体农户来说,数字经济能够有效缓解由信息不对称导致的农产品滞销问题,提供"一站式"服务	何鸣皋、陈曦(2023)	《社会科学家》

2. 对制造业赋能

2017年11月,国务院发布《国务院关于深化"互联网+先进制造业"发展工业互联网的指导意见》,提出结合实施"中国制造2025"和"互联网+",促进新一代信息技术与制造业深度融合的新要求,开始从国家整体战略上引导数字经济赋能制造业。近几年,随着新一代信息技术的发展,制造业正在成为数字经济主战场(曹正勇,2018;闫德利、周子祺,2017),这一特征在理论研究方面表现得淋漓尽致。一些学者从宏观层面入手,从全球价值链视角探究数字经济对我国制造业的作用机理(李馥伊,2018;何文彬,2020);另一些学者则聚焦微观,从我国企业技术发展的角度探究数字经济如何对制造业创新赋能(张新红,2016;王俊豪、周晟佳,2021;曹正勇,2018)。当然,现有研究结果大都证明了数字经济可以优化传统制造业结构，促进产业升级（焦勇，2020；沈运红、黄桁，2020；李春发、李冬冬、周驰，2020，赵宸宇、王文春、李雪松，2021；马中东、宁朝山，2020；廖信林、杨正源，2021）。根据现有研究，不难发现数字经济赋能制造业主要通过资源管理、技术设备、运营模式和贸易流通四方面，详见表1-2。

表1-2　数字经济赋能制造业

赋能对象	观点	作者	期刊/图书
资源管理	数字经济对制造业资源配置的赋能，集中体现为企业依托网络化的流通渠道所实现的要素供给结构调整和要素资源重新配置	丛屹、俞伯阳（2020）	《财经理论与实践》
技术设备	现代企业运用了诸多由数字信息技术快速发展产生的先进的计算机工具和管理手段，大大增强了工业智能化生产能力	曹正勇（2018）	《理论探讨》
运营模式	企业依托开放共享与高效利用的数据资源，有效实现多样化产品供给和异质性用户需求的精准匹配，推动制造业从规模化生产向个性化定制的转型	焦勇（2020）	《经济学家》
贸易流通	数字经济显著促进了中国省级出口技术复杂度的提升，其产生的正向空间溢出效应能助推出口贸易的高质量发展	余姗、樊秀峰、蒋皓文（2021）	《广东财经大学学报》

3. 对金融业赋能

目前数字经济对金融业在广度与深度两个方面同时赋能，不仅使得数字普惠金融在我国整体发展中得到进一步的延伸应用，而且在对传统金融业进行改革升级后，大大促进了数字金融的发展。凭借这两方面的赋能，我国金融业进入一个全新的发展阶段，逐渐成为我国发展最活跃的领域之

一（郭峰、熊云军，2011）。具体来说，数字经济从国家、区域、企业等
不同层面赋能我国金融业发展，详见表1-3。

表1-3 数字经济赋能金融业

赋能范围	观点	作者	期刊/图书
国家层面	数字金融通过提高资本配置效率、影响金融风险和创新研发来提高经济发展质量，从而促进我国实体经济发展	汪亚楠、叶欣、许林（2020）	《财经科学》
区域层面	数字金融特别有助于促进低物质资本和低社会资本家庭的创业行为，促进创业机会均等化，进而实现经济的城乡协调和区域协调发展	张勋等（2019）	《经济研究》
企业层面	数字技术可以降低金融服务的门槛和服务成本，将原本利用率不高的金融资源进行有效整合，提供多样化的金融服务，从而满足多样化产品服务需求	荆文君、孙宝文（2019）	《经济学家》

（四）数字经济对于国际数字鸿沟的作用

数字经济的发展水平已是新经济背景下一个国家综合国力的重要体现
（康铁祥，2008）。当然，国家之间数字经济的发展是极不平衡的，这会自
然而然地产生国际数字鸿沟。美国国家远程通信和信息管理局最早于1999
年在报告中做了如此界定：数字鸿沟指的是在那些拥有信息时代相关工具
的人以及那些未曾拥有者之间存在的鸿沟。随着数字经济的发展，学者们
也有所侧重地给出定义：陈潭、王鹏（2020）和胡鞍钢、周绍杰（2002）
认为其是数字时代下新兴信息技术衍生出来的非对称和非均衡化现象；熊
光清（2009）更强调数字鸿沟在信息技术方面的差距。显然学者们都在强
调数字鸿沟所带来的不平衡、异质性问题，然而，通过进一步研究发现，
数字鸿沟的出现还会拉大各国贫富差距，形成"马太效应"（尹翔硕、刘

能华，2008；刘芸，2007；何宗樾、张勋、万少华，2020），形成数字霸权，产生垄断现象（熊光清，2009；何枭吟，2013；钱爱兵，2003），甚至会产生数据、隐私等安全问题（熊光清，2009），故而亟待探寻数字经济对于国际数字鸿沟的作用效果以及作用机制。

"解铃还须系铃人"，数字鸿沟随着数字经济的发展而产生，数字经济对于缩小数字鸿沟可以发挥积极作用。比如：孙德林和王晓玲（2004）认为发展中国家可以充分利用数字经济中的某些后发性优势，缩小与发达国家的数字鸿沟；更进一步，一些学者站在中国的角度研究发现，中国通过推动数字金融健康发展，使其充分发挥了溢出效应，从而缩小了数字鸿沟（张勋、万广华、吴海涛，2021；杨新铭，2017）。但是，数字经济也会产生负面作用：由于数字经济的持续发展性，数字经济虽然一定程度上缩小了传统信息技术鸿沟，但是却扩大了新兴信息技术鸿沟的差距（何枭吟，2013），从这方面来讲数字经济的发展反而会拉大发展中国家与发达国家之间的数字鸿沟。由此可以看出：数字经济的发展可以加快发展中国家的信息化速度，甚至对缩小与发达国家之间的数字鸿沟起到积极的正面作用，但同时由于数字经济的固有特性，也可能会拉大两者之间的数字鸿沟，故而数字经济对于国际数字鸿沟的作用较为复杂，不能简单地一语概括之。

二、农产品流通现代化

（一）流通内涵及相关描述

流通业，是现代社会再生产过程的血脉和神经。随着社会经济的发展，商贸流通业逐渐从社会再生产的中间环节变成中心环节（董誉文，2016；向俊峰，2017），所以在我国流通业一方面是联系生产与消费的桥梁和纽带，另一方面又是我国先导性支柱产业，在我国现代化过程中始终扮演着火车头的角色（文启湘，2007；孟雷，2013），发挥着日益重要的作用。

1. 流通的定义及组成

流通，从《牛津词典》的释义来看，是信息、金钱或货物等资源要素从一个人传递到另一个人的过程。从概念内涵来看，流通由商流、物流、资金流、信息流四个部分组成。

传统流通业由流通发展而来。对于传统流通业的定义，赵萍（2007）认为流通由不断进行着的亿万次交换构成，是社会产品从生产领域进入消费领域所经过的全部客观经济过程。刘天祥（2010）认为流通是社会再生产过程中与生产、消费相分离的、专门从事交换的独立的经济活动。而更普遍的观点只是将其简单粗略地定义为商品所有者一切贸易关系的总和，这受时代的约束。而随着经济社会的不断发展，流通业也在不断发展（张厚珂，2006），王国顺（2014）和张合振（2021）等从商贸流通业的角度入手，认为商贸流通业是组成现代服务业的重要方式，能反映一个区域内的物质发展水平和整体经济发展面貌，同时在区域经济发展方面扮演刺激消费、扩大内需和转换经济模式的角色，其规模与形式会影响未来商贸流通业态新格局。

就流通产业的组成而言，可以从其业务范围的角度将流通产业界定为批发和零售贸易业、住宿和餐饮业，以及交通运输、仓储和邮政业三大类

（徐永锋、吴赟、王志增，2015）。流通现代化，整体包括流通观念的现代化、流通组织的现代化、流通经营的现代化、流通布局的现代化、流通技术的现代化以及流通制度的现代化等（李连英、李崇光，2012；涂洪波，2012）。

2. 流通效率

随着科学发展观的提出，学者们逐渐发现流通效率可以反映流通业可持续发展的核心内容，因此学术界逐渐把对流通业的关注重心聚焦到"效率"方面（李骏阳、余鹏，2009；丁俊发，2006），并进行了相关研究。首先，学者们对流通效率给出了相应定义，比如李辉华（2006）认为流通效率是一个衡量流通整体质量的概念，指商品在单位时间内通过流通领域所实现的价值量与流通费用之差。其次，随着流通业的影响力不断扩大，学者们对于流通效率的重视程度也在提升，丁俊发（2006）、赵凯等（2009）认为将流通效率提升有助于构建现代流通体系，促进商贸流通业的结构升级和优化，加快我国流通产业结构调整。最后，学者们更进一步地对影响农产品流通效率的因素进行了相关研究。研究发现：产业结构的高度化和人口城镇化水平的提高对流通产业的全要素生产率具有提升作用（徐永锋 等，2015；王利国、顾炜宇，2019）。同时，构建城乡双向商贸流通体系（任保平，2011；任保平、王辛欣，2011）、商贸流通服务业体系（赵凯、宋则，2009；余岭，2014）对于提高流通效率具有重要意义。

（二）农产品流通内涵及相关概念

随着流通业的进一步发展，我国现代化水平要求越来越高，对流通业研究的专业度也提出了进一步要求，农产品流通这一与民生相关的问题也逐渐成为实现产品价值、打通整体流通渠道的关键（张浩、雷有春，2015；张晓林，2015）。因此，我国 2004—2022 年连续 19 年"中央一号"文件持续关注农产品流通，相关学者也持续从各个方面对农产品流通进行研究（王钰明、燕洁、王双进，2023）。

1. 农产品流通的内涵

李瑾和秦向阳（2008）从广义和狭义的角度阐释了何为农产品流通：广义的农产品流通是指在农产品流动的过程中将要经历的一系列环节进行有机整合，来满足用户需求并实现农产品价值增值的过程；而狭义的农产品流通是指农产品收购、运输、储存、销售等一系列过程。张浩、雷有春（2015）从整体框架上进行分析，认为农产品流通是所有基于"收购—批发—零售"这个基本框架的农产品流通过程。另外一些学者从农产品流通体系的角度入手，认为农产品流通体系是农产品流通各环节的流通组织和流通渠道的总称，农产品流通体系是与农产品流通相关的各个要素相互作用形成的有机整体（任博华，2008；刘依林，2017；张杰，2014）。

2. 农产品流通的特征

一方面，伴随我国社会的发展，我国农产品流通呈现出鲜明的特征。中国国土面积广阔，农产品具有在各地区、各季节分散成熟的供给特征，因此我国农产品流通也具有区域异质性的特点（林海英 等，2023）。同样地，因为我国各地不同发展情况，我国农村商贸流通市场（陈君，2015）和农产品流通销售策略（李胜博，2022）也在向着多元化、信息化、多业态等新形式发展。

另一方面，近年来随着我国城镇人口的不断扩张，我国城镇农产品加工业呈现出"井喷式"发展态势（李永，2015；洪岚，2015），这大大促进了我国农产品流通的发展。此外，农产品流通距离不断变长、中间周转率持续提高，使得农产品流通过程中出现大量中间商，而为其提供交易场所的多级批发市场发挥着主渠道的作用（马增俊，2015；谢莉娟，2015）；同时，这也导致流通整体利润在各流通主体之间的分配不均衡，与农民相比中间商往往获取相对较高的利润（孙侠、张闯，2008）。但总体来说，我国农产品流通组织已在发生变革，基础设施也有所改善，综合管理水平有所提高（翟岁兵，2017）。

3. 农产品流通的组成

对于农产品流通的组成，不同学者从不同观测视角进行了划分。刘天祥（2010）认为农产品流通涉及几个基本要素，具体包括流通的主体、流通的客体、流通的载体、流通的运行机制、流通的监控体制。王广斌、冉维龙（2005）做了更进一步的研究，将当代农产品流通主体划分为国有企业、流通组织、个体农户。此外，纪良纲（2006）从农产品流通体制方面进行研究，认为农产品流通体制主要由农产品市场建设、农产品价格形成机制以及农产品流通的宏观调控三个层面的内容组成。而陈静（2016）则从农产品流通渠道的视角将其分为渠道主体、渠道客体与渠道环境。

（三）关于我国农产品流通的相关研究

农产品流通实现了生产与消费的连接，对于激活农村流通、繁荣农村市场、促进农民增收，进而推动农业产业现代化转型和农业高质量发展具有重要意义（程国强，2007；戴明华、王官伟、高语晗，2023）。所以我国近几年出现了大量对农产品流通的相关研究，且大多集中在农产品流通体系、农产品流通模式和渠道、农产品流通效率三个方面。

1. 对农产品流通体系的研究

王家旭（2013）首先从其含义出发，认为农产品流通体系由流通主体、流通客体、流通载体、流通环境、流通模式五大类要素构成。任保平（2011）和孟雷（2013）通过构建城乡双向商贸流通体系，发现其对提高流通效率、降低流通成本、扩大内需、推动国民经济发展具有重要意义。贾燕（2022）提出：农产品现代流通体系是连接农业生产端和消费端的关键环节，未来应通过畅通流通渠道、改善流通环境等措施优化农产品现代流通体系。而冯丹萌、许天成（2021）通过回顾农产品流通发展历程，提出了新时代背景下发展绿色农产品流通体系构想。另外一些学者通过对美国、日本和法国的农产品流通体系的研究对中国农产品流通体系给出了参考意见（许军，2010；孙本川、李松，2015）。

2. 对农产品流通模式和渠道的研究

韩喜艳、高志峰、刘伟（2019）和于海龙（2020）分别提出利用农业全产业链模式和各类创新型短链模式来对农产品流通体系进行重构和优化，以提高农产品流通效率、减少流通环节，从而加强农产品流通物流标准化建设。王新利、李世武（2008）提出通过渠道结构信息化、主体组织化及联盟化的思想主导农产品流通渠道模式变革，构建以"合作组织"和"第三方物流"为纽带的农产品流通渠道模式。另一方面，赵晓飞、付中麒（2012）从农产品销售渠道的内外作用力方面对农产品流通进行研究，发现农产品流通销售端受到经济、法律、文化环境和交易成本变化、渠道权力变迁等内外作用力的影响。

3. 对农产品流通效率的研究

对农产品流通效率的影响因素的研究较多，但总体来说大致可以分为宏观层面和微观层面。通过对文献进一步整理可以较为清晰地发现，在宏观层面我国各地区都在采取一定的措施提高农产品流通效率，但是都存在一定的区域异质性。比如万凤娇等（2022）对长江经济带各省市的农产品流通效率进行测度，研究发现：长江经济带农产品的流通效率在全国排名前列，且呈上升趋势。此外，相比于长江经济带，王世波等（2022）和王钰明、燕洁、王双进（2023）运用 BCC 模型分别对黑龙江省和河北省的农产品流通效率进行测度，结果显示两省的农产品流通效率整体不高且地区间存在发展不平衡的问题。

但更多的学者将目光聚焦于影响农产品流通效率的微观因素，运用各种 DEA 模型和菲尔德模型等分析模型进行研究，发现使农产品流通效率提升的因素较多：从政府的角度来说，有相关政府部门对农产品流通的支持、引导和公共服务供给（宋则、常东亮、丁宁，2010；任兴洲，2012；郭艳、王家旭、仲深，2014）；从市场的角度来说，要求市场有效发挥价格主导作用，形成良好的购物环境（陈耀庭、戴俊玉、管曦，2015；庞增荣、马李丽，2017）；从设施的角度来说，包括交通、仓储等在内的农产品物流基础设施的建设（欧阳小迅、黄福华，2011；金赛美，2016；司增绰，2011）；从流通渠道来说，流通渠道的建立、完善与探究（Hameri and Palsson，2003；Subhendu，2012）；从数字经济的角度来说，数字经济与农产品流通的深度融合，驱动农产品流通向自动化、智能化和智慧化转型升级（杨海丽、向能、罗越月，2022；谢晓军，2023；丁志帆，2020；许恒、张一林、曹雨佳，2020）；从农户合作的角度来说，农户之间合作关系状态、合作组织的建立、农户好感度评价（成福伟，2016；徐振宇，2007；肖艳丽，2012）——这些都是导致农产品流通效率提升的因素。但是另一方面，也有降低农产品流通效率的因素，如：中国对外开放程度不够、农产品国际贸易率较低（陈宇峰、章武滨，2015；邢小军、周德群，2011），农产品的周转率较低、库存率较高（唐国斌、赵婉婷，2020）。

（四）农产品流通现代化的内涵、定义及路径

1. 农产品流通现代化的内涵及定义

农产品流通整体的发展研究对于促进农业产业现代化转型和农业高质量发展有着重要意义（戴明华、王官伟、高语晗，2023），但同时现代化又是一个与时俱进的概念，只有掌握好农产品流通现代化的内涵，才能更进一步地对其进行研究。

目前，对流通现代化内涵的研究比较有代表性的观点有：流通现代化是一个适应经济发展的动态变化的过程（晏维龙，2002；宋则，2003；张得银，2008）；流通现代化是由观念、管理、技术等多个要素构成的系统（金桂英，2007；刘建凤，2008）；农产品流通业是一种符合现代市场经济要求的流通体制（宋则、张弘，2003），且流通现代化分为前期的流通现代化与后期的流通现代化（唐国芬，2008）。另一方面，一些学者从农产品流通现代化的某些特征入手，对其内涵进行定义，如高煜、曹大勇（2011）从现代化流通业的特点出发展开研究，认为现代化流通业以流通技术现代化为基础，由流通需求差异化推动，并以流通经营模式创新为主要内容。而王广深、马安勤（2007）侧重于其现代化的营销方法和理念，

认为"农产品流通现代化是指把现代技术、现代营销方法和营销理念应用
到农产品流通过程中，建立一个高效、发达、顺畅的现代化农产品流通体
系，以提高农产品流通速度，促进农产品流通的发展"。而夏春玉、瞿春
玲、李飞（2011）结合多类现代流通业的相关文献，将学术界不同的观点
进行归纳，将其较为全面地总结为状态说、动态说、综合说和现代说。

2. 农产品流通现代化路径

作为国家重点关注的民生问题，农产品流通现代化一直备受社会各界
的关注，自 2004 年起，国家连续 19 年在"中央一号"文件针对发展我国
农产品流通和保障农产品供给提出相关政策（王钰明、燕洁、王双进，
2023），要求进一步完善我国农产品流通法律法规，保障我国农产品流通
的基础设施建设（王利国、顾炜宇，2019），以符合我国现代化国家的战
略要求。

构建农村现代流通体系，作为开拓农村市场、建设新农村与和谐社会
的重要内容和必要条件，不仅具有重要的理论意义，而且具有重要的现实
意义（文启湘，2007）。同时，应我国高质量发展中数字化的要求，数字
技术在我国农产品流通现代化过程中发挥着重要作用，数字技术赋能农产
品流通现代化这一研究方向已激发众多学者的浓厚兴趣，他们提出了各种
基于数字技术的农产品流通现代化路径。但与此同时，也有小部分学者找
到了数字技术以外的其他路径。一些学者认为在互联网的赋能下，当代农
产品流通业正从多方面进行数字化变革，以减少农产品流通层级（李超
凡，2021），完善流通网络基础设施、降低流通成本、提高流通效率（杨
海丽，2013；王小兵、康春鹏、董春岩，2018；李美羽、王成敏，2019）。

另一些学者认为电子商务的发展和应用从多方面提升了农产品流通水平。一方面，利用数字技术建立商务信息平台以更高效地配置资源（胡瑜杰，2018；樊西峰，2013），进一步调节农村组织结构（李志刚，2007），开展各种经济合作形式来降低农村商品流通成本（刘芳，2008）。另一方面，电子商务进农村在一定程度上使得农村交通运输、仓储等基础设施明显改善（张喜才，2015），提高农村居民的生活质量进而改善了消费结构。

（五）农产品流通相关指标评价体系

近几年来，在我国高质量发展及现代化国家建设的号召下，我国农产品流通取得长足进步，但是其具体发展水平是怎样的、是否与我国经济发展各方面匹配，都需要建立评价体系进行评估。对此，我国相关指标评价体系主要集中于农产品流通效率、农产品流通水平、农产品流通现代化三个方面。

1. 农产品流通效率

李骏阳（2009）和孙剑（2011）等通过建立我国流通效率测度指标体系，运用因子分析法对我国流通效率进行了实证分析，并对我国流通效率趋势进行了研究。此外，茹永梅（2017）和车小英（2016）利用 DEA 评价模型，建立相似的指标评价体系，对农产品流通供应链运行效率、差异化流通模式的农产品流通效率进行了分析。李丽、胡紫容（2019）和王世波等（2022）用 Malmqusit 指数分析法构建农产品流通体系，分别对京津冀农产品流通体系和黑龙江省农产品流通效率进行了动态评价。而岳一姬和肖亚成（2021）借助 DEA 模型与 DEA 窗口分析，对我国农产品整体的批发、零售环节的流通效率进行了一系列估算分析。王利国、顾炜宇

（2019）和张永强、张晓飞、刘慧宇（2017），基于流通成本、流通速度、流通规模和流通效益等构建我国农产品流通效率评价指标体系。何小洲、刘丹（2018）考虑互联网时代农产品流通的新特点，加入农产品电子商务产值、信息化投入水平等指标，构建了互联网时代农产品流通效率新体系。张磊、向南、陈红华（2022）和陈宇晗（2013）分别从宏观层面和微观层面，建立包括时间、人力资源等成本与花费等方面的评价指标体系，对各环节的流通效率进行了评价。

2. 农产品流通水平

任保平（2011）和刘维芝（2016）分别从商流一体化、物流一体化和信息流一体化三个方面构建了测度城乡商贸流通一体化的指标体系，对中国城乡商贸流通一体化的水平进行了测量。对于商贸流通一体化，黄漫宇、李纪桦（2019）则从宏观、中观、微观三个层面分别以商流一体化、物流一体化、信息流一体化为主体，构建了城乡商贸流通一体化的指标体系来测度电子商务赋能农产品流通的水平。任保平和王辛欣（2011）选取市场环境、基础设施水平等6个一级指标构建指标评价体系，对各地区商贸流通业发展水平进行评价。一些学者（石忆邵、朱卫锋，2004；宗颖，2008；王永培、宣烨，2008）选取与地区流通力相关的指标，用主成分分析法等方法将产业竞争力细化，以建立商贸流通业竞争力综合评价模型，对地区间商贸流通竞争力进行评价。孙薇（2005）基于因子分析法，结合我国地区流通现状构建了地区流通力的评价指标体系，对地区流通力水平进行测度。杨增凡（2016）则通过构建供应链模式的农产品流通企业绩效评价体系，采取模糊综合评价法和专家打分法进行指标体系量化，对供应链模式下农产品流通企业进行绩效评价。

3. 农产品流通现代化

李飞、刘明葳（2005）通过构建评价指标体系，对商品流通现代化的构成要素、评价意义、评价指标、指标标准、指标权重做了系统研究，并对每一个指标的选择理由、数据采集渠道做了详细说明。涂洪波（2012）基于问卷调查数据，对相关理论指标集逐一进行操作性验证，最终建立了人均农产品流通业总产值、农产品流通业增加值占 GDP 的比重等 11 个指标的指标体系，对农产品流通现代化进行评价。赵晓飞、田野（2014）在构建农产品流通现代化评价指标与评价标准基础上，用模糊综合评价法对我国 2011 年省域农产品流通现代化水平进行了评价。翟春玲（2012）通过构建相关指标体系对我国 2007 年一般商品流通现代化水平进行了测度，发现商品流通现代化与其区域位置、总体经济实力密切相关。王伟新和祁春节（2013）通过 8 个层面的准则指标以及 23 项个体指标构建农产品流通现代化的综合评价指标体系，利用综合评价法和熵值法，对我国农产品流通现代化发展水平进行了测算。宋则和张弘（2003）从评价流通现代化入手，设计出了包括 11 个系统、50 个一级指标和 30 个二级指标的指标体系框架，从各个角度和层次来评价我国流通现代化发展的整体水平，并利用其中一部分指标对中外流通现代化水平进行了实证研究，该研究也在领域内受到学者们的重视。

三、农户收入

（一）农户收入的概念及构成

通常来说，农民收入是指农村居民人均纯收入，是一定时期内（通常是一年）农村居民人均总收入扣除相对应的各项费用后的余额。而对于农户来说，在以家庭经营为主要形式的农业经济中，农户既是消费者又是直接的生产经营者和投资者，生产消费和生活消费往往交织在一起（刘建国，1999），所以要从复杂的消费关系中理清具体的农户收入与支出，就必须先对其进行相关分类。

根据国家统计局农民收入的分类标准，可以将农民收入分为工资性收入、经营性收入、转移性收入、财产性收入四部分。此外，学者们在进行相关研究的时候，为了更方便地分析结构，也给出了许多不同的划分方法。比如赵晓锋、张永辉、霍学喜（2012）将家庭人均纯收入分成三个部分，即工资性收入、家庭经营纯收入和其他收入。李云新、戴紫芸、丁士军（2017）从农村产业融合方面出发进行研究，认为农户家庭收入主要包括从事农业生产的经营性收入、财产性收入和非农工资性收入。王春超（2011）从劳动资源配置方面出发开展研究，认为农户家庭收入主要包括非农收入、人力资本收入、农村公共投资、组织结构收入四部分。张世云（2020）和李莺莉、王灿（2015）对农户收入构成进行了进一步研究，通过对农户收入构成进行统计分析，发现四种收入构成中工资性收入以44.3%的占比成为最主要的收入方式，家庭经营收入和转移性收入紧随其后，而财产性收入几乎可以忽略不计。

（二）影响农户收入的因素

2004 年以来，中央"一号文件"连续十九年聚焦"三农"问题。所谓"三农"问题，归根结底就是农民问题，并突出表现为农民收入增长缓慢（姚海琴、朋文欢、黄祖辉，2016）。但是伴随着脱贫攻坚的胜利和乡村振兴战略的持续推进，我国农户人均可支配收入呈现上升趋势，表现出较大的消费潜力（范丹、李琴，2023）。此外，农民增收一直是我国农业经济政策的主要目标，也是衡量农业结构调整成效的重要指标。随着农村经济社会的发展和结构调整的推进，农民收入来源呈现多样化的趋势，影响农户收入的因素也在不断增多（赵晓锋、张永辉、霍学喜，2012）。从理论上而言，农民收入的决定因素主要包括家庭劳动力、土地经营规模、生产性资产等投资水平、金融可得性以及劳动生产率等（李实、赵人伟，1999）。经过对现有文献的梳理归纳，可以将影响农户收入的因素概括为土地、资本、生产模式与结构、现代化技术与服务四大类。

1. 土地

自党的十七届三中全会中央提出要促进土地承包经营权流转、实现农业生产的规模经营以来，农地流转越来越受到政府的鼓励。地方政府积极培育土地流转市场，并在此基础上进一步开展农民土地股份合作、土地承包经营权抵押融资等一系列土地产权制度改革，很大程度上改变了农村地区的土地、资本和劳动力等要素的配置方式，从而对农业产出和农民收入带来重要的积极影响（刘俊杰 等，2015；李富忠、郭丽娟，2013）。其中，对于土地流转促进收入的直接影响，一些学者利用 Biprobit 模型、DID 模型等各种实证模型从各个角度，对不同地区的农地流转与农户收入的关系

进行研究，结果都证明土地流转对于农户收入有明显的促进效果（钱忠
好、王兴稳，2016；李庆海、李锐、王兆华，2012；薛凤蕊、乔光华、姜
冬梅，2011；李中，2013）。也有一些学者通过调研数据估算，利用夏普
里值分解方法、物理动力学的统计分析方法，证实了同样的观点（Zhang
Q F，2008；杨子 等，2017；冯应斌 等，2008）。而对于土地流转促进收
入的间接影响，通常认为，农地流转作为优化生产要素配置的一种重要方
式（Huang and Gao，2012；陈飞、翟伟娟，2015；曹瑞芬、张安录，
2015），能显化土地资源的资产价值（王象永、王延海、张智，2015），促
进农业适度规模经营（江淑斌、苏群，2013；冯炳英，2004），提高农户
福利水平，进而帮助农民增加土地财产性收入。此外，也有观点认为，土
地流通是以提高劳动力和土地要素的配置效率和生产效率为途径，来达到
提高农户收入水平的目的的（刘俊杰 等，2015）。

另一方面，土地流转在其他角度对于农户收入的影响还存在一定的争
论。如田传浩和李明坤（2014）认为农地流转并不必然导致农村劳动力非
农就业增加，短期的土地租赁契约对农村劳动力的非农就业影响不显著。
同样，王华春、唐任伍、赵春学（2004）认为农地流转能通过降低农地细
碎化程度、刺激农业投资来提高农业生产效率，进而增加农民经营性
收入。

2. 资本

从中国农村发展的实际情况和趋势看，中国的农民已经成为市场化或
者正在市场化的农户（曹阳、王春超，2009），农户的收入受到更多因素
的影响。在现代化的背景下，农户正在逐步脱离原本单一的生产条件，拥

有更多样、更全面的资本，因此，对农民收入增长问题的研究不能仅仅停留在对农户内部和外部各种因素的简单分解上，更需要对农户参与市场化进程中各种资本对于收入的影响情况进行深入研究。

首先，人力资本被认为是促进农户增加收入的主要因素，农户人力资本的持续提升，能够使农户收入水平保持较快增长（Morduch and Sicular，2000；高梦滔、姚洋，2006）。对此，程名望等（2015）运用分位数回归方法，从收入增长与差距缩小的双重视角验证了健康与教育对中国农户贫困的积极影响。其次，通过现有研究可以发现，社会资本指标均与收入呈明显的正向关系（谢周亮，2014；卢燕平，2005），且社会资本能够通过多种渠道对农户收入产生积极影响（卢燕平，2005）。一方面，社会资本能够直接影响农户收入（黄玉娜，2011）。叶静怡、周晔馨（2010）通过对比北京农民工原始社会资本和进城后新获取社会资本，发现农民工新获取的社会资本对提高农户收入和增加福利起着积极作用。另一方面，社会资本又能够通过提升农户的信息获取能力、信贷能力和政治参与能力（路慧玲 等，2014）来以较低的成本获得并将各种资源进行整合（李清政、刘天伦、陈子夏，2014），从而增加找到工作的机会（何国俊、徐冲、祝成才，2008），进而间接提升农户收入。最后，近年来农村的公共服务明显得到加强，这也给农民带来了更多的福利补贴（程名望 等，2014）。杨灿明、郭慧芳、孙群力（2007）以及张秀生、柳芳、王军民（2007）的研究也强调了政府对农村的公共支出的重要性，尤其是农村公共产品这种公共资本对提高农民收入有着重要影响。

3. 生产模式与结构

首先，合作社模式的出现，大大提升了农民收入的水平（韩国民、高颖，2009）。对此，张晋华、冯开文、黄英伟（2012）采用两阶段模型证实了加入合作社对农户收入的正面影响，且这种正向效应不仅体现在纯农户的农业收入上，还体现在兼业农户的农业收入和工资性收入上。同时，胡联（2014）通过 DID 模型分析贫困地区农民专业合作社对农户收入增长的影响，也同样证明了这一观点。而黄祖辉、梁巧（2007），薛凤蕊、乔光华、姜冬梅（2012）分别对浙江省、内蒙古自治区当地部分合作社进行调查，认为参与农民专业合作社的农户比未参与农民专业合作社的农户收入更高，参与效果十分明显。其次，农村产业的融合实现了农业产业链延伸、价值链增值和功能拓展（李云新、戴紫芸、丁士军，2017）。何立胜、李世新（2005）从静态层面提出产业融合是实现农业产业化、提高农业产业竞争力、增加农民收入的有效途径。同样，梁伟军（2011）通过微观经济效应分析，也认为农业与相关产业融合发展有利于提高农民收入。最后，农民增收是我国农业经济政策的主要目标，同时也是衡量农业结构调整成效的重要指标，随着农村经济社会的发展和结构调整的推进，农民收入也将会提高。对此，霍丽娅（2006）通过对成都市的研究，指出调整粮食种植结构并提高经济作物的份额可以有效增加农民的收入。而赵晓锋、张永辉、霍学喜（2012）利用面板数据回归模型分析农业结构调整对我国农户家庭收入的影响，也证实了农业结构调整对我国农户家庭收入具有显著影响。

4. 现代技术与服务

（1）数字技术

随着我国数字经济的不断发展，产业数字化的趋势日益加强，农业领域也深受数字技术的影响，通过电子商务、信息技术和互联网等渠道，数字技术会对农户全要素生产率产生巨大影响，进而也会对农户收入产生影响。

第一，对于电子商务来说，近年来，随着农村交通和网络基础设施的日益完善，物流快递配送体系不断往农村地区蔓延辐射，同时第三方电子商务平台迅猛兴起，中国农业电子商务迎来了蓬勃发展的态势（曾亿武、郭红东、金松青，2016）。

在中国，电子商务正在成为数字红利向农村地区和农业领域扩散的实现路径和重要形态，对于农户来说，电子商务的采纳将帮助其更多地分享数字红利，提升其家庭收入。对此，曾亿武等（2018）用倾向得分匹配法证实了电子商务采纳对农户农业收入的影响效应，发现电子商务采纳能够对农户农业收入产生显著的促进作用，利润率和销量的提升构成增收效应的来源机制。同时，崔丽丽、王骊静、王井泉（2014）的实证研究也同样表明，电子商务采纳与农户增收效应正相关，并且在此过程中农户人力资本起到促进作用。

第二，对于信息技术来说，在数字时代的背景下，信息化技术带来了前所未有的生产效率，能够通过各种信息平台从多个方面帮助农户提高生产率，进而增加收入，这已然成为学术界的共识。

从农户个体来说，互联网信息技术使用能够促进个体额外工资收入增加，同时还能促进个体找到合适工作（马俊龙、宁光杰，2017），提高非农就业概率（周洋、华语音，2017）、增加创业机会（黄昊 等，2018），能够提高农业信息传播速度和改善农户收入结构，提升农民工福利水平（Bonfadelli，2002）。从农业生产过程来说，互联网信息技术使用能够直接降低农户信息搜寻成本（胡伦、陆迁，2019），帮助农户做出最优生产决策，从而更高效地分配生产要素、优化种植结构（Nakasone，Torero，and Minten，2014），以此来提高全要素生产效率（刘晓倩、韩青、周磊，2016；于淑敏、朱玉春，2011），从而最终达到提升农户收入的目的。

但是，对于信息技术的研究，也有个别学者没有得到与上述一致的结论，他们发现信息沟通技术未必能够给基础较差的发展中国家的农民带来十分显著的积极影响（Molony，2008；Fraser and McDonald，2000；Fafchamps and Minten，2012）。

第三，对于互联网来说，互联网不仅颠覆了人们的生产方式，还对信息获取、人力资本提高、居民收入等各方面产生了积极的影响。农村地区互联网的使用，不仅事关农民的福祉，还是提高农村居民收入的重要途径。

首先，互联网的发展为农村居民提供了更多获取财产性收入的渠道（韩长根、张力，2017），比如从就业方面来说，互联网能够有效提高农民的非农就业概率，提高农民的工资性收入，这在农村地区以及偏远地区的效果更明显（Atasoy，2013；周冬，2016；马俊龙、宁光杰，2017）。同时，从创业方面来看，信息网络也能够提高家庭创业收入，这一现象同样在资源约束严重的农村地区更为明显（张博、胡金焱、范辰辰，2015；周洋、华语音，2017）。其次，一方面，互联网能够传播大量农业信息，农民通过接触这些网络信息会改变其传统观念，做出更优的生产决策，制订更加有效的农业生产计划（肖瑜，2013）。另一方面，获取这些信息的成本也比以往的传统方式更低，并进一步降低了生产成本（Aker，2011）。这两方面共同作用，能直接提高农业收入。最后，学者们通过部分发展中国家的调查数据证明，手机和互联网的普及对增加农产品市场销量、提高农产品销售价格和改善农民福利有着显著的积极作用（Jensen，2007；许竹青、郑风田、陈洁，2013；Shimamoto，Yamada，and Gummert，2015）。还有学者通过内生转换模型分析，互联网的使用通过提高农产品市场价值增加农业收入，提高居民就业水平增加工资性收入，提高创业机会增加经营性收入（刘晓倩、韩青，2018）。此外，互联网还开启了普惠金融的大门，改善农村金融发展环境，为增加农村居民财产性收入创造了金融条件（舒苏平，2015）。

（2）金融业服务

从普惠金融的视角来看，普惠金融在农村的发展，就是期望通过对广大农村居民及农户金融服务的全覆盖，减缓农村地区贫困，提升农户收入水平，实现农村居民的全面小康（武丽娟、徐璋勇，2018）。中国农村普惠性金融发展对农户收入具有显著的正效应（田杰、陶建平，2012；王婧磊，2012），通过发展微型金融，提供储蓄、汇兑和支付、保险等交易服务，把那些被排斥于传统金融服务和整体经济增长轨道之外的农村低收入者纳入农村金融服务范围，扩大金融服务的覆盖面，提高金融服务的可得性（郑中华、特日文，2014），使他们分享到经济增长带来的福利（田杰、陶建平，2012；赵洪丹，2011；丁志国 等，2016）。同时，农村金融机构的惠农服务有助于农户采用现代化的农业生产技术，提高农业生产效率，而农业增长是快速减缓贫困的核心。研究发现，对于农户来说，初始收入水平越高，越能够从金融发展中获益（师荣蓉 等，2013；王小华 等，2014），因此初始信贷资金的增加也能够促进农村居民纯收入的增长（陈东、刘金东，2013）。但是，也有一部分学者对普惠性金融对农户收入产生的影响持不同观点。普惠金融发展的初衷在于消除贫困、实现社会公平，尤其是帮助一些难以获得商业性金融服务的弱势群体（王曙光，2014）。但是从实际效果来看，部分学者的研究表明农村金融没有真正服务于农民，对农户收入的增长具有抑制作用（余新平 等，2010），这是因为金融发展的排斥效应。农村金融排斥的普遍存在又会通过马太效应使农村地区陷入经济与金融的恶性循环，制约农户收入增长（王修华、邱兆祥，2011）。

从农业保险的视角来看，在二元经济结构比较突出的新兴发展中国家，一定时期内既定的信贷资源在城乡之间、不同产业之间优化配置的矛盾可能会长期存在，因此，越来越多的学者不断探索金融发展和农村经济增长、农户增收的关系。

卢飞等（2017）结合理论推演和实证分析突出了政策性农业保险的产业增收路径研究，并且认为政策性农业保险通过引导农户作业行为推动产业增长，在农业生产灾后补偿和化解农业经营风险等方面发挥着举足轻重的作用，是农户增收的重要途径。但是对于农业保险这一影响因素，周稳海等（2014）通过构建动态 GMM 模型，从灾前和灾后效应说明农业保险对农民增收的影响力度较小，认为其具体作用机制还有待研究。

(三) 影响农户收入差距的因素

从我国宏观视角看，经济增长、收入不均等与贫困的关系是贯穿中国农村减贫的一条主线 (叶普万，2005)，凭借我国优秀的政治体制和相关政策，我国农业经济持续高速增长，提前实现了全面小康的奋斗目标。但在这一过程中，居民收入差距却呈现不断扩大的趋势 (翟学伟，2003；李实、赵人伟，1999；Gibson, Huang, and Rozelle, 2001；王小鲁、樊纲，2005；李实、罗楚亮，2011)，并且这种不平等的程度甚至要高于城镇群体 (Wang and Wan, 2015)。对于这一现象，万广华等学者认为，在滴漏式增长中，经济增长和收入水平提升有助于贫困人口数量下降，而收入差距扩大则对贫困减缓具有阻碍效应。因此，经济增长并不能自动消除贫困问题，甚至有可能由于收入差距扩大出现贫困增加 (罗楚亮，2012)。

当然，这种从宏观上发现的收入差距现象还有待进一步研究，故基于前文对影响农户收入的因素的文献整理，本书进一步从土地、资本、现代技术与服务三个角度整理归纳影响农户收入差距的深层原因。

1. 土地

土地流转在增加农户收入方面受到大多数学者的认可，但是对于其调节农户收入差距的方面却仍有争议。

持正面观点的学者认为土地流转将会缩小收入差距、缓解收入不平等 (Deiningerk and Jin, 2004)。韩菡和钟甫宁 (2011) 提出：在土地单位收益高的地区，土地倾向于流转到高收入农户手中，可能会扩大当地农户的收入差距；而在经济欠发达、土地单位收益低的地区，低收入农户更容易获得转入土地机会从而改善当地的收入分配状况。持反面观点的学者更多：许庆等（2008）发现家庭联产承包责任制引起的土地细碎化是农户间收入差距扩大的一个原因；学者邢鹂等（2008）和朱建军等（2015）基于农户调研的数据研究也同样表明，土地流转加剧了农户收入分配不平等；学者万广华（2005）更是直言地理因素是导致收不平等的最主要因素。

2. 资本

资本水平的高低在很大程度上决定了农户收入水平的上限和下限，但初始资本的不均等更有可能导致收入差距的扩大，学者们主要从人力资本和社会资本方面进行了相关研究。

孙敬水等（2014）从人力资本、物质资本和政治资本等方面分析农村收入不平等的影响因素，发现人力资本在三大资本中对不平等的贡献率较大。对此，高梦滔等学者（2006）通过使用非参数回归方法进行研究，结果也表明：人力资本是影响农户收入增长与农户内部收入不平等的重要因素。杨子等（2017）则结合人力资本和村庄特征进行研究，发现人力资本对农村内部收入差距的影响较大。此外，还有学者更进一步地表明，教育是造成农户收入差距的核心人力资本要素（Gustafsson and Li，2002；Autor et al.，2003；邹薇、张芬，2006；杨新铭、罗润东，2008；徐舒，2010）。

程名望等（2015）运用分位数回归和 Bootstrap 技术发现：人力资本、物质资本、金融资产、非农就业缩小了农户收入差距；但是社会资本、金融负债、制度与政策、区域发展水平差距等拉大了农户收入差距。周晔馨（2012）分析了地区收入水平变化对社会资本作用的影响，结果发现低收入农户社会资本的拥有量和回报率低于高收入农户，从地区差别来看，富裕地区农户获益更多。同时，刘彬彬等（2014）通过门槛自回归模型对社会资本与农户收入之间的非线性关系进行研究后发现：社会资本对农户收入的影响存在明显的门槛效应，只有当农户社会资本超过这一门槛水平时才能起到促进作用。赵剑治等（2009）则从社会网络入手进行研究，认为虽然中国农村居民社会网络能够显著增加家庭收入，但是社会网络的不平等对农民收入差距具有显著影响。此外，也有学者发现政治资本也会拉开农民收入差距（Morduch and Sicular，2000；Walder，2002）。

3. 现代技术与服务

现代技术和金融服务的出现给农业生产打开了新的大门，极大的拓展了农户生产途径，同时由于其自身固有特性，难免会在产生异质性的使用结果，造成网络信息差、金融服务不均衡、贫富收入差距扩大等现象，故这也是当代学者的前沿研究方向。

对于现代技术来说，一方面，互联网使用的不平等已经使得社会群体的收入极大不平等（谭燕芝 等，2017），互联网在穷人中的普及速度远远不如在富人中的普及速度，这种基础网络条件的不同使得信息富有者和信息贫困者之间出现"数字鸿沟"（Kumar and Keniston，2005），信息通信技术的发展只会对那些富裕阶层有利，并会造成低收入人群和高收入人群之间的差距越来越大（刘晓倩、韩青，2018；Clark and Gorski，2002）。另一方面，信息技术有利于提高技术工人的生产率从而增加其收入，但互联网也对收入不平等有加大效应。这是因为在信息社会，信息是重要的生产条件，直接关系着物质财富的分配，信息贫困群体掌握的信息较少，失去了很多提高收入的机会与途径，使得信息社会群体间的收入分配差距越来越大（刘晓倩、韩青，2018）。

对于金融信贷来说，不同农户使用也会产生不同的效果。从农户拥有的金融资本来看，农户的收入差异是由生产成本和初始禀赋的投入差异引起的，而信贷资金作为可变投入的要素来源，能够优化农业生产的初始禀赋投入，提高农业生产效率从而减少农户的收入差异（Rota，2013）。但是从长期来看，我国农业信贷与农村经济增长不存在明显的均衡关系，但存在明显的区域差异（裴辉儒，2010）。并且，另外一些学者（李长生、张文棋，2015；王书华 等，2014）基于农户预期收入的现值最大化模型（CCT 模型）探索信贷约束对农户收入的影响，证明信贷资金对不同收入水平的农户的影响也是不一样的。

四、数字经济与农产品流通的关系

（一）农产品流通数字化变革

1. "互联网+农产品流通"

《世界互联网发展报告（2019）》指出，根据 2019 年的指标体系，中国互联网发展指数排名第二，已经正式进入互联网时代。在"互联网+"的背景下，对传统农产品流通进行转型重构，通过网上在线交易和互联网信息化建设提高农产品流通效率已成为未来的发展趋势（汪旭晖 等，2014；丁艳，2020）。同时，在"互联网+农产品流通"行动持续深化、"新零售"概念日益深入人心的大趋势下，实现流通基础设施的规范化、标准化、智慧化和信息化已成为流通产业升级的重要抓手（周佳，2019）。

对于鲜活农产品流通来说，"互联网+鲜活农产品流通"的作用在于：

用互联网思维和互联网技术重新审视和设计鲜活农产品流通过程的各个环节，驱动生鲜农产品流通效率提升、成本降低和产业组织升级（甄泽璠，2022），从而解决现有鲜活农产品流通渠道模式中存在的环节多、链条长、成本高、时间长、生产者和消费者权益难保障等问题（李美羽 等，2019）。而对于绿色农产品流通来说，一些学者在分析数字化赋能绿色农产品流通体系现实逻辑的基础上，探究了其中的路径机制，认为数字化可以提高农产品流通体系的资源配置效率、实现供需的精准对接、推动绿色农产品品牌成长（孙丰勤 等，2022；王静 等，2022）。此外，一部分学者通过对黑龙江（韩平 等，2023）、天津（马晨 等，2017）当地农产品流通主体等方面进行调研，同样认为互联网与农产品流通结合对于整体流通水平具有提升作用。

2. 电子商务与农产品流通

农产品电商平台既是将农业生产者与消费者两者有机结合在一起的互联网平台（赖修源，2016），又是用户与供应商进行信息交流和商品交易的媒介（秦铮 等，2017），它以抢占线上市场份额为核心目标，形成基于用户规模的盈利模式（汪旭晖 等，2014），采用交叉价格补贴（杜创，2021）的经营策略提高用户渗透率，获得更高的企业估值。同时，电子商务作为一种先进的商务模式，一方面能够通过提高信息交互效率来解决农产品贸易信息不对称的问题，保证了农产品交易市场的透明性（赖修源，2016）。另一方面，利用政府部门建立的农产品供需信息系统以及农产品电子商务交易平台，实现农产品与市场的直接对接（孙学文 等，2013），解决了交易成本高而效率低、受地理限制等种种问题（王敏 等，2006）。

此外，从宏观上来看，电商主体能够在关系网络上即时转移虚拟市场信息，改善小农户在信息链的知识势差与生态位宽（周浪，2020）。因此，发展好农产品电子商务，对推进我国农产品流通现代化具有重要意义（孙祥，2015；梁淑慧 等，2015）。

3. 数字基础设施及保障，促进农产品流通转型升级

随着数字经济对农产品流通不断赋能，新型的数字基础设施不断完善，使得农产品流通发展更具敏捷性、多元性与质量化（殷浩栋 等，2020）。为充分发挥新型数字基础设施对农业农村高质量发展的赋能效应，董晓波（2023）提出了针对经营主体的"精准培育"策略，旨在推动经营体系高效运行。同时，郭斌和杜曙光（2021）认为农产品流通借助新型数字基础设施赋能的优势，推动了农业生产效率提升。吴泽宇和葛莉（2023）从产品流通安全的角度出发，针对农产品流通环节多、管理松散等特点，设计了基于 Java 平台的数字农产品安全监管平台，在流通监管过程、技术延伸和监管对象上，达到了"全程监管、无缝对接、全面覆盖"。李燕凌和高猛（2021）则从长尾理论的视角出发，指出"可贸易化"的农业农村小众供需在传统经济模式下较难完成，而数字经济的赋能才使其得以"数字规模化"，进而将农业农村长尾供需塑造为极具获益潜力的"大市场"。此外，学者王春娟和赖阳（2023）构建了数字技术赋能、基础保障支撑的农产品流通数字化转型机制模型，对新发地、百果园、盒马鲜生、拼多多四家企业进行多案例研究，提出了加强农产品流通数字技术应用、提升农产品流通治理水平和强化农产品流通数字基础保障支撑的对策建议。

（二）农产品流通渠道变革

1. 传统农产品电商流通渠道

农产品电商是指在互联网平台上凭借电子商务的各种形式向消费者销售农产品（纪良纲 等，2020；樊西峰，2013）。对于农产品电商构成，骆毅（2012）认为农业生产、加工、物流、营销和网站建设构成了农产品电子商务。赵志田等（2014）认为电子商务运用、信息化管理、物流信息技术和农产品物流功能构成了农产品电子商务物流理论框架。而孙炜等（2014）则将信息中介和垂直门户视为电子商务的主要内容。另外，洪涛和张传林（2015）还从平台、驱动因素、生鲜品性、淘宝村镇县、市场体系等角度对农产品电商模式进行了总结。

此外，在农产品交易过程中，传统的主要模式包括 B2B、O2O、B2C和 C2C 等（郭娜 等，2009）。郑勇和张阳（2020）通过对现有的几种生鲜电商模式进行分析比较，运用系统动力学理论和 Vensim 模型对比分析不同种类的生鲜电商模式的优势和劣势，发现相对于 B2C 模式，O2O 模式下的生鲜电商利润更高、总成本更低。

2. 农产品电商流通渠道变革

《"十四五"数字经济发展规划》《"十四五"现代流通体系建设规划》分别提出"打造智慧共享的新型数字生活""打造数字化、智慧化、开放型现代商贸流通体系""加强数字赋能现代流通"。对于新型的现代化数字流通渠道变革的探索，众多学者提出了自己的观点。立足于农产品流通渠道的发展实际，学者们在各自分析了目前农产品流通渠道模式存在问题的基础上，分别对农产品流通渠道数字化（陈秀林，2023；肖红波，2021；

熊湘辉 等，2006）、传统企业数字化（熊天任 等，2022）、农业品牌数字化（赵敏婷 等，2021）转型给出了自己的观点。此外，但斌等（2021）还基于多案例研究了"互联网+"背景下农消对接的实现路径，陈国军（2022）也以盒马村为例，重构了数字经济背景下农业农村现代化可持续发展新格局。

一方面，周丹（2020）、李隽波等（2014）从产品品牌化的角度出发，提出要健全标准化以提升农产品品牌化，通过加快绿色农产品的品牌化发展，发挥现代物流与电子商务的优势来构建绿色农产品流通体系。另一方面，彭柳等（2019）提议充分发挥政府的作用，搭建一种以"政府+合作社"为主导的新经济平台。郑红明（2016）详细研究了政府导向的农产品电子商务模式，认为缺少政府支持将会影响农产品电商流通的效率。一部分学者结合供应链的运作模式，基于第三方物流的农产品连锁经营模式（王海南 等，2020；张希颖 等，2007），提出了以共享资源整合为主要依托（刘振滨 等，2015；赵苹 等，2011），以信息化为基础、以渠道体系为核心、以组织体系为支撑（赵晓飞 等，2012）的新型流通渠道。还有一部分学者从农产品电商流通的顶层渠道变革进行分析，如王胜和丁忠兵（2015）从环境扫描、结构分析、功能分析三个方面构建了农产品电商生态系统框架，分析农产品电商生态系统的演化趋势和主要障碍。而另外一些学者基于农民专业合作社，提出了渠道结构信息化、主体组织化及联盟化的农产品流通渠道模式创新思路（王新利 等，2008；刘刚，2013）。

3. 农产品电商流通渠道的运作机制及意义

农产品流通连接着农产品生产领域和消费领域两端（李吉艳，2022），电子商务最大的作用就是打通农产品流通的消费端。农产品互联网化以及网络化发展是未来农业发展的主要方向。一方面,数字化营销充分利用了互联网的信息传递优势,通过大数据技术搜集营销数据,在提高营销服务质量的同时(郜宣,2020),还降低了信息流通成本,使得流通渠道更加扁平化(朱逸 等,2021)。另一方面,与传统营销手段相比,数字营销内容更加个性化,更多具有娱乐性质和个性化的内容,通过数字化营销手段传播出去,更有利于提升产品的品牌价值(赵玮,2021;屈娟娟,2020),以及农产品新零售能力的进一步提升(杨林广,2021)。电子商务平台还对农产品供应链有着赋能作用。Bao 等(2012)、Parker 等(2016)分别研究了电子商务平台对农产品供应链垂直协作体系的良性影响、对生鲜农产品供应链管理的支撑作用及对生鲜农产品供应链下游市场透明化的促进作用。同时,王珂等(2014)认为现代信息技术所支撑的电子商务对降低生鲜农产品供应链流程成本、简化渠道结构具有重要作用。

一些学者从电商下沉的角度出发,从数字经济和公共服务等要素禀赋差异视角阐述了农村电商下沉对农产品流通的边际影响,提出电商下沉能够缓解农产品供需市场信息不对称(梁锐,2021),并利用网络爬虫技术定量评价了各城市农产品流通指数,研究结果表明电商下沉有利于农产品流通(周炜,2022)。而农产品的流通离不开农村消费市场,农村消费市场必将成为未来拉动我国经济增长的重要力量(王小艳,2021),因此建立现代农村消费品流通体系是高效农业社会化服务体系的客观要求(伍音子,2021),而电子商务推动了城乡贸易一体化发展,丰富了农村产业形式(刘云,2021),进而推动了农村消费市场的发展。此外,郭娜和程祥芬（2020）以网红经济为切入点，以"巧妇九妹"为例分析了"短视频+网红+直播+电商"的农产品销售模式，发现新型电商模式能够降低获客成本、缓解信息不对称、提高交易效率。

（三）农产品供应链优化路径

1. 农产品数字化供应链构建

以物联网、大数据、云计算等现代信息技术为代表的数字经济强势崛起，并与农产品供销紧密联系，使得消费者对生鲜农产品的消费观念由"物质消费"转向"生活体验"，再加上政府政策的积极引导（张夏恒，2014），面向消费者的供应链系统逐渐兴起并走进更多人的视野。价值主张作为企业分析消费群体并为其提供和传递价值的途径，是优化供应链模式的首要因素（Michael et al.，2013）。而传统供应链模式的价值主张在追求高效的数字经济时代已经无法适应以消费者需求为导向的供求网络，亟待进行数字化转型以适应新环境（王正沛 等，2019）。在市场需求和技术推动的双重驱动下，我国农产品供应链正经历着一场巨大的数字化变革，学者们对此纷纷提出自己的观点。

一方面，基于供应链的"互联网+"转型策略，李骏阳（2015）、白桦（2016）、剧希（2016）、武沁宇（2016）分别从宏观的角度探讨了"互联网+流通"的概念和意义、基于"互联网+"的农产品物流发展对策、基于"互联网+"的优特农产品供应模式再造、"互联网+生鲜农产品"宅配业态等问题。而在微观层面，学者们分别从社群经济的预售模式（但斌 等，2016，2017）、农产品质量控制（Shen Q 等，2018）、农产品供应端（王磊 等，2018；吴志坚 等，2015）等方面提出结合互联网技术的新型供

应链模型。另一方面，部分学者基于大数据平台的智能交易网络对供应链
模型进行数字化重构，建立合作主体之间的协同关系（王漱敏 等，2017），
满足了新消费需求以及个性化服务等方面的需要（赵晓飞 等，2020）。同
时，数字经济的突出特征在于信息化，以信息化为基础的现代农产品供应
链将各种分布式资源虚拟化为"云"（赵晓飞，2012；刘助忠 等，2015），
并以信息流来管理、监督和控制农业供应链全流程（陈铭，2009），协同
线上线下营销，同时通过这种信息化手段将电子商务与农贸市场连接（范
林榜 等，2019；王威，2020），最终实现数字经济与农产品流通的综合一
体化。此外，王宁、黄立平（2005）提出了基于信息网络的农产品 SCOR
模型，并构建了信息网络环境下的农产品物流供应链模式。而许宪春和张
美慧（2020）、刘迪等（2021）从技术和市场两个层面，结合永辉超市生
鲜农产品供应链模式数字化转型过程，提出数字化生鲜农产品供应链
"点、线、面、体"的模式形态演进逻辑。Drucker（2011）还进一步地将
驱动生鲜农产品供应链模式演进的因素分为技术驱动和市场驱动。

2. 农产品供应链数字化意义及其结构

新兴数字技术与数字经济的迅速发展，为农产品供应链管理优化提供
了土壤和养分，也使得数字化的农产品供应链开出更艳丽的花。首先，信
息系统是构建现代化农产品供应链的中枢神经（易法敏，2006），互联网
等信息技术的应用是物流系统中信息采集、资源管理的能力增强（戴定
一，2010），并且进一步成熟的智慧物流在运作效率与协同效能上也有很
大提升（芦千文，2021）。同时数字经济所带来的现代化技术搭建了供应
链信息共享平台（王玲，2021），提升了供应链系统中要素和资源的配置

效率，形成了物流、信息流、资金流三流合一的价值网络（梁运文 等，
2005）。其次，借助有效的供应链协同网络，可以改进企业与外部供应链
合作伙伴间的业务流程、交互模式（徐可 等，2015），企业线上线下生鲜
农产品供应链一体化管理会提升农产品流通效率（冯燕芳，2022）。例如
王珂、李震、周建（2014）以"菜管家"为例，利用供应链网络均衡理论
分析了电子商务的加入对农产品供应链参与各方的积极影响。最后，区块
链技术的应用也开拓了数字经济赋能农产品流通的新领域，这得益于其去
中心化、时序数据、集体维护、可编程和安全可信等特点（袁勇 等，
2016）。具体来说，将区块链嵌入农产品供应链可以有效整合农产品生产、
贸易、需求各环节中的商流、物流、资金流与信息流等流通要素与服务
（卢奇 等，2022），并且因其自身信息公开透明、信息不可篡改等方面的特
征和优势（汪普庆 等，2019），能够有效解决传统追溯系统中数据封闭和
缺乏监督的问题，为克服传统农产品安全生产的机会主义和信任问题提供
网络治理机制体系（刘鸿超 等，2021；谭砚文 等，2022）。

而对于数字化供应链的组成结构，房丽娜（2009）研究了农产品供应
链信息管理，并将其更进一步分为信息传递、信息失真、信息风险及信息
共享四个维度。陆生堂（2021）将供应链整体从上、中、下游三方面拆解，
提出智能化超短链的供应链模式。朱婷和夏英（2022）通过关系嵌入和结
构嵌入两种渠道，得出了现代农产品供应链的实现路径。洪涛等则将供应
链分为"拉式供应链"和"推式供应链"两种，并指出互联网加速推进了
以流通组织尤其是以零售逆向整合供应链为主要路径的拉式产销变革，数
字农产品采取"拉式供应链"发展的方式是未来的大势所趋（洪涛 等，

2020；谢莉娟 等，2019）。

（四）数字经济与农产品流通关系研究

蒋廷富（2020）在构建互联网成熟度和农产品流通效率的测评指标体系的基础上，就互联网成熟度对农产品流通效率提升的影响作用展开实证分析。研究显示：互联网成熟度对我国农产品流通效率的提升产生了积极影响，且互联网成熟度对农产品流通效率的影响也存在区域差异性。杨入一、孔繁涛（2023）和赵艳丽（2023）则对我国数字化水平发展对农产品流通业发展的促进作用进行实证研究，发现农产品批发市场全要素生产率的提高主要得益于技术进步，而数字化水平的提高可以显著促进农产品流通业发展，且数字化对农产品流通业的影响存在区域和行业异质性。曾庆均等（2022）运用基准模型、中介效应模型、面板门槛模型、空间滞后模型对数字经济对农产品流通现代化的影响及其作用机制进行实证分析。研究表明：数字经济显著加速了农产品流通现代化进程，并且区域创新能力是其重要的中间机制。王阳阳等（2023）和李燕等（2022）实证检验了电子商务对农产品流通效率的影响及其作用机理，发现电子商务能够通过加强流通基础设施建设和提高农村信息化服务水平两种中介路径来提升农产品流通效率。

五、数字经济、农产品流通现代化与农户收入的关系

2022 年中央一号文件提出要接续全面推进乡村振兴，确保农业稳产增产、农民稳步增收。同时，党的二十大报告进一步强调要拓宽农民增收致富渠道，对此，数字经济发展水平和农产品流通现代化水平已成为影响农

户收入的两大要素。一方面，商贸流通业作为国民经济中较为活跃的先导性产业，已成为我国居民增收、经济发展的重要动力（赵玉冰，2020；梅媛 等，2023），而数字经济的发展也实现了农村居民生活数字化、农村产业数字化，助力农村居民收入显著提高（潘锡泉，2023）。另一方面，两者之间的相互耦合发展也对彼此独立发展具有促进作用。有研究发现，在数字经济的赋能下，农产品流通的各个环节得到效率提升（杨帆，2020），因此农产品零售额在农产品总交易额中的占比越高，其数字农业农村发展水平排名越靠前（白世贞 等，2021）。数字经济与农产品流通耦合，对提升农户收入既有直接影响，也有间接影响，因此为了更好地研究三者内在、复杂的作用机制，本书更进一步地探究数字经济、农产品流通和农户收入的综合关系。

（一）提升农户收入的直接作用

从数字经济与农户收入耦合后提高农户收入的直接作用来看：数字乡村建设能够直接实现农产品生产、销售、治理等环节或领域的全面技术升级，提升流通整体效率、激发农民增收的潜力（曾亿武 等，2021）。而通过实证检验发现，数字化驱动农产品流通产后初加工、分选、仓储、运输、销售、配送等环节转型升级，以数字化、智慧化提升农产品流通效率，降低流通成本，使农产品流通渠道畅通，从而促进农民增收（孙伟仁等，2021；樊琛，2014）。因此，在将数字经济与农产品流通结合研究后，我们发现二者主要从农产品流通的采购融资、运输流通、储存保质、市场销售四个环节对农户收入的提高起到直接的促进作用。

1. 采购融资环节

从金融服务的角度来说，数字普惠金融借助海量的数据、信息的及时性以及普惠性特点，能够提高数字普惠金融的服务效率，降低商贸流通企业的融资成本，数字普惠金融服务扩大了商贸流通企业的融资需求（张永霞，2022），促进了商贸流通经济的发展和社会收入水平的提升，并通过收入再分配增加了居民收入（梅媛 等，2023）。从电商平台的功能维度和能力维度看，依靠电商平台农户获取和处理市场信息的能力得到了很大提升，农户开始占据交易的信息优势地位，并转化为更高的议价能力，能在利益分配中占据主导地位，并进一步转化为经济收益（马述忠 等，2022）。

2. 运输流通环节

在流通领域，农村数字基础设施建设有助于推动农村流通业数字化发展，帮助农产品快速出村、出城，缩短农产品流转时间，拓宽农产品流通渠道，提升农户收入（祝志勇 等，2022）。同时，农村信息化水平和农产品流通效率有显著正相关关系，而提高农产品流通效率可以降低农产品流通领域的交易成本（朱万里，2016），进而促进农户增收。而刘向东等（2019）通过实际案例分析，发现数字技术中的互联网技术能够高效匹配商家与客户并且降低消费者的位置阻力，让零售业运营效率提升，大幅度缩短商品流通时间、降低商品流通成本。同样地，李伟娟、张朋程（2022）通过构建农产品流通效率指标体系，并采用主成分分析法和偏最小二乘回归方法进行实证分析，发现提高农产品流通效率意味着降低农产品流通成本，可以间接提高农村居民的收入，并且充分利用大数据和电商平台可以进一步扩大这一效应。

3. 储存保质环节

吴利祥、李卫（2018）从"互联网+粮食流通"的角度阐述，认为运用"互联网+"能够降低粮食流通过程中的储存成本。刘元胜（2020）从数字技术的角度出发进行研究，认为农产品流通数字化体系能促进农产品生产数字化管理，以大数据分析精准掌握市场需求信息，以数字化技术确保农产品生产效率和品质，从而提高农产品附加值和农业生产收入。同样地，王梓煜（2021）从区块链的角度出发进行研究，认为推进区块链与农产品供应链有效结合能够对农产品进行溯源、保质，且在有效增强消费者信心的同时让农民可以在农产品供应链上得到合理的回报。

4. 市场销售环节

从理论分析来看，电子商务引入农产品流通领域，大大提高了农产品的市场可达性，促使农产品突破地理限制，提高农产品销量，并且农户可以利用互联网获得最新信息，促进农业结构调整，降低农户生产和交易农产品的风险和成本（刘根荣 等，2017；陶涛 等，2022；张岳 等，2023）。同时，村民可以直接通过农村电商向城市进行销售，省去了过去很多不必要的环节，保证产品新鲜度、提升售价的同时也减少了付给中间商的费用，大幅度增加了自身收入（董康 等，2023）。而且，从产销对接的角度出发，研究者（刘生龙 等，2011；许竹青 等，2013；曾亿武 等，2019）发现改造升级信息基础设施对提高农产品销售价格、实现农民增收脱贫可以起到一定的作用。

从实证检验来看，刘蕾、王轶（2022）通过 RIF 回归和有调节的中介效应模型，发现返乡创业企业纷纷采用网络采购和网络销售的数字化经营方式，为农村经济发展和农民增收注入了新活力。张昊（2023）通过构建理论模型进行实证分析，说明数字信息技术能够提升农产品市场的反应速度和短期供给弹性，增强地区间的供求联动性，从而增强利用市场调节机制消释价格波动的能力。任书娟（2022）基于长尾理论进行实证检验，结果显示，数字化营销能够降低农产品流通成本，形成价格竞争优势，从而提高市场销售额，并且在数字营销水平越高、政策关注度越高的地区，这一经济价值也更高。

（二）提升农户收入的间接作用

1. 农户消费的间接作用

农户消费是提升农户收入的主要间接作用。一方面，现有文献运用双向固定效应模型和空间杜宾模型对大数据等技术在流通领域的深度应用进行研究，研究结果表明：数字经济引发了流通经济数字化的革命浪潮，可以显著推动农民收入消费双提升（唐红涛 等，2022；王玉香 等，2021；王颢葳 等，2022；于志慧 等，2023）。另一方面，解决农产品"小生产"与"大市场"的矛盾，可以消除信息不畅通、突破销售渠道的局限性，数字经济与农产品流通耦合可以促进农户消费（胡飞，2020；东方，2021；吕丹 等，2021）。借助物联网技术实现对流通全程监控，再加上互联网时代下的流通组织与流通理念，也可以实现消费者价值的增益（李超凡，2021）。而关键在于农户消费会诱导产业升级，进而反向推动农民收入提升（龙少波 等，2021），因此数字经济与农产品流通耦合也可通过促进农户消费使得农户收入提升。

2. 其他因素的间接作用

数字经济与农产品流通结合后，除了以提高农户消费为中介来影响农户收入外，还有其他因素也在促进农户收入的过程中起到中介作用。首先，对于流通效率来说，数字技术对农产品流通路径的赋能可以提升流通效率，而流通效率的提升则可以大大改善农产品成本结构，增加农产品收益（韩平 等，2023）。其次，对于市场建设来说，利用数字技术的赋能作用，电子商务的新模式可以优化传统农产品流通模式，加强市场流通的信息化建设，构建农产品物流联盟体系，促进农业生产，提高农民经济收入(李吉艳，2022)。最后，从空间溢出的效应来看，杨海丽等（2022）通过空间杜宾模型进行实证检验，发现农产品流通数字化不仅有利于提高本地农村居民生活水平，同时具有正向空间溢出效应，还有利于提高邻近地区农村居民生活水平。

第二章 数字经济与农产品流通现代化耦合发展对农户收入的影响效应研究的文献计量

摘要： 本章确立以数字经济、农产品流通和农户收入为核心研究内容，同时兼顾相关拓展内容，在此基础上搜集文献，得到有效中文文献2 539篇（源自CNKI数据库）和外文文献1 229篇（源自WOS数据库），并进一步运用CiteSpace软件对其进行全面的文献计量，得到系统的数据分析和可视化结果，用以构建文章后续研究的理论基础。研究结果表明：第一，该领域逐渐成为大众研究热点，核心关键词突现强度较高，且具体研究内容在不断深化与拓展。第二，国内外相关研究领域的学者、机构与国家的中心性都普遍较低，合作研究较为松散，有待进一步加强。第三，核心关键词之间的两两结合成为研究突破的前沿，但对三者结合的研究仍存有空白。第四，在未来研究热点中，新发展格局、数字化转型和数字经济等研究内容有成为主流趋势的潜力。

一、引言

伴随大数据、云计算和人工智能等数字技术的产生及其在实体经济中的广泛应用，数据要素被确定为现代的关键生产要素，这标志着数字经济时代的到来。而在数字产业化和产业数字化的发展背景下，数字经济改变了国民经济的生产、消费和分配方式，提供了更加高效的经济运行模式（许宪春 等，2020），既保障了高效的生产效率，又满足了社会转型的高质量要求。因此，国务院在 2023 年 2 月印发《数字中国建设整体布局规划》，进一步明确要推动数字技术和实体经济深度融合。此外，2023 年中央一号文件《中共中央国务院关于做好 2023 年全面推进乡村振兴重点工作的意见》再次聚焦"三农"。该文件对促进农民增加收入、统筹城乡发展、深入推进农业供给侧结构性改革、部署实施乡村振兴战略等方面提出了要求。同时这也是 2004 年至今，中央一号文件连续聚焦"三农"问题的第 20 年。

随着我国经济的发展和社会的转型，数字经济已经以不可阻挡的趋势渗透国民经济的各个领域和社会再生产的各个环节（李文睿 等，2022；文龙娇 等，2021）。农产品流通现代化作为农业现代化的主要内容和重要任务，关系着我国整体现代化与全社会和谐发展（郑鹏 等，2012）。对此，学者秦芳等（2022）从电子商务的角度对数字经济促进农户收入进行了研究；而学者李德力等（2017）和田敏等（2010）则分别从流通渠道与价值链的方面探究了农产品流通对农户收入的影响。但是，学术界却少有学者结合数字经济与农产品流通二者对农户收入进行研究，因此，借助有效的方式梳理当前领域内三类文献，并进行归纳整理是当前研究重点，也是本文的边际贡献所在。

本书运用 CiteSpace 软件绘制数字经济与农产品流通耦合发展对农户收入的影响效应研究的知识图谱，对中国知网（CNKI）数据库收集的 2 624 篇文献和 WOS 数据库收集的 1 010 篇文献进行梳理和总结，从而说明数字经济与农产品流通耦合发展对农户收入的影响领域内的重要文献和知识基础，系统梳理国内外数字经济与农产品流通耦合发展对农户收入的影响领域内的研究主题和演进趋势，旨在为学者们进行相关领域内的研究提供参考。

二、文献的基本特征

（一）数据来源及文献趋势

本书的数据来源于有关商贸流通类和数字技术类的期刊文献。中文文献来自 CNKI 数据库，外文文献来自 WOS 数据库；文献检索时间为 2023 年 7 月 1 日，检索 2000—2023 年共计 24 年的相关文献，最后共计得到与主题相符合的相关研究文献 3 768 篇，其中中文文献 2 539 篇、外文文献 1 229篇。如图 2-1 所示，从整体来看，国内外学者在 2000 年前开始对该领域进行研究，且发文量趋势基本相同：在 2000—2017 年基本保持稳定增加，2018 年以后迎来爆发式增长，并于 2021 年左右达到高峰。进一步发现，中文文献总体发文量自 2000 年开始持续走高，虽然在 2018 年之前有波动，但在 2018 年迎来爆发式增长，特别是 2019—2022 年文献发文量明显高于其他年份，这一发文趋势与国内政策、产业融合等热点有很大的关系，说明国内相关领域的研究热点时事导向性较强。而观察外文文献发文量可以发现其在2000—2017年的年发文量持续稳定增加，而2017年之后产生较大波动，但仍保持较高的增长水平，并在2021年达到最大发文量，为210篇。

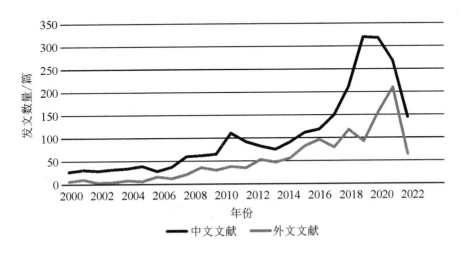

图2-1　2000—2023年国内外发文数量

在分析过程中发现外文文献发文量纵向的差距与文献选取篇数有关，但整体横向发展趋势相近。同时不断增加的发文量说明国内外越来越多的专家学者正投身该领域的研究。该领域是当下各国学者的研究热点，具有突出的研究价值和十足的潜力。

（二）作者合作网络分析

从国内作者发文量来看，在数字经济与农产品流通耦合发展对农户收入的影响效应研究领域共有文献2 539篇，共有作者609位，平均每位作者发文4.16篇。发文量排名前列的作者分别为戚聿东（16篇）、任保平（14篇）、谢莉娟（11篇）。从论文的影响力来看，部分学者的研究在各自研究领域都引起广泛关注。截至2023年7月1日，张勋等人的《数字经济、普惠金融与包容性增长》以金融服务业为传导中介，探究了数字经济至包容性增长的传导机制；汪旭晖等人发表的《电子商务破解生鲜农产品流通困局的内在机理》，探究了在破解农产品流通困局的过程中电子商务所发挥的内在作用；程名望等人的《农村减贫：应该更关注教育还是健康?》从人力资本的角度探究了农户收入的影响因素。虽然国内该领域存在众多优秀学者，但是各位学者的中心性皆为 0，这反映了国内学者在研究过程中合作交流的不足。同样，从国外作者的发文量来看，发文较多的学者有 Ashok K. Mishra（17 篇）、Alan Renwick（6 篇）、Martinson Ankrah Twumasi（5 篇），其余学者发文量大多在 4 篇以下，相比之下，国外的学者之间合作较多一些，但各个学者之间的中心性也同样为 0（如图 2-2 所示）。

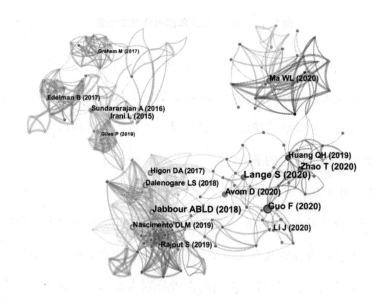

图 2-2　作者合作网络

（三）国家与机构合作网络分析

从国家发文量来看，在数字经济、农产品流通、农户收入及其交叉领域，中国、美国、英国的发文量占据了 75%，其中，中国的中心性为 0.51，美国和英国的中心性分别为 0.32 和 0.11，这是因为中国数字经济的迅速发展与国家对于"三农"问题的重视。党的十八大以来，我国先后印发数字经济发展战略、"十四五"数字经济发展规划，并且从 2004 年到 2023 年连续 20 年在中央一号文件中强调"三农"问题，这给中国在此领域内的迅速发展提供了良好的大环境。

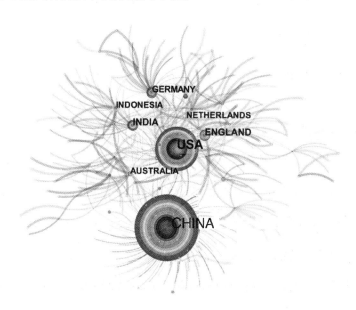

图 2-3　国家合作网络分析

近几年，国内数字经济、农产品流通以及农户收入领域相关研究比较具有代表性的机构有西北农林科技大学、中国农业大学、华中农业大学、中国人民大学、东北财经大学、西北大学、重庆工商大学等，并形成了以这几个机构为中心的科研团队。但是，包括这几个机构在内的所有机构的中心性都为 0，说明国内的各个机构对数字经济、农产品流通以及农户收入的交叉研究还未形成专业的研究团队，并且各个机构之间的合作与交流较为松散。

国外在数字经济、农产品流通以及农户收入等领域内比较有代表性且发文数量较多的机构有路易斯安那州立大学、瓦格宁根大学、伦敦大学、国际食品政策研究所和国际玉米和小麦改良中心等，虽然国外研究机构都有一定的发文量，但是所有机构的中心性都同样为 0。由此可见，国外研究机构的情况与国内相似，各自科研能力较强，但是各个机构之间的合作与交流不足，亟待加强。

三、文献分析

（一）关键词共现分析

关键词可以较为直观地反映某一领域内的研究热点与主题。因此，本书运用 CiteSpace 软件将中文文献和英文文献进行关键词共现、关键词聚类、关键词突现以及文献共被引分析，以期得到数字技术驱动商贸流通业高质量发展的研究热点主题。

本书运用 CiteSpace 软件对 CNKI 数据库的 2 539 篇文献进行关键词共现分析，设置时间参数为 2000—2023 年，时间切片为 1 年，节点类型设置为关键词，TOPN＝50，其他参数设置为系统默认设置。分析得到 699 个节点数、1 831 条连线数、密度为 0.007 的关键词共现网络图谱（见图 2-4、表 2-1）。本书运用 CiteSpace 软件对 WOS 数据库的 1 229 篇外文文献进行关键词共现分析，参数设置与 CNKI 数据库文献分析一致。运用 CiteSpace

软件分析得到 601 个节点数、3 205 条连线数、密度为 0.015 的关键词共现
网络图谱（见图 2-5、表 2-1）。

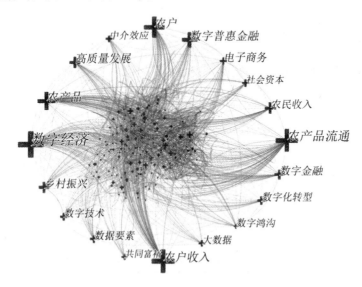

图 2-4　CNKI 数据库关键词共现网络图谱

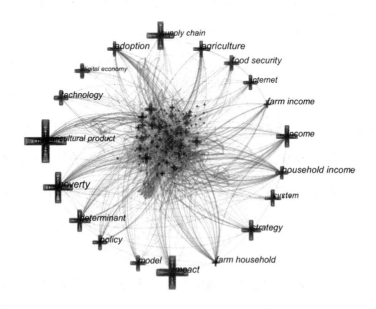

图 2-5　WOS 数据库关键词共现网络图谱

表 2-1　CNKI 数据库与 WOS 数据库中心性排名前十的关键词比较

序号	CNKI 数据库			WOS 数据库		
	关键词	中心性	频次	关键词	中心性	频次
1	数字经济	0.49	376	agricultural product(农产品)	0.18	150
2	农产品流通	0.33	109	impact（影响）	0.12	123
3	农产品	0.17	105	poverty（贫穷）	0.09	76
4	农户收入	0.12	126	supply chain（供应链）	0.08	72
5	农户	0.11	108	model（模式）	0.08	53
6	乡村振兴	0.09	96	agriculture（农业）	0.07	53
7	数字普惠金融	0.08	126	strategy（策略）	0.07	51
8	粮食安全	0.08	29	diversification(多样化经营)	0.07	41
9	电子商务	0.07	41	inequality（不公平）	0.06	40
10	高质量发展	0.05	68	technology（技术）	0.05	65

从表 2-1 中 CNKI 数据库所得结果可以发现国内该领域内研究重点较为集中，形成了以数字经济与农产品流通为中心的研究体系。首先，数字经济的中心性与出现频次最高，这与其自身特征有关：数字经济的本质在于信息化（严若森 等，2018；刘军 等，2020），同时数字经济自身强大的渗透性使其与不同产业都能高效地结合（蔡跃洲 等，2021），这就使得其在各个领域都有所涉及。其次，农产品流通出现频次较低但其中心性却相对较高，这说明学者在进行领域内的研究时，往往较为重视农产品流通，并以其为出发点进行相关研究，这与其连接产销、转化价值的作用密不可分（赵晓飞 等，2020）。

从表 2-1 中 WOS 数据库所得结果可以发现国外该领域内研究关键词的中心性都较低，并且国外学者在该领域内的研究热点与重心都较为分散。由其较为分散的研究中心可以进一步发现，相比于国内学者，国外学者研究内容更为微观，且注重研究其所带来的影响，所以排在首位的 agricultural product（农产品）之后的就是 impact（影响）和 poverty（贫穷）这种更为具体的关键词。

（二）关键词聚类分析

进行关键词共现分析可以了解农户收入、数字经济和农产品流通业领域内的研究热点，而进行关键词聚类分析可以将关键词共现网络图谱通过某些聚类算法，简化成数目较少的聚类，更加明确该领域内的研究热点与主题。

本书对 CNKI 数据库的 2 539 篇文献进行关键词聚类分析，依据关键词聚类分析步骤运行软件，即可得到如表 2-2 和图 2-6 所示的 CNKI 数据库关键词聚类结果和分块网络图谱。

表 2-2　CNKI 数据库关键词聚类结果

聚类号	聚类大小	聚类名称	关键词
0	109	农户收入	农户收入、农户、农民收入、社会资本、互联网使用
1	107	数字经济	数字经济、高质量发展、数字化转型、大数据、交互效应、创新
2	100	农产品	农产品流通、农产品、电子商务、生鲜农产品、流通效率、农超对接
3	70	粮食流通体制改革	粮食安全、农产品批发市场、粮食流通体制改革、农产品流通体制、农民增收
4	65	数字金融	数字普惠金融、数字金融、农户收入差距、中介效应、数字鸿沟
5	43	乡村振兴	乡村振兴、数字技术、小农户、共同富裕、区块链、农户增收、现代农业

表2-2(续)

聚类号	聚类大小	聚类名称	关键词
6	39	数据要素	数据要素、新发展格局、数据要素市场、数据流通、数据安全
7	20	商品流通	商品流通、经济发展、流通业、国际比较、发展方式转变
8	10	农村电商	农村电商、城乡融合发展、乡村重构、O2O模式、盒马模式

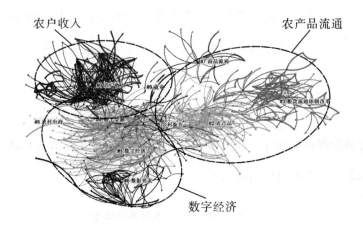

图2-6　CNKI数据库关键词聚类结果分块网络图谱

如表2-2和图2-6中所示：在聚类结果中较为合理可信的共有农户收入、数字经济、农产品、粮食流通体制改革、数字金融、乡村振兴、数字技术、数据要素、商品流通、农村电商9个聚类。对表2-2中关键词聚类结果进行进一步分析发现：农户收入、数字经济、粮食流通体制改革、数字金融等的聚类结构性较好。其中，农户收入领域包含关键词农户收入、农户、农民收入等，说明我国学者对该领域的研究较为细致。而数字经济领域包含关键词数字经济、高质量发展、数字化转型等，说明在该领域内对产业发展的研究较多。此外，在农产品的研究领域内农产品流通则是最为突出的研究热点。进一步，通过对聚类结果进行宏观层面的分块处理，我们可将其大致分为农户收入、数字经济和农产品流通三个领域，并且由图中虚线可观察得到三个领域间存在两两互相交叉的聚类点，如数字经济与农户收入的交叉聚类点为数字金融，农村电商、农户收入和农产品流通的交叉聚类点为就业和商品流通。这些聚类交叉结果也反映了领域相互交叉点所产生的研究热点。但是通过进一步的研究发现，虽然领域内两两互有交叉，但三者聚集处却没有形成成熟的聚类结果，这也反映了目前的研究不足，即很少有学者将农户收入与农产品流通与数字经济结合起来进行研究。此外，总体来看，表2-2与图2-6中关键词聚类结果显示 Q 值为 0.594 8，S 值为 0.756，聚类结果显著。

本书对 WOS 数据库的 922 篇外文文献进行关键词聚类分析，参数设置同上，得到如表2-3所示的 WOS 数据库关键词聚类结果。

表2-3　WOS 数据库关键词聚类结果

聚类号	聚类大小	聚类名称	关键词
0	115	diversification （多样化经营）	贫穷、收入、决定性因素、策略、发展、农户收入
1	112	digital economy （数字经济）	数字经济、经营、互联网、可持续性、消费、大数据
2	91	endogenous switching regression （内源性切换回归）	影响、技术、中国、采纳、食物安全、生产力、农民
3	68	fresh agricultural products （生鲜农产品）	供应链、管理、模式、系统、食物
4	48	agricultural products （农产品）	农产品、流通、电子商务、对策

表2-3（续）

聚类号	聚类大小	聚类名称	关键词
5	24	agricultural products logistics（农产品流通）	效率、农产品流通、行为、工业结构、渠道、数字普惠金融
6	24	on-demand economy（按需型经济）	劳动、参与、农业政策、配给量
7	21	farm income（农户收入）	农业、农户收入、安全保障、扶贫

如表2-3所示，在聚类结果中较为合理可信的共有 diversification（多样化经营）、digital economy（数字经济）、endogenous switching regression（内源性切换回归）、fresh agricultural products（生鲜农产品）、agricultural products（农产品）、agricultural products logistics（农产品流通）、on-demand economy（按需型经济）、farm income（农户收入）8个聚类。其中 diversification（多样化经营）的聚类结构最好，包含贫穷、收入、决定性因素、策略、发展、农户收入等关键词，更能综合反映该领域内交叉发展与多元融合的实际状况。此外，总体来看，表2-3中关键词聚类结果显示 Q 值为 0.452 5，S 值为 0.747 8，聚类结果显著。

（三）关键词突现分析

关键词突现分析是在关键词共现分析的基础上展开的，由此关键词又被称为突现词。某一研究领域的突现词可以用来解读该领域在某一时段内的研究趋势，由此本书有针对性地对领域内关键词的突现时间和突现强度分别进行了系统整理。

本书对 CNKI 数据库的中文文献进行关键词突现分析，设置阈值为 0.8，最短持续时间（minimum duration）为2年，分别得到了如表2-4和

图 2-7 所示的 CNKI 数据库关键词聚类强度数据与突现时间。

表 2-4　CNKI 数据库关键词聚类强度数据

序号	开始年份	结束年份	强度	关键词
1	2019	2021	47.321 9	数字经济
2	2004	2017	27.933 4	农产品
3	2000	2015	20.934 8	农产品流通
4	2022	2023	16.481 3	数据要素
5	2005	2015	10.743 6	农户
6	2019	2023	10.409 5	高质量发展
7	2018	2020	9.683 1	大数据
8	2022	2025	8.891 2	共同富裕
9	2010	2017	8.817	农超对接
10	2003	2013	8.553 8	农民收入
11	2018	2019	8.479 9	精准扶贫
12	2001	2017	8.364	粮食安全
13	2000	2003	8.194 5	农产品流通体制
14	2000	2004	8.017 1	粮食流通体制改革
15	2021	2023	7.840 8	新发展格局
16	2020	2021	7.829 4	数字化转型
17	2008	2017	7.526 9	流通渠道
18	2012	2018	7.498 1	生鲜农产品
19	2009	2017	6.845	收入结构
20	2011	2017	6.648 1	流通效率

Top 20 Keywords with the Strongest Citation Bursts

2000—2023

Keywords	Year	Strength	Begin	End
农产品流通	2000	20.32	2000	2015
农产品流通体制	2000	8.18	2000	2003
粮食流通体制改革	2000	8	2000	2004
农户收入差距	2000	5.84	2000	2010
粮食安全	2000	8.17	2001	2017
农民收入	2000	8.82	2003	2013
农产品	2000	27.32	2004	2017
农户	2000	10.82	2005	2015
流通渠道	2000	7.43	2008	2017
收入结构	2000	6.74	2009	2017
流通体系	2000	6.06	2009	2013
农超对接	2000	8.73	2010	2017
流通效率	2000	6.55	2011	2017
生鲜农产品	2000	7.39	2012	2018
大数据	2000	9.56	2018	2020
精准扶贫	2000	8.44	2018	2019
数字经济	2000	44.98	2019	2021
高质量发展	2000	10.05	2019	2020
数字化转型	2000	7.63	2020	2021
新发展格局	2000	7.74	2021	2023

图 2-7 CNKI 数据库关键词突现时间

由上述整理可得，领域内较为突出的共有 20 个关键词，通过对关键词强度分析可以发现：突现强度最高的关键词是数字经济，为 47.321 9，其次是农产品、农产品流通，二者关键词的突现强度均在 20 以上。除此之外，数据要素、农户等核心关键词也纷纷上榜。这可以反映出对于这些关键词的研究在该领域内的重要地位，这与我国国家政策以及民生需求密不可分。而通过对关键词的突现时间进行分析可以发现：以农产品流通为代表的关键词出现最早，在 2000 年就已经有学者对其展开研究了，这些基础

性、广泛性的研究也正是对该领域进行进一步研究的重要基石。而到了
2010 年前后，学者们已不满足于对普通的农产品流通进行研究了，因此更
进一步的研究使得流通渠道、流通体系、收入结构等更具体的关键词纷纷
突现，完成了该领域内研究内容的深化。而在数字时代的今天，数字经济
的发展给三大产业带来了新的发展动能（徐伟呈 等，2022），在我国产业
转型的宏观要求下，数字化转型、高质量发展和新发展格局等更具时代意
味的关键词在 2020 年前后突现，成为学者们的研究热点。

　　本书对 WOS 数据库的外文文献进行关键词突现分析，设置阈值为
0.8，最短持续时间（minimum duration）为 2 年，分别得到了如表 2-5 和
图 2-8 所示的 WOS 数据库关键词突现强度数据与突现时间。

表 2-5　WOS 数据库关键词突现强度数据

序号	开始年份	结束年份	强度	关键词
1	2010	2018	35.652 6	agricultural product（农产品）
2	2001	2015	10.119 2	farm household（农户）
3	2021	2023	6.943 7	ICT（信息通信技术）
4	2004	2016	6.128 3	agricultural products logistics（农产品流通）
5	2016	2020	5.828 3	internet of thing（物联网）
6	2011	2017	5.814 8	supply chain（供应链）
7	2021	2023	5.280 7	economic growth（经济增长）
8	2009	2018	5.211 9	nonfarm income（非农收入）
9	2021	2023	5.112 3	innovation（创新）
10	2010	2017	5.002 4	logistics（物流）
11	2021	2023	4.881 3	circular economy（循环经济）
12	2018	2019	4.854 8	labor（劳动）

表2-5(续)

序号	开始年份	结束年份	强度	关键词
13	2010	2016	4.673 1	agricultural products supply chain(农产品供应链)
14	2021	2023	4.617 2	energy consumption (能源消耗)
15	2021	2023	4.576 1	sustainable development (可持续发展)

Top 15 Keywords with the Strongest Citation Bursts

Keywords	Year	Strength	Begin	End	2000—2023
farm household	2000	10.12	2001	2015	
agricultural products logistics	2000	6.13	2004	2016	
nonfarm income	2000	5.21	2009	2018	
agricultural product	2000	36.65	2010	2018	
logistics	2000	5.00	2010	2017	
agricultural products supply chain	2000	4.67	2010	2016	
supply chain	2000	5.81	2011	2017	
internet of thing	2000	5.83	2016	2020	
labor	2000	4.85	2018	2019	
ICT	2000	6.94	2021	2023	
economic growth	2000	5.28	2021	2023	
innovation	2000	5.11	2021	2023	
circular economy	2000	4.88	2021	2023	
energy consumption	2000	4.62	2021	2023	
sustainable development	2000	4.58	2021	2023	

图2-8　WOS 数据库关键词突现时间

由上述整理可得，领域内较为突出的共有 15 个关键词，通过对关键词强度分析可以发现：agricultural product （农产品）的突现强度最高，为 35.652 6，其次则是 farm household （农户），突现强度为 10.119 2。其余关键词突现强度较为相近，这与外文文献研究内容较为分散有关，更为具体的研究内容所产生的突现强度一般则会较低。而通过对关键词的突现时间进行分析可以发现：farm household （农户）的突现时间最早，自 2001

年起，保持了较长时间的高强度突现。而 agricultural products supply chain（农产品供应链）、logistics（物流）等流通关键词在 2010 年后开始突现，且保持较为一致的突现时间，这表明其存在内在的相关性。而 ICT（信息通信技术）、innovation（创新）等与数字时代相关的关键词则在 2021 年开始突现，成为外文文献的研究热点。

纵观中文文献与外文文献的关键词突现强度与突现时间可以发现两者在总体发展趋势上保持着较高水平的相似程度。在 21 世纪初的研究更加注重研究农产品、农户等较为基础且普遍存在的民生内容。而随着该领域研究的不断成熟与研究要求的细致化，在 21 世纪 10 年代后，学者们更进一步地对农产品流通渠道、效率等更细致的方面进行研究，以期进一步提高生产率。而在 21 世纪 20 年代前后，在数字时代的背景下，数字化转型与高质量发展成为新的要求（荆文君，2021；孙宝文，2019），农业数字化转型成为紧迫要求（刘海启，2019），因此数字经济等关键词成为新的突现内容。

（四）文献共被引分析

由于 CiteSpace 软件只能对 WOS 数据库的文献进行共被引分析，因此本书在文献共被引分析中只分析 WOS 数据库的外文文献。本书利用 CiteSpace 软件，将节点类型参数设置为文献共被引，其他参数设置同上，即可得到如表 2-6 所示的 WOS 数据库文献共被引数据，将被引文献整体再进行聚类，可得到图 2-9。

表 2-6　WOS 数据库文献共被引数据

序号	被引次数	中心性	作者
1	15	0	Lange S.（2020）

表2-6(续)

序号	被引次数	中心性	作者
2	13	0.03	Jabbour，ABLD（2018）
3	13	0	Ma X. L.（2019）
4	12	0.03	Guo F.（2020）
5	11	0.01	Zhao T.（2020）
6	10	0	Yan B.（2020）
7	10	0	Avom D.（2020）
8	9	0.02	Ma W. L.（2020）
9	9	0.03	Huang Q. H.（2019）
10	8	0.03	Dalenogare L. S.（2018）

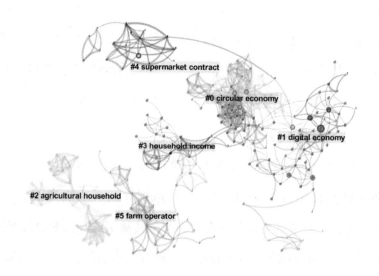

图2-9 WOS数据库文献共被引聚类网络图谱

从图2-9和表2-6可以看出，在国外的数字经济与农产品流通对农户
收入影响的研究中，学者Lange（2020）的文献的共被引次数最高，为15
次，而其他学者的文献共被引次数无较大差距，整体保持均衡，这也与外

文文献的研究方向较为分散有关，但总体共被引文献中心性较差。对其进行聚类并由聚类结果的分析可知，外文文献在被引方面的主要领域包括 circular economy（循环经济）、digital economy（数字经济）、agricultural household（农户）等六方面。

四、数字经济与农产品流通耦合对农户收入影响的演进路径

国内外数字经济与农产品流通耦合促进农户收入研究的演进路径可以通过 CiteSpace 软件的时区图进行分析。本书对 CNKI 数据库的中文文献进行关键词时区图分析，设置时间切片为 1 年，关键词节点显示门槛为 10，运行 CiteSpace 软件进而可以得到 CNKI 数据库关键词时区图（图略）。

从 CNKI 数据库关键词时区图可以看出，农产品、农产品流通、农户和农户收入等关键词位于 2000 年初期的时区中，并且频数较大。这表明，在 20 世纪初期国内就开始了对农户、农产品等基础性"三农"问题的相关研究。发展到 2010 年前后时，以数字经济为代表，电子商务、流通渠道和农超对接等新时代关键词开始出现，以数据为基础的新技术正在走进人们的生活，成为学者们的研究对象。故而陈衍泰等（2021）认为：数据日渐成为行业及企业整合资源、优化消费者体验以及提升综合竞争能力的一项重要资源。而在 2018 年之后，高质量发展、数字化转型、乡村振兴等具有高层次、高要求的关键词集中涌现，这反映出我国对于数字技术的重视，也突显了数字信息技术在提升产销效率、优化供求衔接、畅通国内经济大循环中的作用（张昊，2023；何大安，2020）。

本书对 WOS 数据库的外文文献进行关键词时区图分析，参数设置同

上，运行 CiteSpace 软件进而可以得到 WOS 数据库关键词时区图（图略）。

从 WOS 数据库关键词时区图可知，国外在 20 世纪初期出现如 income
（收入）、food security（粮食安全）、household income（农户收入）等频数
较高的关键词。而 agricultural product（农产品）则基本和 supply chain（供
应链）同一时期出现，表明两者在研究过程中内在的联系性。近些年的研
究出现了 digital economy（数字经济）、information（信息）和 innovation
（创新）等频数较高的关键词。

通过对中文文献与外文文献进行纵向整体分析，我们可以发现中外文
文献在数字经济与农产品流通耦合促进农户收入的领域内，总体演进趋势
基本相同，且时间节点与中心关键词也基本与关键词突现结果相符，这进
一步增强了本书研究的严谨性。

五、研究结论与展望

（一）研究结论

因为采集到的文本数据量较大，上文都是从数据的各个方面进行逐一
分析，而为了得到更简洁明了的结果，本书在 CiteSpace 软件统计分析的基
础上进一步利用词云图对数据进行可视化分析。词云图是在分词的基础上
设计并实现的，是一种将文本中的高频词汇提取并以有趣、高效、新颖的
方式呈现给阅读者的一种数据可视化工具。通过观察词云图，可以更直观
地分析和归纳出在数字经济与农产品流通耦合促进农户收入领域的现状。
因此，本书根据 CNKI 数据库中的文献关键词出现频次及其中心性制作了
词云图并进行整体分析。

本书通过对数字经济与农产品流通耦合促进农户收入研究的相关文献进行基本特征分析、关键词共现分析、聚类分析、突现分析、关键词时区图分析，可以得到以下结论：

第一，在文献数量和主题方面，数字经济与农产品流通耦合促进农户收入的相关研究重点伴随着我国农业经济发展与流通数字化过程不断推进，从最初的单一的农产品流通演进到更为细致的流通效率、流通渠道，然后到数字时代的产业交叉。而在整个过程中农户收入都是研究领域内一个重要的落脚点，且不因宏观环境的变化而发生变化，在每一个阶段都与其他热点关键词有着独特的结合方式，这一点也从农户收入的聚类关键词所包含内容得到印证。因此，数字经济、农产品流通、农户三个主题的研究数量始终是领域内最多的，且可以预料在未来仍将保持这一趋势。

第二，在作者、机构和国家合作网络方面，虽然部分学者已发表多篇文章，国内外逐渐形成了一批专业化的研究团队，但大部分学者之间的合作还是较为松散的，跨机构合作少。就国家方面而言，中国与美国的文献研究对该领域的发展具有重要影响，产生这一现象的原因在于中美两国共有的特性：①中美两国有着成熟而庞大的互联网体系，两国的数字技术更为先进。②中美两国的商贸流通业十分发达，相关基础设施较为完善，且在全球商品进出口总额方面中美两国长期居于前三位。③中美两国作为世界上人口众多的农业大国，本身的农业发展、农产品培育就较为成熟。但是另一方面，国内外学术界的研究侧重点略有差异。国内学者倾向于研究影响数字经济发展、农产品流通效率和农户收入的宏观因素，相互之间的作用机制以及产业间的交叉融合。而国外学者倾向于研究领域内每个个体的具体优化过程及全方位的影响，并善于借助第三方来完善研究。

第三，在数字经济与农产品流通耦合促进农户收入的研究领域，其关键词共现结果主要包括数字经济、农产品流通、农户收入、数字普惠金融等主题。学者们通常从这几个核心方面入手，通过各种研究方法，借助各种中介因素，不断由中心向外扩散，且在有意识地寻找产业间交叉融合点，形成新的研究热点。通过对这些主题的研究，可以了解到数字经济与农产品流通耦合促进农户收入的演进过程和影响因素，并且通过分析领域内关键词聚类结果可以具体验证这一过程。比如在聚类农户收入中包含的互联网使用就证明了农户收入研究内容中，互联网等数字技术已经成为主要热点。同样地，聚类数字经济中的交互效应、数字化转型，与聚类商品流通中的发展方式转变、经济发展也展现了相似的研究现状。这种在大样本中普遍出现关键词聚类相互交叉的现象，也构成了数字经济与农产品流通耦合促进农户收入研究更进一步的重要基础。

（二）研究展望

首先，在数字经济、农产品流通与农户收入三者交叉的研究领域中，虽然近些年国内也有学者开始将数字经济与农产品流通业联系在一起对农户收入进行研究，但是总体上国内对这一领域进行研究的文献相对较少，更多的还是研究两者之间的相互影响。因此，在数字时代背景下，学者们在接下来的研究中，应该更多地探索数字经济新的表达形式，以提供更加丰富的拓展点，同时联合数字经济与农产品流通，揭示新的结合点与农户收入之间作用的关系，在数字经济与农产品流通耦合促进农户收入的网络上开发新的节点。

　　其次，在数字经济与农产品流通耦合促进农户收入的研究方面，现有文献绝大多数都为理论研究，缺少有数据支撑的实证研究。因此，国内学者在进行领域内的研究时应该更加注重对于数据的挖掘和使用，并通过使用中介效应、门槛效应和稳定性检验等多种方式来进行更具可信度的研究。

　　最后，在研究方向的选择上，在数字时代的大背景下，各国不断强调产业的转型和持续高质量发展，文献计量的结果也反映了这一趋势。所以，能够有助于国家结构性改革的数字化转型、新发展格局等方面的研究成为热点，对传统农业、流通业的数字化改革与交叉融合也应更加遵循现代化的要求。

第三章　数字经济指标构建、水平评价与动态演进

摘要： 在前章文献计量分析的基础上，本章从数字基础设施、数字发展环境、数字产业化和产业数字化四个维度选取合适指标并结合熵值法对我国 2013—2021 年数字经济水平进行测度，然后综合运用核密度估计、Dagum 基尼系数及其分解、σ 收敛、β 收敛和俱乐部收敛深入探究了观测期内数字经济的发展水平、分布动态、地区差异和收敛性特征。研究发现：①全国整体及四大区域数字经济均取得了长足发展，但省际差距在不断扩大，总体上呈现"东高西低"的梯式递减格局；②观测期内我国数字经济总体差异、区域间差异及其内部差异均表现出波动下降趋势，而数字经济发展的地区差异主要源于四大区域间的发展差异，其中，东部地区内部省份发展最不均衡；③数字经济发展表现出典型的 σ 收敛和 β 收敛特征，在将某些经济社会因素的区域异质性纳入考虑后，在一定程度上提升了多数地区的收敛速度；④数字经济发展存在跨区域收敛现象，在观测期内已形成 4 个收敛俱乐部和 1 个发散组。

一、引言

数字经济作为一种新型经济形态，以数字化信息和知识为关键生产要素，以数字技术为核心驱动力，以现代信息网络为重要载体，基于数字技术与实体经济深度融合，加速重构经济发展与治理模式。数字经济相关内容从 2017 年起连续 5 年被写入政府工作报告，这表明我国政府高度重视互联网、大数据、人工智能等新一代信息技术融入经济社会发展的协同促进作用，及其改进经济增长方式的突出特质。随着我国对数字经济发展的谋篇布局、把脉定向，数字经济研究进入高速发展时期。学者们围绕数字经济的内涵、特征、测度、数字资源的有效配置、数字经济赋能实体经济高质量变革等多个方面进行了有针对性的研究，并取得了丰硕成果。数字经济日益重要，为增强经济理论对新发展阶段经济数字化转型和高质量发展的支撑和引导作用，对与之相关的数字经济发展现状、演进趋势、地区差异及其基本特征进行深入细致的剖析已刻不容缓。目前已有的研究成果对数字经济的上述分析较为缺乏，因此，本章节拟从以下几个方面拓展相关研究。首先，构建科学合理的数字经济评价指标体系，辅以严谨的指标处理方法，对各地区数字经济发展的真实水平进行测度。其次，运用核密度估计全面把握我国数字经济发展的动态演进趋势。最后，基于 Dagum 基尼系数及其分解法识别我国数字经济发展的空间、结构差异及来源。此外，运用 σ 收敛、β 收敛和俱乐部收敛详尽探讨我国数字经济发展的收敛性特征。

二、指标评价方法与数据来源

（一）指标评价方法

评价数字经济发展水平的常见方法有主成分分析法（贺唯唯 等，2023；刘明 等，2023；赵巍 等，2023）、熵值法（侯杰 等，2023；鲍鹏程，2023；王军 等，2023）、指数法（陈永伟 等，2023）以及主客观组合权重法［如层次分析法与 CRITIC 权重法相结合（王定祥 等，2023）］。如今众多学者更多是借鉴和引用赵涛等（2020）的具体做法，从信息化发展、互联网发展和数字普惠金融等方面通过主成分分析法对数字经济发展水平进行测度，但考虑到主成分分析法存在较大的信息损失，需要用特征根大于 1 的主成分进行评价，所以那些特征根小于 1 的主成分包含的大量信息就被抛弃（俞立平，2021）。相比之下，熵值法的特性优良，不存在指标评价前提，不需要对指标进行转换，不会造成指标信息的缺失，具有清晰的指标含义，通过对指标数据进行标准化处理消除了指标的绝对大小对评价结果的影响，适用于各种定量和定性指标并使指标之间具有可比性，能够综合考虑多个评价指标并从中获取大量信息。因此，本书选用熵值法来测度我国省际数字经济发展水平。对于部分缺失数据，本书使用插值法补齐。

熵概念起源于物理学中的热力学，是热能转化为功的程度的量度，同时用以度量微观态数值以及分子运动的混乱程度。熵越高，表明系统越无序，提供的信息量越少；熵越低，表明系统越有序，提供的信息量越大。随着 Shannon（1948）将熵引入信息论，信息熵等同于热力学中的熵，逐渐演变为熵权法并用于指标评价。其评价原理是：评价指标之间的差距越大，其提供的信息量越大，相应的信息熵越小，其在评价中的权重越大；评价指标之间的差距越小，其提供的信息量越小，相应的信息熵越大，其在评价中的权重越小。根据相关文献（裴潇 等，2023），熵值法的具体计算过程如下：

（1）采用极差法对原始数据进行标准化处理，建立 m 行×n 列的数据矩阵 $X^* = (x_{ij})_{m \times n}$，其中 m 为样本中省的个数，n 为评价指标个数。

正向指标：

$$X_{ij}^* = \frac{X_{ij} - \min(X_j)}{\max(X_j) - \min(X_j)} \times 0.99 + 0.000\ 1 \qquad (3-1)$$

负向指标：

$$X_{ij}^* = \frac{\max(X_j) - X_{ij}}{\max(X_j) - \min(X_j)} \times 0.99 + 0.000\ 1 \qquad (3-2)$$

其中，X_{ij} 是第 i 个省第 j 项指标的原始数据，X_{ij}^* 为标准化后的指标值，$\max(X_j)$ 与 $\min(X_j)$ 分别是第 j 列指标的最大值和最小值。

（2）计算各指标比重：

$$P_{ij} = \frac{X_{ij}^*}{\sum\limits_{i=1}^{m} X_{ij}^*} \qquad (3-3)$$

（3）计算各指标信息熵：

$$e_i = -\frac{1}{\ln m} \sum_{i=1}^{m} P_{ij} \ln P_{ij} \qquad (3-4)$$

（4）计算各指标权重：

$$w_j = \frac{1 - e_j}{\sum\limits_{i=1}^{n} (1 - e_j)} \qquad (3-5)$$

其中，$(1 - e_j)$ 为第 j 项指标信息冗余度，该值越大，说明指标越重要。

（5）计算综合得分：

$$SC_{ij} = \sum_{i=1}^{n} w_j \times X_{ij}^* \qquad (3-6)$$

将标准化处理后的二级指标数值按线性加权法加总就可以得到综合指数值。

（二）数据来源

本章节数据取自 2013—2021 年中国 30 个省、自治区、直辖市（不含西藏和港澳台地区）的数据。本书涉及的指标数据主要源于观测期内的《中国统计年鉴》，各省、自治区、直辖市历年政府工作报告，《中国宽带速率状况报告》，北京大学数字普惠金融指数以及各省历年统计年鉴等资料。对于部分缺失数据本书通过插值法进行填补。

三、指标体系构建

近年来，数字经济凭借现代网络通信技术的广泛普及与发展，已然成为新时代经济发展的新动能和转型发展的主抓手，进而成为城乡融合发展的重要支撑。作为一个综合性的经济范畴，数字经济融合于各行各业之中，渗透到生产生活的全过程，尽管关于数字经济的内涵、范畴界定、功能价值在国内外已经有大量的文献进行讨论，但到底如何具体度量一个地区的数字经济综合发展水平，还存在不少争议。目前，数字经济发展水平的量化研究较多，但尚未形成一致标准。其做法主要分为两类：一是单一指标法，如互联网普及率、数字普惠金融指数等；二是多维指标法，即构建多级指标后通过主客观赋权法对多维指标进行降维处理，最后形成数字经济发展指数。数字经济作为一种复杂的经济形态，采用单一指标并不能全面衡量其实际发展状况。现有文献主要参考赵涛等（2020）、黄群慧等（2019）等的做法，利用反映数字经济基础设施、数字产业化或产业数字化的代表性指标，合成一个地区综合性的数字经济发展水平度量指标。无独有偶，伴随着"第六届数字中国建设峰会"的召开，中国信息通信研究院于会上发布了《中国数字经济发展研究报告（2023年）》（下文简称《报告》）。《报告》不仅对数字经济的内涵进行了深刻、切实的界定，而且将数字经济的组成划分为四个部分（分别是数字产业化、产业数字化、数字化治理和数据价值化）。

由于信息技术发展迅速，数字经济内涵也在不断丰富，学术界对于数字经济的认知和测度尚在探讨研究中，未形成统一认知。综合考虑以上两者，本书依托2013—2021年中国30个省、自治区、直辖市（不含西藏和港澳台地区）面板数据，从数字基础设施、数字发展环境、数字产业化和产业数字化四个层面来合理构建综合性数字经济发展水平度量指标，具体指标详见表3-1。

表3-1　数字经济发展指数综合评价指标体系

一级指标	二级指标	三级指标	具体指标	指标属性	指标权重
数字基础设施	宽带互联网	宽带互联网普及率	互联网宽带接入端口数/常住人口数	正向	0.027 06
		固定宽带平均下载速率	历年中国宽带速率状况报告（Mbit/s）	正向	0.026 38
		长途光缆线路密度	长途光缆线路长度/行政区域面积	正向	0.026 94
	移动电话	移动电话普及率	移动电话年末用户/常住人口数（部/百人）	正向	0.027 10
		移动电话基站	个	正向	0.026 76

表3-1(续)

一级指标	二级指标	三级指标	具体指标	指标属性	指标权重
数字发展环境	地区人才支撑	普通高等学校数	各省份普通高等学校数量/所	正向	0.027 07
	企业数字重视度	企业网站拥有数	每百家企业拥有网站数/个	正向	0.027 31
		企业计算机使用数	企业每百人使用计算机数/台	正向	0.026 88
	政府数字扶持	政府关注	政府工作报告中"数字""数字化""数字经济""数字技术""数据""信息""智慧""智能""普惠"的词频/次	正向	0.026 89
		财政支持	科学技术支出占地方一般公共预算支出的比例/亿元	正向	0.026 01
数字产业化	电信业务	人均电信业务量	电信业务量/常住人口数/百元每人	正向	0.025 84
	软件和信息技术服务业	人均软件业务收入	软件业务收入/常住人口数/百元每人	正向	0.024 78
		从业人数	信息传输、计算机服务和软件业从业人员/万人	正向	0.025 98
		从业人员平均工资	信息传输、计算机服务和软件业从业人员平均工资/万元	正向	0.026 91
	数字平台建设	网页数	万个	正向	0.024 63
		域名数	亿个	正向	0.025 86
		IPv4地址数	十万个	正向	0.025 80

表3-1(续)

一级指标	二级指标	三级指标	具体指标	指标属性	指标权重
产业数字化	农业农村数字化	农村基建	农村投递线路/万公里	正向	0.026 88
			农业气象观测站/个	正向	0.027 08
		农机化发展	农业机械总动力/百万千瓦	正向	0.026 56
			农用大中型拖拉机数/千台	正向	0.025 92
			农村用电量/亿千瓦每小时	正向	0.025 80
		农村居民数字生活支出	农村居民交通通信支出/百元	正向	0.026 95
	工业数字化	工业数字开发投入	工业企业 R&D 人员全时当量/千人每年	正向	0.025 76
			工业企业 R&D 项目数/千项	正向	0.025 60
			工业企业新产品开发项目数/千项	正向	0.025 50
			工业企业 R&D 经费/十亿元	正向	0.025 90
		工业数字开发产出	工业企业 R&D 专利申请数/千件	正向	0.025 45
			工业企业新产品开发销售收入/百亿元	正向	0.025 76

表3-1(续)

一级指标	二级指标	三级指标	具体指标	指标属性	指标权重
产业数字化	服务业数字化	企业数字化转型	企业电子商务销售额/百亿元	正向	0.025 78
			电子商务交易活动企业比重/%	正向	0.027 08
		快递业务	人均快递件数/件每人	正向	0.025 39
			人均快递业务收入/百元每人	正向	0.024 98
		数字普惠金融	总指数	正向	0.027 08
			覆盖广度	正向	0.027 08
			使用深度	正向	0.026 99
			数字化程度	正向	0.027 06
			支付业务	正向	0.027 20

1. 数字基础设施

具体来看,数字基础设施包括宽带互联网和移动电话两个二级指标,原因在于宽带互联网和移动电话作为现代通信技术的重要组成部分,扮演着要素流动、信息共享和孵化创新的重要角色,为大众提供高效便捷的数字通信和交流平台的同时,也承载着繁荣数字经济、推动传统产业数字化转型、催生数字新产业新业态新模式的重要使命。数字经济以现代信息网络为主要载体,以信息通信技术融合应用、全要素数字化转型为重要推动力,构建"数字流动空间",增强区域间经济活动与组织交换的"流动空间"势能,形成较强的网络外部性和空间溢出效应。因此选取宽带互联网和移动电话来表征数字基础设施建设情况是合理而准确的。进一步探讨,宽带互联网包括宽带互联网普及率、固定宽带平均下载速率和长途光缆线路密度三个三级指标，分别用人均互联网宽带接入端口数、《中国宽带速率状况报告》中全国各省忙闲时加权平均可用下载速率和各省长途光缆线路密度进行表征；而移动电话选择移动电话普及率和移动电话基站两个指标测度，其中，移动电话普及率使用每百人移动电话拥有量进行测算。

2. 数字发展环境

在数字发展环境层面，本书分别从地区人才支撑、企业数字重视度、政府数字扶持三个角度进行量化。地区人才支撑选用普通高等学校数量进行表征；企业数字重视度则选择每百家企业拥有网站数和企业每百人使用计算机数来衡量；而政府数字扶持则选取政府关注和财政支持两个指标予以诠释，值得注意的是，政府关注是以年限内政府工作报告中的"数字""数字化""数字经济""数字技术""数据""信息""智慧""智能""普惠"这些与数字经济联系紧密的关键词词频总和来加以表征的，这些关键词在政府工作报告中出现的频率越高，越显示出省政府对地区数字经济建设和发展格外关心和重视。

3. 数字产业化

从数字产业化维度看，其主要指代信息通信产业，具体包括电子信息制造业、电信业、软件和信息技术服务业、互联网和相关服务业等，核心目的是为数字经济、实体经济发展提供数字技术、服务、产品、基础设施和解决方案。基于以上理解，本书从电信业务、软件和信息技术服务业以及数字平台建设进行指标搭建。电信业务选用人均电信业务量表示；软件和信息技术服务业则采用人均软件业务收入、从业人数、从业人员平均工资进行评判。在数字平台建设方面，本书选择网页数、域名数和 IPv4 地址数进行描述。平台经济是数字经济的一种特殊形态，它是指依托于云、网、端等网络基础设施并利用人工智能、大数据分析、区块链等数字技术工具撮合交易、传输内容、管理流程的新经济模式。数字平台建设对于发展数字经济具有重要的推动作用，通过降低传统实体经济的数字化转型成本、灵活推动创新创业、实现供需有效对接，在缓解信息不对称的同时优化配置资源，从而为数字经济的发展创造良好的环境和条件。

4. 产业数字化

产业数字化，即传统产业运用数字技术带来产出增加和效率提升，例如工业互联网、平台经济等融合型新产业新模式新业态。伴随着数字技术的创新演进，互联网、大数据、人工智能和实体经济深度融合，产业数字化得到长足发展，其对数字经济增长的主引擎作用也更为凸显。本书从农业农村数字化、工业数字化和服务业数字化三个角度进行诠释，展开分析。农业农村数字化又可分为农村基建、农机化发展和农村居民数字生活支出三个方面。农村基建包括农村投递线路和农业气象观测站两个关键指标；而农机化发展则用农业机械总动力、农用大中型拖拉机数和农村用电量予以描绘，并选用农村居民交通通信支出来表示数字生活支出指标。

在工业数字化方面，本书下设了两个三级指标进行表示，分别是工业数字开发投入和工业数字开发产出，工业数字开发投入又可分为工业企业 R&D 人员全时当量、工业企业 R&D 项目数、工业企业新产品开发项目数、工业企业 R&D 经费。其中，工业企业 R&D 人员全时当量指报告期 R&D 人员按实际从事 R&D 活动时间计算的工作量，以"人年"为计量单位；而工业数字开发产出包括工业企业 R&D 专利申请数和工业企业新产品开发销售收入两个从属指标。

针对服务业数字化，本书遴选出企业数字化转型、快递业务、数字普惠金融三个主要层面予以表征，企业数字化转型涵括企业电子商务销售额和电子商务交易活动企业比重两个次级指标；快递行业提供快速、可靠的货物配送服务，自然属于典型的服务行业，因此本书筛选出人均快递件数和人均快递业务收入两个指标进行衡量。作为互联网与金融的结合体，数字经济尤其是数字金融，自然也具有金融特性。而数字普惠金融作为未来金融发展的潮流，不仅拥有低成本、高效率、多渠道、广覆盖等优势，而且充分体现了以人为本的理念，因此选用该指标来表征服务业数字化发展状况是极为合理且适用的。本书使用中国数字普惠金融指数来描述中国数字金融的发展概况，该指数由北京大学数字金融研究中心和蚂蚁金服集团共同编制，具体编制过程见郭峰等（2019）的文献。它始于 2011 年，目前已有上千篇论文使用该指数开展相关研究，并基本实现了对《经济研究》《管理世界》《金融研究》《中国工业经济》等中文权威经济学期刊的全覆盖。该指数采用了蚂蚁金服的交易账户大数据，具有相当的代表性和可靠性。数字普惠金融指数涵括数字金融覆盖广度、数字金融使用深度和普惠金融数字化程度三个维度，多层次、多元化、更全面地刻画了数字普惠金融发展水平。基于此，本书遴选出数字普惠金融总指数、数字金融覆盖广度、数字金融使用深度、普惠金融数字化程度以及支付业务指标来表征数字普惠金融的发展状况。其中，本书尤为重视支付业务的原因在于支付业务在数字经济中具有不可低估的、独特非凡的重要性。支付业务是数字经济中电子商务的关键基石，是电子商务实现在线交易、消费和结算的核心手段，是助力数字经济突破传统金融服务限制的枢纽工具，在提升金融包容性的同时，也不断推动着数字技术的创新和改进，为数字经济注入了新的活力和动力。将支付业务单独列为分析和探讨的焦点，有助于更深入地了解数字经济的发展趋势和要点特征，以及支付业务对于数字经济生态系统的构建的推动作用，从而更全面地探究和揭示数字经济中金融领域的演进态势。

四、数字经济水平测度与评价

利用熵值法测度出的 2013—2021 年我国 30 个省自治区、直辖市（不含西藏和港澳台地区）数字经济发展指数具体结果见表 3-2。总体而言，随着全球数字经济的蓬勃发展和我国政府对其布局建设的高度重视，2013—2021 年我国各省份数字经济均取得了长足发展，这无不彰显我国数字经济已经转向深化应用、规范发展、普惠共享的新阶段。

表 3-2　数字经济发展指数评价结果

省份	年份								
	2021	2020	2019	2018	2017	2016	2015	2014	2013
北京	0.531	0.515	0.485	0.445	0.395	0.334	0.316	0.282	0.217
天津	0.299	0.285	0.267	0.240	0.208	0.183	0.172	0.138	0.114
河北	0.352	0.338	0.315	0.280	0.257	0.238	0.221	0.183	0.158
山西	0.267	0.265	0.237	0.214	0.191	0.180	0.156	0.127	0.106
内蒙古	0.289	0.277	0.253	0.234	0.226	0.209	0.191	0.152	0.128
辽宁	0.310	0.301	0.274	0.256	0.237	0.218	0.209	0.172	0.142

表3-2(续)

省份	年份								
	2021	2020	2019	2018	2017	2016	2015	2014	2013
吉林	0.262	0.258	0.235	0.223	0.199	0.170	0.163	0.124	0.101
黑龙江	0.297	0.279	0.264	0.237	0.233	0.212	0.198	0.159	0.135
上海	0.482	0.448	0.422	0.383	0.346	0.301	0.283	0.245	0.212
江苏	0.537	0.515	0.502	0.458	0.415	0.378	0.360	0.312	0.280
浙江	0.550	0.520	0.501	0.445	0.384	0.346	0.326	0.270	0.242
安徽	0.370	0.351	0.327	0.302	0.269	0.235	0.217	0.174	0.141
福建	0.362	0.341	0.332	0.305	0.273	0.231	0.216	0.169	0.154
江西	0.293	0.285	0.262	0.231	0.192	0.169	0.160	0.124	0.097
山东	0.468	0.426	0.394	0.368	0.338	0.303	0.286	0.254	0.228
河南	0.374	0.372	0.333	0.304	0.269	0.237	0.226	0.192	0.166
湖北	0.364	0.352	0.330	0.295	0.262	0.243	0.222	0.180	0.152
湖南	0.342	0.336	0.302	0.271	0.243	0.217	0.198	0.159	0.139
广东	0.655	0.622	0.599	0.535	0.462	0.411	0.373	0.326	0.297
广西	0.279	0.269	0.246	0.221	0.185	0.161	0.144	0.120	0.100
海南	0.255	0.242	0.223	0.204	0.180	0.162	0.156	0.108	0.084
重庆	0.299	0.289	0.272	0.244	0.209	0.175	0.160	0.118	0.093
四川	0.397	0.387	0.356	0.304	0.270	0.243	0.225	0.181	0.157
贵州	0.265	0.262	0.237	0.213	0.193	0.170	0.156	0.102	0.071
云南	0.277	0.286	0.266	0.245	0.212	0.188	0.178	0.133	0.111
陕西	0.317	0.305	0.274	0.247	0.217	0.197	0.177	0.144	0.117
甘肃	0.242	0.239	0.216	0.191	0.169	0.153	0.153	0.107	0.088
青海	0.224	0.230	0.209	0.186	0.157	0.133	0.129	0.081	0.061
宁夏	0.218	0.222	0.194	0.178	0.151	0.130	0.125	0.084	0.059
新疆	0.259	0.248	0.226	0.202	0.185	0.163	0.164	0.125	0.110

本书将表 3-2 中所有省份按照东部、中部、西部和东北部四大经济区域进行划分并转绘为更加清晰、直观的雷达图进行深入探讨，结果如图 3-1 所示。显而易见，按数字经济发展程度高低排列，分别是东部地区、中部地区、西部地区和东北部地区，同时东部地区也是数字经济发展增速最快的经济区域，而东北部和西部地区数字经济的发展速度趋于滞缓，从总体上呈现"东高西低"的阶梯式递减格局。这再次印证了我国区域之间发展不平衡不充分的问题仍然突出并已体现在数字经济领域。而且哪怕是同一经济区域内部也存在这一问题，最为显著的是同处于东部地区的广东省和海南省之间也差距明显。

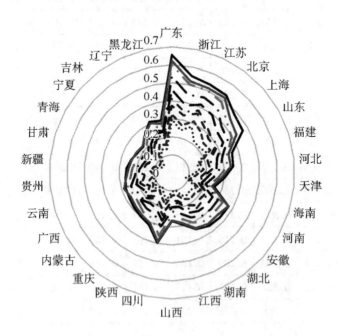

图 3-1　按四大经济区域排列后各省数字经济发展指数

而葛翔宇等（2023）研究发现数字经济对改善中国发展不平衡不充分的局面具有正向、积极的影响，尤其是对中西部地区和平衡充分发展低水平地区的影响更为强烈，且影响程度随着数字经济的发展而不断提升。这类效果结合数字经济本身的空间溢出效应和网络效应，缓解全国发展不平衡不充分问题事半功倍。

我们做进一步的深入研究。从图3-1不难看出，作为数字化发展前沿阵地的广东省遥遥领先全国其他省份，原因在于以下几点：首先，在地理位置上，广东位于我国东南沿海，拥有便捷的交通网络和丰富的港口资源，与其他国内外地区商业贸易往来的同时也促进了数字跨境合作和交流发展；其次，广东省的创新创业氛围浓厚，由政府引导和培育出的大量创新创业企业为数字技术的应用和商业模式的创新做出了卓越贡献；再次，雄厚的产业资源和完善的供应链条，尤其是电子信息、通信、互联网等领域带来的产业集聚效应加速了数字经济的兴盛繁荣；再其次，广东省科技人才储备充足，众多高等院校和科研机构培养出了大量在数字技术领域兼具专业知识和实践经验的科研技术人才，为数字经济的发展提供了强大的人才支撑；最后，政府的支持引导尤为关键，广东省高度重视数字经济的同时，密集出台了多项利好政策，如资金支持、税收优惠、创新引擎和孵化器建设等。这些政策和举措为数字经济企业提供了良好的发展环境和条件。以上因素相辅相成并衍生出协同效应，使得广东省在数字经济领域取得了瞩目成就。

而数字经济发展状况相对不理想的省份为宁夏回族自治区，问题根源可能在于：第一，宁夏作为内陆省份，地理位置相对偏远，经济基础相对薄弱，发展数字经济的资源和机会相对较少；第二，宁夏主要以传统的农牧业和煤炭等资源型产业为主，产业结构相对单一，缺乏具有较高附加值的创新型和知识密集型产业企业，因此数字经济发展潜力受到极大限制；第三，由于区域经济相对落后，宁夏高素质人才流失严重，致使本省人才储备和培养相对不足；第四，宁夏在科技研发以及技术创新方面相对滞后，缺乏具有领先竞争力的科技企业和创新机构。综上所述，宁夏回族自治区若想摆脱当前局面，应当促进新兴产业发展和传统产业转型升级；加大对科技研发的投入，培养和吸引国内外高素质科技人才，并推动科技成果向数字经济领域转化；创造良好的政策环境，加大政府支持力度，激发科技企业和创新机构活力；同时，加强与其他地区的合作交流，实现区域数字的协同发展。

五、数字经济发展水平的分布动态、地区差异与收敛性研究

从研究视角和研究方法来看，对数字经济发展规律和空间特征的分析主要从分布动态、区域差异和收敛性等着眼点出发，研究方法包括以下几种：首先，对于数字经济的分布动态，已有文献主要采用核密度估计（张嘉怡 等，2022；侯杰 等，2023；孙亚男 等，2023）、马尔科夫链（李婵娟 等，2022）以及空间马尔科夫链（刘传明 等，2020）等方法，通过直观的动态分布图、矩阵来识别绝对差异演变规律。其次，对于区域数字经济差异的测算和分解，Dagum 基尼系数（焦勇，2021；张龙耀 等，2021；杨承佳 等，2023）是最为常见的方法。最后，区域数字经济的考察方法有 σ 收敛（张柯贤 等，2022）、β 收敛（吕明元 等，2021）和俱乐部收敛（曹

萍萍 等，2022）等，主要通过建立收敛模型的方式检验数字经济发展趋势，在空间特征的研究文献中常与前两种研究视角组合进行。

（一）中国数字经济发展的分布动态演进

1. 核密度估计法

核密度估计是指采用平滑的峰值函数拟合样本数据，利用连续的密度曲线描述随机变量的分布形态，具有模型依赖性弱、稳健性强等优点。该方法假定随机变量 X 的密度函数为

$$f(x) = \frac{1}{nh} \sum_{i=1}^{n} K\left[\frac{(X_i - \bar{x})}{h}\right] \tag{3-7}$$

其中，n 表示样本观测值数量，X_i 表示从总体 X 中抽取的独立同分布的观测值，$\bar{x}$ 表示样本均值；$K(\cdot)$ 表示核函数，h 表示带宽，一般选择较小的带宽以保证较高的精准度。核密度作为一种加权函数或者平滑转换函数，通常需要满足以下几个条件：

$$\begin{cases} \lim_{x \to \infty} K(x) \times x = 0 \\ K(x) \geqslant 0 \quad \int_{-\infty}^{+\infty} K(x)\, \mathrm{d}x = 1 \\ \sup K(x) < +\infty \quad \int_{-\infty}^{+\infty} K(x)^2 \mathrm{d}x < +\infty \end{cases} \tag{3-8}$$

核密度可以分为均匀核密度、三角核密度、高斯核密度以及 Epanechnikov 核密度等，本书使用应用场景较为广泛、运算较为高效的 Epanechnikov 核函数进行估计分析。相较于高斯核函数，Epanechnikov 核函数在优化算法运算速度的同时，可以用来估计任意形态的密度函数，适用范围更广。一般而言，从核密度估计得到的曲线图像中可以观测到数字

经济发展的分布位置、分布形态、延展性和极化现象等相关特征。分布位置反映数字经济发展水平的高低；分布形态（波峰的高度和宽度）用来分析区域差异大小；延展性或拖尾性用来刻画数字经济发展水平极值省份与其他省份区域差异的大小——拖尾越长则差异越大；而极化特征是指波峰数量，反映极化水平及多样性程度。

2. 全国整体及四大区域数字经济发展水平演变的分布动态

为了更为精确地捕捉数字经济发展水平绝对差异的动态信息，本书运用核密度估计方法来探析全国整体以及四大区域内部数字经济发展水平的分布位置、整体态势、延展性和极化趋势四个方面的分布动态特征，以便对数字经济发展演变特征进行多维描述。

（1）全国整体层面

图 3-2 从整体上描述了全国 30 个省份数字经济发展指数在样本观测期内的分布动态演进趋势。从中不难看出，观测期内全国总体分布曲线中心以及变化区间逐步右移，其主峰高度主要表现为不断下降的演变过程，曲线宽度有小幅度的拉宽，这说明全国总体数字经济发展水平呈明显上升趋势，而且各省之间的绝对差异存在一定幅度的拉大趋势。同时，全国整体数字经济发展水平分布曲线存在右拖尾现象，但拖尾长度逐年缩短，这意味着其分布延展性呈现一定程度的收缩趋势。随着时间的推移，数字经济发展水平高于均值的省份在不断减少，全国范围内数字经济发展水平的空间差距在逐步减小。另外，具体从其波峰演变进程来看，全国整体数字经济发展水平分布在样本观测期内始终存在"双峰"，即一个主单峰和一个峰值较低的侧峰，而且侧峰逐渐演变为"扁宽"形。这表明全国整体数

字经济发展水平在 2013—2021 年始终呈现微弱的两极分化态势，而这种两极化现象正在逐步得到改变。但仍预示着全国 30 个省份数字经济发展水平具有一定的梯度效应。归根结底，尽管我国数字经济发展水平随着近年来数字信息技术的快速发展有了显著提升，但鉴于不同省份或地区间影响数字经济发展水平和增速变化的经济发展程度、政府财政能力、要素资源禀赋、政策扶持力度等因素存在鲜明异质性，短期内数字经济发展水平偏低的省份难以追赶上数字经济发展水平偏高的省份，二者之间的差距极有可能会保持一段时期的持续扩大态势。

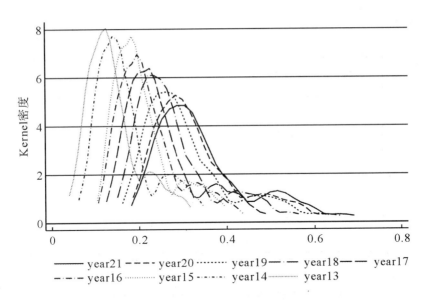

图 3-2　全国数字经济发展指数的分布动态

（2）东部地区层面

图 3-3 描述了样本期内东部地区数字经济发展的动态演进趋势。首先，从分布位置来看，东部地区分布曲线中心以及变化区间右移痕迹明显，且右移幅度逐年缩小，说明东部地区数字经济发展水平总体呈现快速

上升趋势，但发展速度有所放缓。其次，从分布形态来看，东部地区分布曲线的主峰高度显示出不断下降以及曲线宽度逐渐增阔的演变过程，这意味着东部地区内部省份数字经济发展的绝对差异趋于不断扩大态势，数字经济发展不均衡问题加剧。再次，从分布延展性来看，东部地区的分布曲线不存在明显的拖尾现象，说明在东部区域不存在数字经济发展水平极高或极低的省份。最后，从分布极化现象来看，东部地区在观测期内始终维持单峰状态，东部地区各省份数字经济发展水平逐渐趋向一致，不存在多极分化现象。要而言之，近年来，我国东部地区数字经济发展势头迅猛，但内部省际差距在不断扩大。

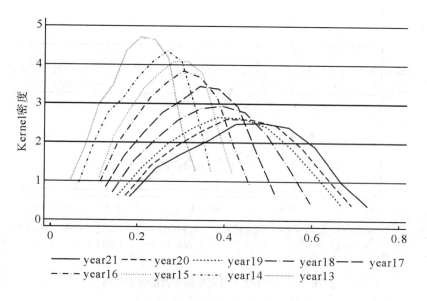

图 3-3　东部地区数字经济发展指数的分布动态

其原因在于：东部地区整体上具备让数字经济突飞猛进的显著优势，无论是信息通信技术的发展程度还是高素质人才资源的大量汇入，均为数字经济的快速增长奠定了坚实基础。因此，整体上东部地区省份数字经济发展速度迅猛，不存在个别省份发展水平极高或较低的情况。但碍于东部地区内部各省份的经济实力悬殊、战略定位不同、产业结构迥异、政策倾斜分歧，区域内部省份数字经济的发展差距不断拉大。

（3）中部地区层面

图3-4描绘了我国中部地区数字经济发展在考察期内的分布动态演进趋势。首先，基于分布位置分析，中部地区分布曲线中心和变化区间呈现出明显的右移趋向，但移动幅度有所减小，表明中部地区数字经济整体发展水平显著提升，但发展速度放缓。其次，基于分布形态分析，中部地区分布曲线的主峰高度在考察期内呈逐年下降态势，并且分布曲线的宽度略微拉大，这意味着中部地区内部省份数字经济发展逐渐发散化，且各省之间的绝对差异呈现扩大趋势。再次，基于分布延展性分析，中部地区分布曲线存在一定的左拖尾现象，表明中部地区中低于均值的省份较多，数字经济发展分布不均衡。最后，基于分布极化现象分析，中部地区分布曲线在观测期内持续维持单峰状态，不存在多极分化现象。总而言之，我国中部地区数字经济在样本考察期内进展显著，但增速趋缓，低于均值的省份较多，发展分布不均衡的同时，内部省际差距略有扩大。

相较于东部地区，中部地区数字经济发展起步较晚、发展速度偏慢、经济支撑趋弱，使得其在数字经济发展方面面临更多的挑战和阻力，导致内部数字经济发展低于均值的省份居多。并且伴随着高素质创新型技术人才流入东部地区，中部本土的科研资源和人才储备相对匮乏，极大程度上限制了中部地区数字经济的发展。着眼于中部地区内部差异，各省在经济基础、发展潜力、产业结构、资金投入、政策扶持、人才培养等维度差异悬殊，综合实力较强的省份在马太效应的加持下，发展速度更快、集聚规模更大，致使中部地区内部省份发展绝对差异继续扩大。

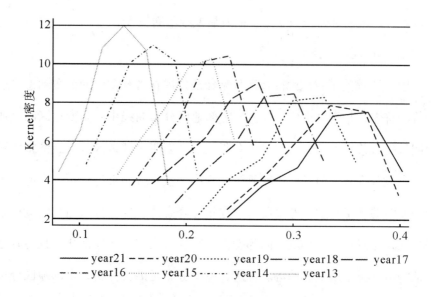

图 3-4　中部地区数字经济发展指数的分布动态

（4）西部地区层面

图 3-5 展示的是我国西部地区在样本观测期内数字经济发展的动态演进趋势。首先，聚焦曲线分布位置，西部地区的分布曲线中心和变化区间逐年右移轨迹明显，表明西部地区数字经济发展与全国整体分布的演进趋势是一致的，总体上不断提升。其次，聚焦分布形态，西部地区分布曲线的主峰高度经历了从升高到降低的变化过程，分布曲线宽带也呈现先收缩后扩大的演变历程，这表明西部地区数字经济先呈现出内部差异相对较小的集中化发展趋势，后演化为相对分散着眼自身的发展局面，且内部省份的差距在逐步扩大。再次，聚焦分布延展性，西部地区的分布曲线存在小范围的右拖尾现象，说明在西部地区数字经济发展水平整体偏弱的环境

下，个别省份仍具有一定的领先优势，如四川省数字经济发展水平在观测期内始终居于西部首位。最后，聚焦分布极化现象，西部地区分布曲线在观测期内一直保持着单峰状态，只有一个主峰，西部地区各省份数字发展水平趋向一致，不存在区域多极化现象。概述之，近年来，我国西部地区数字经济有了长足发展，发展水平高于均值的省份略多，但内部省际差距在不断扩大。

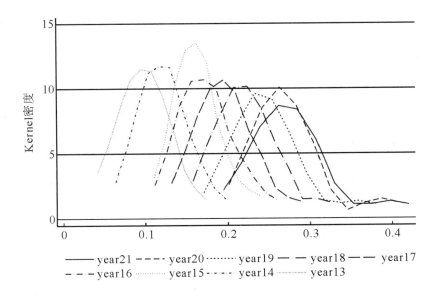

图 3-5　西部地区数字经济发展指数的分布动态

而四川省在数字经济发展维度领先其他西部省份的原因在于：其一，四川省位于连接西南地区和中部地区的重要交通节点，优越的地理位置和发达的交通网络，促进了要素资源的流动；其二，四川省拥有雄厚的自然资源和科研优势，拥有众多卓越产业，包括电子信息、汽车制造、航天航空等，这些产业的发展为数字经济提供了坚实基础；其三，政府的鼎力扶持也是关键因素之一，密集出台的系列政策和举措为数字经济企业提供了良好的发展环境和市场机遇；其四，庞大的人口规模和旺盛的消费需求为数字经济企业发展提供了广阔的市场空间。

（5）东北地区层面

图 3-6 刻画的是我国东北地区数字经济发展的动态演进趋势。首先，着眼于分布位置，东北地区分布曲线的中心和变化区间表现出逐年右移的变化趋向，表明东北地区数字经济发展水平在样本观测期内持续走高。其次，着眼于分布形态，东北地区分布曲线的主峰高度呈现出先上升再下降的变化过程，并在 2018 年达到顶峰，分布曲线的主峰带宽经历了先收缩后扩宽的演进态势，这两点意味着东北地区内部省份数字经济发展的绝对差异在 2018 年之前保持着一直缩小的趋势，而 2018 年后数字经济发展差距不断扩大。再次，着眼于分布延展性，东北地区分布曲线存在微弱的左拖尾现象，表明东北地区低于均值的省份偏多，数字经济发展不均衡。最后，着眼于分布极化现象，东北地区在样本观测期内持续保持单一主峰局面，不存在区域多极化现象。综上所述，我国东北地区数字经济发展水平大幅提升，但内部发展不均衡，省际差距稍有扩大。

东北地区按数字经济发展水平排序，依次为辽宁省、黑龙江省和吉林省。三者数字经济发展不均衡且发展差距不断拉大的原因可能在于：第一，经济基础和产业结构。辽宁省作为东北地区的经济重心，具备较为完善的产业基础和发达的制造工业，实力雄厚、门类齐全，完备的传统工业体系为数字经济的发展提供了丰富的应用场景；而吉林省和黑龙江省传统的资源型企业占比较大，一定程度上制约了数字经济的发展速度。第二，人才引进和科技创新能力。相较于吉林省和黑龙江省，辽宁省拥有一批高水平的研究机构和高等院校，吸引并留住高素质技术型人才的能力更强。第三，政府转型决心和扶持力度。辽宁省政府密集发布的一系列文件，展示出立志将传统工业数字化转型升级决心的同时，也为辽宁发展数字经济指明了方向，使得辽宁的数字经济呈现出良好的发展势头。第四，辽宁通过与华为等科技龙头企业展开密切合作，充分发挥顶级通信企业在云计算、大数据、人工智能等技术上的优势，为产业数字化转型奠定了深厚基础。

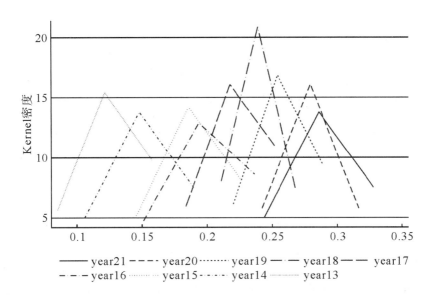

图 3-6　东北地区数字经济发展指数的分布动态

为了便于总结，将上述分析汇总，得到表 3 3。

表 3-3　中国数字经济发展分布动态的演变特征归纳

地区	分布位置	主峰分布形态	分布延展性	极化情况
全国	右移	峰值下降，宽度变大	右拖尾	微弱两极分化

表3-3(续)

地区	分布位置	主峰分布形态	分布延展性	极化情况
东部	右移	峰值下降,宽度变大	无拖尾	单极
中部	右移	峰值下降,宽度变大	左拖尾	单极
西部	右移	峰值下降,宽度变大	右拖尾	单极
东北	右移	峰值下降,宽度变大	左拖尾	单极

基于表3-3分析可得,近年来,全国整体及四大经济区域数字经济均表现出良好发展势头,但值得注意的是数字经济发展呈现分散化趋势,省际差距因各省经济实力、产业结构、战略定位、政策导向等不同而逐步扩大,全国范围各省数字经济发展不均衡的现象明显并在不断加深,并且整体上数字经济发展表现出微弱的两极化态势,好在两极化态势正在逐步得到缓解和改善。这表明我国数字经济的发展仍然具有一定的梯度效应和分化态势。

(二)中国数字经济发展的区域差异及来源分解

本书前一部分直观反映了全国整体和四大经济区域数字经济发展绝对差异的动态演变过程。为了进一步剖析中国数字经济发展的总体差异大小及其来源,本书将采用 Dagum 基尼系数及其分解法对我国数字经济发展进行科学测算和分解。

1. Dagum 基尼系数及其分解

文章采用 Dagum 基尼系数法解析中国省际数字经济发展水平的区域差异和来源。根据 Dagum(1997)提出的基尼系数及其按子群分解的方法,基尼系数 G 的定义如下:

$$G = \frac{\sum_{j=1}^{k} \sum_{h=1}^{k} \sum_{i=1}^{n_j} \sum_{r=1}^{n_h} |y_{ji} - y_{hr}|}{2\,n^2\bar{y}} \qquad (3-9)$$

其中,j、h 为不同区域下标,i、r 为省域下标,n 是省域总数,k 是区域总数,n_j(n_h)为第 j(h)个区域内部的省份数量。y_{ji}(y_{hr})是 j(h)区域内省域 i(r)数字经济发展程度,$\bar{y}$ 为所有省域数字经济发展水平的均值。在对总体基尼系数 G 按区域进行分解时,首先根据各区域数字经济发展水平的均值对 k 个区域进行排序,然后将基尼系数 G 分解为三个部分:区域内(组内)差异对 G 的贡献 G_w、区域间(组间)差异净值对 G 的贡献 G_{nb}、区域间(组间)超变密度对 G 的贡献 G_t,三者满足 $G = G_w + G_{nb} + G_t$。其中,各自的计算公式如下:

$$G_{jj} = \frac{\frac{1}{2\,\bar{y}_j} \sum_{i=1}^{n_j} \sum_{r=1}^{n_j} |y_{ji} - y_{jr}|}{n_j^2} \qquad (3-10)$$

$$G_w = \sum_{j=1}^{k} G_{jj}\, p_j\, s_j \qquad (3-11)$$

$$G_{jh} = \sum_{i=1}^{n_j} \sum_{r=1}^{n_h} \frac{|y_{ji} - y_{hr}|}{n_j\, n_h (\bar{y}_j + \bar{y}_h)} \qquad (3-12)$$

$$G_{nb} = \sum_{j=2}^{k} \sum_{h=1}^{j-1} G_{jh}(p_j s_h + p_h s_j)\, D_{jh} \qquad (3-13)$$

$$G_t = \sum_{j=2}^{k} \sum_{h=2}^{j-1} G_{jh}(p_j s_h + p_h s_j)(1 - D_{jh}) \qquad (3-14)$$

式(3-13)和式(3-14)中 $p_j = \frac{n_j}{n}$,$s_j = \frac{n_j \bar{y}_j}{ny}$;式(3-15)中,$D_{jh}$ 为区域 j 和 h 之间数字经济发展的相对影响;d_{jh} 为区域内数字经济发展的差值,见式(3-16),表示区域内 j、h 中所有 $y_{ji} - y_{hr} > 0$ 的样本值加总的数学期

望;p_{jh} 为超变一阶矩,见式(3-17),表示区域 j 、h 中所有 $y_{hr} - y_{ji} > 0$ 的样本值加总的数学期望。

$$D_{jh} = \frac{d_{jh} - p_{jh}}{d_{jh} + p_{jh}} \tag{3-15}$$

$$d_{jh} = \int_0^\infty \mathrm{d}\, F_j(y) \int_0^y (y - x)\, \mathrm{d}\, F_h(x) \tag{3-16}$$

$$p_{jh} = \int_0^\infty \mathrm{d}\, F_h(y) \int_0^y (y - x)\, \mathrm{d}\, F_j(x) \tag{3-17}$$

而式(3-16)和式(3-17)中,F_j(F_h)表示区域 j(h)数字经济发展的累积分布函数。

2. 四大经济区域差距变化及来源分解

(1)总体空间差异及其演变趋势

本书的前一部分直观反映了全国整体和四大经济区域数字经济发展水平绝对差异的动态演变过程,为了进一步剖析中国数字经济发展水平的相对差异大小及其来源,按照 Dagum 基尼系数及其分解方法进行测算与解读。详细结果如表3-4所示。

表3-4 中国数字经济发展的地区差异及其分解结果

Dagum 基尼系数	年份				
	2013	2014	2015	2016	2017
总体基尼系数	0.231	0.207	0.168	0.167	0.168

表 3-4（续）

Dagum 基尼系数		年份				
		2013	2014	2015	2016	2017
分解项及贡献	组内差异	0.049	0.043	0.035	0.036	0.035
	贡献率/%	21.100	20.860	20.850	21.282	20.853
	组间差异	0.158	0.143	0.116	0.116	0.116
	贡献率/%	68.633	69.212	69.249	68.435	69.016
	超变密度	0.024	0.021	0.017	0.017	0.017
	贡献率/%	10.267	9.928	9.901	10.283	10.131
组内差异	东部	0.188	0.176	0.152	0.155	0.154
	中部	0.101	0.090	0.078	0.073	0.075
	西部	0.072	0.070	0.054	0.053	0.038
	东北	0.159	0.129	0.091	0.101	0.091
组间差异	东-中	0.242	0.222	0.191	0.185	0.191
	东-西	0.260	0.236	0.199	0.206	0.210
	东-东北	0.350	0.318	0.257	0.259	0.257
	中-西	0.096	0.086	0.075	0.077	0.077
	中-东北	0.181	0.157	0.119	0.125	0.119
	西-东北	0.159	0.139	0.102	0.103	0.090

Dagum 基尼系数		年份			
		2018	2019	2020	2021
总体基尼系数		0.166	0.166	0.155	0.163
分解项及贡献	组内差异	0.035	0.035	0.033	0.034
	贡献率/%	20.948	21.285	21.467	20.941
	组间差异	0.115	0.114	0.104	0.113
	贡献率/%	69.778	68.508	67.044	68.939
	超变密度	0.015	0.017	0.018	0.017
	贡献率/%	9.274	10.207	11.490	10.120

表 3-4（续）

Dagum 基尼系数		年份			
		2018	2019	2020	2021
组内差异	东部	0.157	0.160	0.153	0.151
	中部	0.071	0.066	0.064	0.065
	西部	0.031	0.034	0.034	0.037
	东北	0.084	0.088	0.082	0.090
组间差异	东-中	0.187	0.184	0.170	0.180
	东-西	0.224	0.232	0.219	0.226
	东-东北	0.253	0.250	0.232	0.248
	中-西	0.084	0.089	0.090	0.089
	中-东北	0.115	0.116	0.113	0.118
	西-东北	0.071	0.069	0.065	0.073

将表 3-4 中总体基尼系数及其分解项绘制成更清晰、直观的折线图，便于展开分析。从图 3-7 中不难看出，中国数字经济发展水平的总体差异呈波动下降趋势，说明省际数字发展水平的差距不断缩小，具有明显的趋同态势。其演变历程具体可以分为两个阶段：①2013—2015 年，全国各省数字经济发展水平的差距急速缩小，总体基尼系数由 2013 年的 0.231 减小至 2015 年的 0.168，减小幅度高达 27.27%。②2015—2021 年，从数值上看，总体基尼系数虽稍有波动但总体维持稳定：2015—2019 年，全国各地区之间数字经济发展水平的差异基本维持不变，总体基尼系数曲线基本保持水平状，直到 2020 年，总体基尼系数才有了进一步的减小，从 2019 年的 0.166 减小至 2020 年的 0.155，减小幅度约为 6.63%；但隔年，总体差距便又一步扩大到 0.163。综上所述，我国数字经济发展水平的整体差异

在观测前期缩小态势迅猛，但观测中后期基本趋向稳定。

值得注意的是，组间差异的变化趋势与总体差异基尼系数曲线的演进态势保持高度一致，表明总体差异的变化很大程度上取决于组间差异；而组内差异数值相对较小，变化趋势与总体基尼系数曲线相近，但变化幅度微小，整体上区域内省际差异以平缓的态势缓慢缩小；此外，超变密度曲线的演变趋势基本与组内差异基尼系数曲线相仿，在观测期内极小幅度波动降低，说明不同区域间交叉重叠问题对总体差异的贡献略有减小。

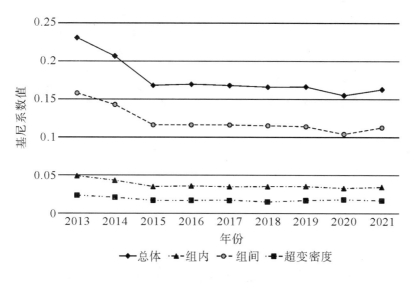

图 3-7　总体基尼系数及其分解的演变

（2）地区差异来源及其贡献

图 3-8 描绘的是组内差异、组间差异和超变密度差异各自对总体差异的贡献率。显而易见，在样本观测期内，虽然三类差异来源略有调整波动，但各自的贡献程度基本保持稳定，组间差异对总体差异的贡献率始终维持在 68% 左右，超过了组内差异和超变密度贡献率的总和。这说明，中

国数字经济发展水平的空间差异主要源于四大经济区域之间的差异。因此，有效缩小区域间的发展差异，缓解地区发展不均衡的问题成为今后推动数字经济发展的关键着力点。

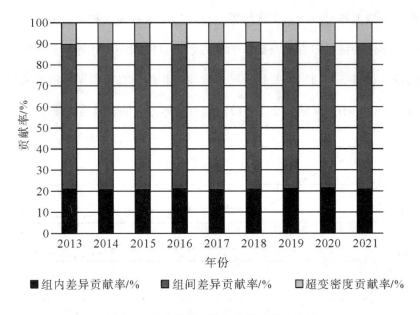

图 3-8　总体基尼系数三大分解项贡献率

（3）地区内差异及其演变趋势

图 3-9 展示了我国四大经济区域在样本观测期组内差异的演变过程。整体而言，组内差异均呈现波动下降的变化态势。按基尼系数数值高低排列，我国东部区域组内差异始终是四大区域中最大的，其次是东北区域，再次是中部区域，最后是西部区域。这表明我国东部区域内部省份数字经济发展不均衡程度较高，数字经济发展省际差距最大，发展过于分散，这与前文数字经济测度评价分析一致。其原因在于东部不同省份之间经济基础、产业结构、技术创新、人才储备、政策导向、营商环境等方面差距悬

殊，并非同样毗邻海洋的地理优势就足以弥补。东部地区既涵括了北京、上海、广东此类数字经济发展"领头羊"，又包含河北、天津、海南等数字经济发展"潜力型"省份，故而东部地区内部差异最大。

从变化趋势及幅度来看，2013—2015 年四大经济区域内部差异均大幅缩小，而 2015 年之后组内差异均呈现波动缩小趋势。其中，西部地区的组内差异缩小幅度最大，组内差异由 2013 年的 0.072 缩小至 2021 年的 0.037，缩小幅度高达 48.61%；紧随其后的是东北地区，样本观测期内，缩小幅度达 43.40%；中部地区组内差异缩小幅度达 35.64%；东部地区则为 19.68%，再次印证了东部地区内部数字经济发展尤为失衡的空间特质。

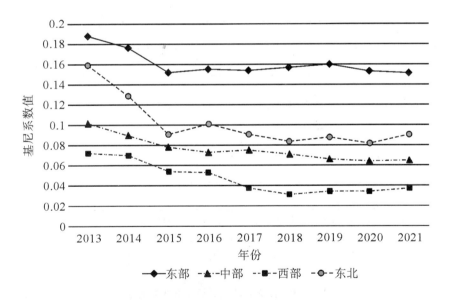

图 3-9 四大经济区域组内差异的演变

（4）地区间差异及其演变趋势

图 3-10 呈现的是我国四大经济区域组间差异的演进历程。总体上，四大区域组间差异的变化趋势与总体差异基尼系数曲线一致，2015 年之前

的差距大幅缩小，随后基本维持稳定，整体表现为波动下降的态势。

从组间差异数值高低的角度看，整个观测期内东部和东北地区的区域间基尼系数最大，样本观测期内均值为0.269；东部和西部地区次之，观测期内均值为0.224；东部和中部地区紧随其后，观测期内均值为0.195。而中部和东北地区、西部和东北地区以及中部和西部地区的组间基尼系数相对较小，观测期内均值分别为0.129、0.097和0.085。这说明在观测期内，中国数字经济发展的区域间差距主要是由差异最大的东部和东北地区、东部和西部地区及东部和中部地区三组区域间差异带来的。

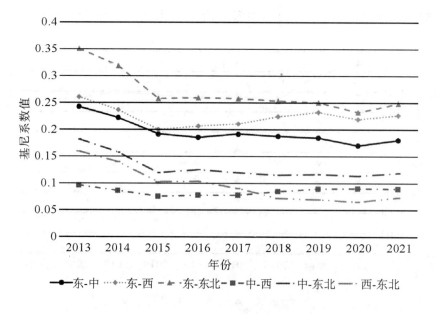

图3-10 四大经济区域组间差异的演变

其中，区域间差异缩小幅度较大的为西部和东北地区、中部和东北地区以及东部和东北地区，缩小幅度分别为54.09%、34.81%和29.14%。四大地区间的缩小幅度均值为27.34%，表明我国各地区之间的数字经济发展差距不断缩小，平缓发展态势明显。此外，在 2017 年后，东部和西部地区以及中部和西部地区间差异略有扩大，说明在组间差异整体缩小的大趋势下，西部地区和东部、中部地区的发展差异仍相对扩大。

要而言之，近年来，我国数字经济总体差异、四大区域间差异及其内部差异均呈波动缩小趋势，以 2015 年为节点，之前省际差距大幅缩小，随后基本维持稳定。而数字经济总体空间差异形成的最主要来源是区域间差异，区域内差异和超变密度的贡献相对较小。四大经济区域中，东部地区内部差异最大，数字经济发展失衡的地区异质性特征突出；中部地区组内差异则最小，数字经济发展趋同效应显著。聚焦区域间差距，本书分析发现东部和东北地区间数字经济发展差异最大，而中部和西部地区差异最小。

(三) 中国数字经济发展的收敛性分析

在对中国数字经济发展动态分布演进和地区差异分解进行探讨的基础上，为了能够更加精准地观测剖析数字经济发展时空格局的演变趋势，本书接下来将使用新古典增长模型中的收敛思想对其发展动态进行实证探究，力图深入、全面揭示其空间特征。

1. 收敛模型

收敛模型可以用于分析经济活动是否存在新古典增长模型所预言的"稳态"和"收敛"两种特性，主要包括 σ 收敛、β 收敛和俱乐部收敛等形式。为了观测我国省际整体及不同经济区域数字经济发展的演变趋势，我们对其进行收敛性分析。

(1) σ 收敛是指不同区域的省际数字经济发展水平偏离平均水平的幅

度逐渐减小。本书采用变异系数进行 σ 收敛检验,计算公式如下:

$$\sigma = \frac{\sqrt{\sum_{i}^{N_j} \sum \dfrac{(\mathrm{Dedi}_{ji} - \overline{\mathrm{Dedi}_{ji}})^2}{N_j}}}{\overline{\mathrm{Dedi}_{ji}}} \tag{3-18}$$

其中,Dedi_{ji} 表示区域 j 内 i 省测算出的数字经济发展指数,$\overline{\mathrm{Dedi}_{ji}}$ 表示区域 j 内 i 省数字经济发展指数的均值,N_j 表示各区域内的省域个数。若 σ 值随着时间的推移逐渐减小,则说明存在 σ 收敛。

(2)β 收敛源于新古典增长理论的经济趋同思想,即随着时间的推移,落后地区因具有更高增长率会赶上发达地区,两者之间的差距逐渐缩小并最终达到相同的稳态水平。β 收敛模型可以分为绝对 β 收敛模型和条件 β 收敛模型。其中条件 β 收敛模型是指控制其他因素对数字经济发展水平的影响,区域间数字经济发展会呈现收敛趋势;而绝对 β 收敛模型是指即使不控制这些因素,不同区域也会表现出收敛特性。参考 Barro(1991)的收敛研究方法,本书设定如下绝对 β 收敛模型的具体形式:

$$\ln\left(\frac{\mathrm{Dedi}_{i,t+1}}{\mathrm{Dedi}_{i,t}}\right) = \alpha + \beta\ln(\mathrm{Dedi}_{i,t}) + \mu_i + \lambda_t + \varepsilon_{it} \tag{3-19}$$

式(3-19)中,$\ln\left(\dfrac{\mathrm{Dedi}_{i,t+1}}{\mathrm{Dedi}_{i,t}}\right)$ 表示第 i 个省份在第 $t+1$ 年的数字经济发展水平的增长率;$\mathrm{Dedi}_{i,t}$ 和 $\mathrm{Dedi}_{i,t+1}$ 分别表示第 t 年和第 $t+1$ 年的数字经济发展水平;β 为收敛系数,$\beta < 0$ 且显著则意味着城市的数字经济发展水平呈现收敛趋势。得到收敛系数 β 以后,进一步计算出收敛速度 v 和半收敛周期 τ(张曦 等,2022)。其计算公式如下:

$$\begin{cases} v = -\dfrac{\ln(1+\beta)}{T} \\ \tau = \ln(2/v) \end{cases} \quad (3-20)$$

而条件 β 收敛模型考虑了其他因素对数字经济发展水平的影响，因此在构建模型时需要添加若干个控制变量。其具体形式如下：

$$\ln\left(\frac{\mathrm{Dedi}_{i,t+1}}{\mathrm{Dedi}_{i,t}}\right) = \alpha + \beta\ln(\mathrm{Dedi}_{i,t}) + \eta\ln X_{it} + \mu_i + \lambda_t + \varepsilon_{it} \quad (3-21)$$

式（3-21）中，X_{it} 为控制变量。本书选取的控制变量包括：教育集聚水平（Edu），选用每千人中的在校大学生人数来刻画；地方财政支出比率（Gov），以地方财政支出占地区生产总值的比重来衡量；产业结构高级化（Stru），采用第三产业和第二产业的产值之比来诠释；经济发展水平（Pgdp），使用人均 GDP 进行表征；外商投资规模（Fore），用外商投资企业投资总额占地区生产总值的比重予以体现；城镇化程度（Urb），选取城镇人口占地区常住人口的比重来呈现。

（3）俱乐部收敛是指数字经济发展水平的收敛不适用于所有经济体，而存在于某些经济群体，即控制外生基本经济特征后，具有相似内生初始条件的地区集团内部的数字经济发展水平会趋同，而存在初始条件差异的地区集团之间则不存在趋同的可能。相比于绝对收敛和条件收敛，俱乐部收敛更符合经济现实，也更具有实际的政策意义（徐永慧 等，2022）。对俱乐部收敛的实证研究遵循两步法：一是识别俱乐部个数及成员，二是检验识别出来的俱乐部集团的确属于俱乐部收敛现象。第一，对俱乐部的识别有外生识别和内生识别两种，前一种多为传统的区域划分方法，一般将中国划分为东部、中部、西部和东北四大经济区域，或华北、东北、华东、华中、华南、西南、西北七大行政地理分区，上述划分方法具有一定的合理性，地理接近的地区一般具备类似的自然资源禀赋，地区之间的要素流动、信息和技术外溢性也较强，从而更可能趋于同一稳态。但缺点是没有考虑部分省份跨区域向其他发达省份收敛的可能性，因此仅将收敛限于相邻地区容易导致偏误。而内生识别则更为科学，从而被更多的文献采用，现有研究方法包括回归树方法、基于稳态水平差值的时间序列分析方法、基于共同确定性时间趋势的分析、协整检验等。第二，近年来，学术界关于俱乐部收敛的检验方法主要有三种：一是时间序列检验法，二是引入空间视角的俱乐部收敛性研究，三是基于非线性时变因子模型验证收敛假说（汪昊 等，2023；张小宇 等，2023）。

相较而言，非线性时变因子模型及其检验方法能够考虑区域发展的异质性与收敛速度的时变性，有效划分和识别数字经济发展水平收敛俱乐部。该方法是指在既有的显著性水平上，首先利用 Logit 回归判断省际数字经济发展的趋同性，然后结合聚类方法划分趋同俱乐部，最后整合合并已有俱乐部。其优势在于充分考虑个体的异质性，允许省际数字经济发展水平有各自不同的时变路径，无须进行预先设定，系统就能自动筛选和检验数据样本，完成分组和聚类，不必满足严苛的经济学假设就能实现对原始数据的深度挖掘。

非线性时变因子模型构造如下。

模型的起点为将面板数据 X_{it} 有效地分解为：

$$X_{it} = g_{it} + a_{it} \tag{3-22}$$

其中，X_{it} 为面板数字经济发展指数，i 表示省份，t 表示时间；g_{it} 为系统性组成部分，包括引起横截面相依性的固定共同部分；a_{it} 则是短暂性组成部分。对于 g_{it} 和 a_{it} 没有参数形式设定要求，可以是线性、非线性、平稳、非平稳的任何形式。为将面板数字经济发展指数中的共同部分和异质性部分分离，改进式（3-22）得到时变的因子表达式：

$$X_{it} = \left(\frac{g_{it} + a_{it}}{\mu_t} \right) \mu_t = \delta_{it} \mu_t \qquad (3-23)$$

其中，μ_t 为全国各省的共同因子，δ_{it} 为时变因素载荷系数，其衡量了 X_{it} 和 μ_t 之间的特殊距离。具体说来，μ_t 是省际数字经济发展指数的共同趋势部分，而 δ_{it} 表示 i 在时刻 t 占共同趋势部分的相对份额。相较于式（3-22），式（3-23）通过时变的 δ_{it} 允许个体行为是异质的，并能通过检验 δ_{it} 的收敛性来检验个体的收敛性。

接着，Phillips 和 Sul 构建了一个相对过渡参数 h_{it}：

$$h_{it} = \frac{X_{it}}{N^{-1} \sum\limits_{i=1}^{N} X_{it}} = \frac{\delta_{it}}{N^{-1} \sum\limits_{i=1}^{N} \delta_{it}} \qquad (3-24)$$

h_{it} 反映了个体 i 相对于截面均值的过渡路径，其横截面均值为 1。同时 h_{it} 的截面方差满足以下条件：

$$H_{it} = \frac{1}{N} \sum\limits_{i=1}^{N} (h_{it} - 1)^2 \to 0 \quad \text{if } \lim_{t \to \infty} \delta_{it} = \delta, \text{ for all } i \qquad (3-25)$$

为了具体设定收敛原假设，Phillips 和 Sul 用如下允许时间和个体异质性的半参数形式对 δ_{it} 进行建模：

$$\delta_{it} = \delta_i + \frac{\sigma_i \varepsilon_{it}}{L(t) t^\alpha} \qquad (3-26)$$

其中，$\sigma_i > 0$，而 ε_{it} 在截面上独立同分布，$L(t)$ 是个缓慢变化的用来消除方差随时间自然增长的时变函数 $[L(t) \to \infty(t \to \infty)]$，$\alpha$ 为其收敛速度。

基于式（3-26），收敛检验的原假设可写成：

H_0：$\delta_i = \delta$ 且 $\alpha \geq 0$

H_1：$\delta_i \neq \delta$ 或 $\alpha < 0$

即原假设 H_0 表示全国所有省份的数字经济发展水平收敛，备择假设 H_1 表示存在省份未收敛，包括发散、俱乐部收敛、追赶等多种可能。基于以上分析，构造验证收敛原假设的 Logit 回归模型，如式（3-27）所示。

$$\log\left(\frac{H_1}{H_t}\right) - 2\log L(t) = e_0 + e_1 \log t + \varphi_t \tag{3-27}$$

式（3-27）中，$\dfrac{H_1}{H_t}$ 为方差比，$e_0 = -2\log L(1) + \varphi_1$，$e_1 = 2\alpha$ 为回归系数，$L(t) = \log(t+1)$，而 $t = [rT]$，$[rT]+1$，$\cdots$，T，r 为时间序列参数，且 $r > 0$，本书设定 $r = 0.3$。通过自回归及异方差稳健标准误对 $\log t$ 的系数进行单边 t 检验，若 $t < -1.65$ 则拒绝原假设，即全国数字经济发展水平整体不收敛。

2. 收敛结果分析

（1）σ 收敛检验与结果分析

本书运用变异系数分析检验样本观测期内中国数字经济发展的 σ 收敛性。全国范围及四大经济区域的 σ 系数如表3-5所示。

表3-5　中国数字经济发展 σ 收敛结果

年份	全国	东部	中部	西部	东北
2013	0.426	0.332	0.183	0.284	0.169
2014	0.384	0.310	0.162	0.230	0.155

表3-5（续）

年份	全国	东部	中部	西部	东北
2015	0.315	0.267	0.146	0.166	0.130
2016	0.317	0.272	0.135	0.182	0.141
2017	0.316	0.271	0.142	0.165	0.130
2018	0.316	0.277	0.131	0.154	0.161
2019	0.317	0.281	0.123	0.168	0.181
2020	0.296	0.270	0.118	0.159	0.175
2021	0.309	0.269	0.122	0.170	0.177

　　为了便于展开分析，将表3-5绘制成清晰、直观的趋势折线图，详情见图3-11。

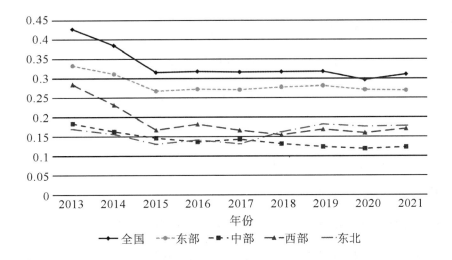

图3-11　全国及四大经济区域数字经济发展的σ收敛演变趋势

　　基于σ收敛曲线走势分析，全国层面数字经济发展总体表现为波动下降的动态变化过程，表明全国数字经济发展呈现典型的σ收敛。观测期内σ系数的均值为0.333，2021年相较于2013年，降幅达到27.465%，整体按波动幅度可以分为两个阶段：2013—2015年，σ系数大幅下降，降幅为

26.056%，占总体降幅的 94.870%；2015 年之后则呈缓慢下降趋势。这表明在观测前期全国数字经济发展的收敛趋势明显，收敛幅度偏大，收敛速度较快；而观测中后期收敛特征表现稍弱。

聚焦到四大经济区域层面，不难看出，东部地区 σ 系数的收敛趋势与全国整体的收敛趋势最为接近，表现为缓慢下降趋势，观测期内 σ 系数的均值为 0.283，2021 年其 σ 系数相比于 2013 年下降了 0.063，降幅达到 18.976%，年均下降率为 2.108%。其中，仍以 2013—2015 年降幅最大，达到 19.578%。这说明东部地区数字经济发展整体呈轻微收敛态势。

四大经济区域中 σ 系数下降幅度最大、收敛速度最快的当数西部地区，即西部地区数字经济发展的趋同性最为强烈，2021 年其 σ 系数相比于 2013 年跌落了 0.114，降幅高达 40.141%，σ 系数整体呈现出"大幅下降—波动回调"的变化过程。曲线走势总体以 2015 年为分界点，2013—2015 年，σ 系数值大幅降低，其间降幅达到 41.549%；2015 年往后则呈现出波动回升的态势，2021 年相比于 2015 年，涨幅为 2.410%。这说明西部地区数字经济发展的收敛特征在样本观测期内以 2015 年临界点，表现为"大幅收敛趋同—波动回调发散"的演变过程，在观测前期收敛趋势显著，收敛速度迅猛，但在观测中后期则展现出轻微发散的特征。

中部地区数字经济发展的 σ 收敛曲线呈现波动下降的趋势，说明中部地区的数字经济发展在观测期内表现出 σ 收敛特征，其观测期内 σ 系数均值为 0.140，观测期内总体降幅为 33.333%。中部地区 σ 系数的波动幅度阶段性特征与其他地区相似。2013—2015 年，σ 系数大幅下降，降幅达 20.219%；而 2016—2021 年，σ 系数的下降幅度趋缓。

值得注意的是，东北地区数字经济发展是其中并未表现出 σ 收敛的唯一特例，其在观测期内 σ 收敛曲线大致呈"波动下降—急速拉升—缓慢上升"的演进趋势，说明随着时间的推移，整体上东北地区数字经济发展趋向发散，内部发展分化极化态势显著。深入展开分析，2013—2017 年期间呈温和下降的变化趋势，2017 年其 σ 系数相较于 2013 年下降了 0.039，降幅达到 23.077%；随后至 2019 年，σ 系数迅速拉升，追赶上中部和西部，上涨至 0.181，涨幅达 39.231%；之后 σ 系数的调整幅度轻微，变化态势趋于稳定。以上分析再次印证了前文分析的东北地区观测后期数字经济发展差距不断扩大的演变形势。本书对于东北地区内部数字经济发展分化极化态势显著的研究发现与田俊峰等（2019）得出的结论不谋而合，从侧面证实了本书研究的科学性和合理性。

总而言之，从全国层面来看，数字经济发展呈现出典型的 σ 收敛特征。按收敛速度和收敛幅度分析，以 2015 年为分割点，可以划分为两个阶段，2015 年之前 σ 系数大幅下降，2015 年之后 σ 系数则表现出波动下降的变化趋势。四大经济区域中 σ 系数下降幅度最大、势头最猛、速度最快的是西部地区；而中部地区和东部地区次之，收敛性稍弱；东北地区数字经济的发展则呈现出内部分化极化态势，并不呈 σ 收敛趋势。

（2）β 收敛检验与结果分析

①绝对 β 收敛分析

为了深入分析我国数字经济发展的收敛性特征，本书还对数字经济发展指数进行了 β 收敛检验，估计结果如表 3-6 所示。不难看出，估计系数 β 始终显著为负，说明全国和四大经济区域的数字经济发展均存在绝对 β

收敛特征。换言之，在不考虑诸如经济发展水平、教育集聚能力、地方政府支出、外商直接投资等其他因素对数字经济发展的影响时，各地区数字经济发展随着时间的推移最终会收敛至同一稳态水平。从收敛结果看，各区域的收敛速度和收敛周期均有所不同，东部、中部和西部地区的收敛速度快于全国整体速度、收敛周期短于全国整体收敛周期，而东北地区的收敛速度相对较慢，收敛周期也相对较长。这表明数字经济发展水平最高的东部地区和较高的中、西部地区都具有较快的收敛速度，而内部分化极化特征显著的东北地区收敛速度相对较慢。可能的原因在于：东北地区内部省份最少，但受限于政府导向、政策倾斜、资源禀赋等现实因素差异，数字经济发展组内差距过大，导致收敛速度明显慢于其他区域。值得注意的是，上述对于绝对 β 收敛的考查均是在各地区经济发展水平、教育集聚能力、地方政府支出、外商直接投资等因素相似情形下所做出的估计和判断。但现实中不同地区在这些方面具有较大异质性，那么在实证估计时忽略这些差异化因素往往会降低估计结果的精确性，因此本书认为有必要在实证估计时加入这些作为控制变量的影响因素以修正估计系数。此外，将这些影响因素纳入考虑范围后，为了探究数字经济发展的收敛性会发生怎样的变化，我们对其收敛性进行后续检验，即所谓的条件 β 收敛检验。

表 3-6　数字经济发展的绝对 β 收敛检验结果

变量	全国	东部	中部	西部	东北
β	-0.464 *** (0.031 8)	-0.532 *** (0.067 4)	-0.471 *** (0.095 5)	-0.474 *** (0.052 4)	-0.374 ** (0.151)
α	-0.599 *** (0.054 3)	-0.694 *** (0.108)	-0.722 *** (0.185)	-0.864 *** (0.119)	-0.626 * (0.335)

表3-6(续)

变量	全国	东部	中部	西部	东北
时间固定效应	YES	YES	YES	YES	YES
省份固定效应	YES	YES	YES	YES	YES
收敛速度/%	6.929 1	8.436 5	7.075 2	7.138 4	5.204 5
半收敛周期	10.003	8.216	9.797	9.71	13.318
样本量	240	80	48	88	24
R^2	0.861 9	0.825 7	0.911 8	0.908 7	0.916 7

注：*、**、*** 分别代表在10%、5%、1%的显著性水平下显著，括号内的数值为标准误。

②条件 β 收敛分析

表3-7显示了样本观测期内全国层面及东部、中部、西部、东北四大经济区域层面数字经济发展的条件 β 收敛检验结果。

表3-7 数字经济发展的条件 β 收敛检验结果

变量	全国	东部	中部	西部	东北
β	−0.482*** (0.037 5)	−0.536*** (0.076 8)	−0.576*** (0.112)	−0.437*** (0.067 9)	−0.743** (0.319)
lnEdu	0.040 2 (0.057 8)	0.032 8 (0.159)	0.027 3 (0.187)	0.017 1 (0.094 3)	−0.982* (0.549)
lnGov	0.061 7 (0.042 3)	0.035 3 (0.061 5)	0.136 (0.143)	0.132 (0.150)	−0.015 3 (0.104)
lnStru	0.013 3 (0.037 1)	0.140 (0.130)	0.148 (0.094 2)	0.049 5 (0.090 2)	−0.173 (0.143)
lnPgdp	0.200*** (0.066 2)	0.112 (0.154)	0.230 (0.255)	0.187 (0.186)	−0.021 3 (0.671)
lnFore	0.000 421 (0.007 39)	0.000 829 (0.009 62)	−0.010 0 (0.017 3)	−0.009 03 (0.017 4)	0.043 7 (0.035 8)
lnUrb	−0.058 9 (0.103)	−0.215 (0.153)	0.149 (0.414)	−0.321 (0.280)	6.165** (2.491)

表3-7(续)

变量	全国	东部	中部	西部	东北
α	-1.128^{***} (0.427)	-0.292 (0.849)	-2.224^{*} (1.212)	-0.287 (1.020)	-23.41^{***} (8.512)
时间固定效应	YES	YES	YES	YES	YES
省份固定效应	YES	YES	YES	YES	YES
收敛速度/%	7.309	8.532	9.534	6.383	15.096
半收敛周期	9.483	8.124	7.270	10.859	4.592
样本量	240	80	48	88	24
R^2	0.968 8	0.869 0	0.838 1	0.925 7	0.912 5

注: *、**、*** 分别代表在10%、5%、1%的显著性水平下显著,括号内的数值为标准误。

首先,估计系数 β 始终显著为负,表明全国及四大区域的数字经济发展均存在条件 β 收敛特征,这也意味着在考虑经济发展水平、教育集聚能力、地方政府支出、外商直接投资、产业结构高级化及城镇化率等影响因素后,各省份的数字经济发展会逐步趋向自身稳态水平。

其次,除了西部地区以外,全国整体及其他区域的收敛速度均有一定水平的提升,半收敛周期也呈一定程度的缩短,说明相关经济社会特征加快了数字经济发展的收敛速度,同时缩短了相应的收敛周期。其中,东北地区变化幅度最剧烈,收敛速度几近提升到原本的3倍,表明相关经济社会因素对其收敛的加速效果更为强劲。而西部地区的收敛速度则因受限于这些因素而略有下降,收敛周期轻微变长。

最后,就控制变量而言,教育集聚水平(Edu)回归系数除了在东北地区显著为负外,在全国层面、东部、中部、西部均为正但并不显著,表明教育集聚水平的持续提升有助于缩小东北地区数字经济发展内部差距,促进东北地区数字经济发展收敛。同时教育集聚水平对全国整体范围及东、中、西部地区数字经济发展的收敛性的影响有待进一步探究；经济发展水平（Pgdp）的回归系数在全国层面显著为正，但在其他细分区域正、负影响不同，但均不显著，表明经济发展水平的不断提高能够显著推动全国层面的数字经济发展；而城镇化率（Urb）的系数对东北地区显著为正，但对全国及其他区域的影响并不显著，意味着东北地区要重视推进城镇化进程，这有助于提高该区域数字经济发展水平；至于政府财政支出比率（Gov）、产业机构高级化（Stru）和外商投资规模（Fore）对全国整体及四大经济区域的正、负影响各异，但均不显著，无法做出有效判断。

总而言之，全国和四大经济区域的数字经济发展均存在绝对 β 收敛特征和条件 β 收敛特征，但在将经济社会影响因素纳入考量范围时，全国整体及东部、中部和东北地区的收敛速度均有一定程度的提升，其中东北地区的提升幅度最大，而西部地区收敛速度则略有下降。就控制变量而言，经济发展水平的提高能够显著推动全国的整体数字经济发展；教育集聚水平的提升会缩小东北地区内部的数字经济发展差距，而城镇化率的提高则有助于促进东北地区数字经济发展；此外，政府财政支出比率、产业机构高级化和外商投资规模对数字经济发展的影响并不显著。

（3）俱乐部收敛检验与结果分析

除了上述人为将样本中 30 个省、自治区、直辖市划分为东部、中部、西部和东北地区外，鉴于数字经济本身具有的溢出效应、网络效应以及数字要素的外部性特质，很大程度上还存在省份之间跨区域收敛的可能。因此，本书意图继续对样本数据进行俱乐部收敛的识别和检验，希望更为全

面、深入、客观地揭示我国数字经济发展的收敛性特征，并为后续学者研
究提供思路参考。

为此，本书对 2013—2021 年 30 个省、自治区、直辖市的数字经济发
展指数进行 Logit 检验，检验结果见表 3-8。结果显示，整个样本 Logit 检
验得到的 t 值为 -12.532，远小于 -1.65，因此，在 5% 的显著性水平下拒绝
数字经济发展整体收敛的原假设。据此判断，就数字经济发展而言，在样
本观测期内这 30 个省、自治区、直辖市并没有向同一稳态均衡收敛，但这
不能排除部分省份间数字经济发展可能存在趋同收敛趋势。

表 3-8　全国整体数字经济发展的收敛检验

	系数	标准误	t 值
Logit	-1.023	0.082	-12.532

为进一步识别潜在的数字经济收敛俱乐部，本书使用 Phillips 和 Sul
（2007，2009）提出的收敛和聚类算法对我国 30 个省、自治区、直辖市进
行分析，以判断这 30 个样本省、自治区、直辖市究竟是全部发散的还是形
成了某些收敛俱乐部。过程如下：

首先，依照样本最后一期面板数据进行降序排列。本书根据 30 个省、
自治区、直辖市 2021 年的数字经济发展指数重新排列。

其次，识别核心省份组。将第一步中的前 k 个省份组成初始城市组
$G_k(2 \leqslant k < n)$，对该组合中的数字经济发展指数进行 Logit 回归，并计算
出收敛检验的统计量 t 值，$t_k = t(G_k)$，核心组规模 k^* 的确定条件为

$$\begin{cases} k^* = \mathrm{argmax}\{t_k\} \\ \mathrm{s.t.} \ \ \min\{t_k\} > -1.65 \end{cases} \quad (3-28)$$

既要求该子群组的 Logit 回归中 t 统计量大于 -1.65，即该子群组内省份存在整体收敛，又要使得该子群组的 t 统计量为所有子群组中的最高值，方能确定核心省份组。若约束条件 $\min\{t_k\} > -1.65$（对应 5% 的显著性水平）未被满足，就将 G_k 中数字经济发展水平最高的省份舍去，对剩余省份重复本步骤，以确定核心省份组。若所有子群省份组的 $t \leqslant -1.65$，则得出结论：面板中不存在收敛子群，无法构成俱乐部收敛。

再次，筛选俱乐部成员。确定核心省份组 G_k 后，依照省份排序，从剩余省份中添加一个省份到核心省份组，并再次进行 Logit 回归，设定某一显著性水平 c^*（c^* 为过渡尺度，衡量聚类的保守程度；c^* 越大，最终形成的俱乐部中成员数量越小）。若 $t_k > c^*$，则将该省份加入俱乐部。事实上，当 T 较小时，筛选标准 c^* 可以设置为 0，以确保它是高度保守的；而对于大 T，c^* 可以被设置为接近 5% 的临界值 -1.65。结合本书数据来看，本书选择令 $c^* = 0$。之后，持续向俱乐部中每次添加一个省份，只要满足 $t_k > 0$，便在俱乐部中加入该省，以此形成第一个数字经济发展水平收敛俱乐部。

然后，构建剩余俱乐部。对除第一个收敛俱乐部以外的所有省份进行 Logit 回归，若其 $t_k > -1.65$，则可以直接得出存在两个收敛俱乐部的结论。否则，对剩余省份重复以上步骤，直到无法再找到收敛俱乐部。若最后还有省份无法加入任何俱乐部，则说明这些省份是发散的。

最后，合并俱乐部。设置 $c = 0$ 会导致俱乐部收敛的结果高度保守，将会找到比实际数量更多的俱乐部，因此需要对初始分类的俱乐部进行合并检验。表3-9 给出了收敛俱乐部的初始分类。

表3-9　中国30个省、自治区、直辖市数字经济发展水平收敛俱乐部初始分类

俱乐部	成员数量	Logit回归系数	t	成员组合
俱乐部一	3	3.351	2.614	北京、江苏、浙江
俱乐部二	3	0.027	0.042	四川、山东、河南
俱乐部三	5	0.127	0.597	安徽、江西、湖北、湖南、福建
俱乐部四	5	0.257	0.829	天津、广西、河北、重庆、陕西
俱乐部五	12	0.265	1.139	云南、内蒙古、吉林、宁夏、山西、新疆、海南、甘肃、贵州、辽宁、青海、黑龙江
发散组	2	−1.277	−6.150	上海、广东

聚类检验结果显示这30个省、自治区、直辖市形成了5个收敛俱乐部和1个发散组。表3-9中的第2—7行给出了这5个俱乐部和1个发散组所含成员个数和Logit收敛性检验系数及t统计量。显然，5个俱乐部检验得到的t统计量均大于−1.65，因此，在5%的显著性水平下均接受单个俱乐部内部收敛的原假设。

然而，这种聚类机制容易高估俱乐部的个数（Tomal，2020）。为此，需要对初始分类的收敛俱乐部进行合并检验。具体算法为：若有M个俱乐部，依次对两两相邻的俱乐部进行Logit检验，可以得到$(M-1)$个t_m统计量，如果$t_m > -1.65$且$t_m > t_{m+1}$，则将其合并。表3-10给出了俱乐部合并检验结果。

表3-10　初始收敛俱乐部的合并检验

初始分类	成员数量	俱乐部合并检验	Logit回归系数（t）	最终分类
俱乐部一	3	俱乐部一+俱乐部二	−0.656（−3.641）	俱乐部一

表3-10(续)

初始分类	成员数量	俱乐部合并检验	Logit 回归系数（ t ）	最终分类
俱乐部二	3	俱乐部二+俱乐部三	−0.473（−2.065）	俱乐部二
俱乐部三	5	俱乐部三+俱乐部四	−0.014（−0.120）	俱乐部三
俱乐部四	5	俱乐部四+俱乐部五	−0.305（−1.702）	
俱乐部五	12	俱乐部五+发散组	−1.176（−12.241）	俱乐部四
发散组	2			发散组

注：圆括号内的数值为 t 值。

其中，俱乐部三和俱乐部四合并检验的 t 统计量大于−1.65，因此，二者可以合并成一个俱乐部。而其他俱乐部合并检验的 t 统计量均小于−1.65，不能进行两两俱乐部合并。如此一来，本书就证实了在5%的显著性水平下俱乐部一和俱乐部二、俱乐部二和俱乐部三、俱乐部四和俱乐部五及俱乐部五和发散组无法合并，从而证实了以上聚类检验机制所识别出的 4 个俱乐部的稳健性。

从而，借助基于非线性时变因子模型构造的 Logit 检验和聚类分析检验，本书发现当前中国 30 个省份在过去 9 年的数字经济发展轨迹中形成了 4 个收敛俱乐部和 1 个发散组，详细结果见表 3-11。

表 3-11　最终收敛俱乐部分类

最终分类	成员数量	Logit 回归系数	t	最终成员组合
俱乐部一	3	3.351	2.614	北京、江苏、浙江
俱乐部二	3	0.027	0.042	四川、山东、河南

表3-11（续）

最终分类	成员数量	Logit回归系数	t	最终成员组合
俱乐部三	10	-0.014	-0.120	天津、安徽、广西、江西、河北、湖北、湖南、福建、重庆、陕西
俱乐部四	12	0.265	1.139	云南、内蒙古、吉林、宁夏、山西、新疆、海南、甘肃、贵州、辽宁、青海、黑龙江
发散组	2	-1.277	-6.150	上海、广东

展开来看，俱乐部一为数字经济发展高水平稳态俱乐部，由3个东部省份（北京、江苏、浙江）组成。俱乐部二为数字经济发展次高水平稳态俱乐部，由1个东部省份（山东）、1个中部省份（河南）和1个西部省份（四川）组成。俱乐部三为数字经济发展中水平稳态俱乐部，由3个东部省份（天津、河北、福建）、4个中部省份（安徽、江西、湖北、湖南）和3个西部省份（广西、重庆、陕西）组成。俱乐部四为数字经济发展低水平稳态俱乐部，由1个东部省份（海南）、1个中部省份（山西）、7个西部省份（云南、内蒙古、宁夏、新疆、甘肃、贵州、青海）及3个东北省份（吉林、辽宁、黑龙江）组成。值得注意的是，东北地区所有省份数字经济发展均收敛于较低水平稳态，这意味着加速数字经济发展应为东北三省当下重点关注的问题。而发散组由上海和广东组成，进一步说明，按照四大经济区域划分标准进行我国数字经济领域收敛性研究所得出的结论难免存在系统性偏差。俱乐部收敛的检验结果证实了我国数字经济发展的确存在省份跨区域收敛现象。

总之，就数字经济领域而言，我国30个省、自治区、直辖市存在典型的俱乐部收敛特征，省份跨区域收敛现象显著。全国30个省、自治区、直辖市共形成 4 个收敛俱乐部和 1 个发散组，其中，东北地区整体收敛于低水平稳态俱乐部，因此，东北三省要重点关注对数字经济的布局和发展。值得一提的是发散组包括上海和广东，二者可能因为数字经济发展水平过高、发展速度过快、发展规模过大而无法与其他省份收敛于同一稳态水平。

第四章 农产品流通现代化指标构建、水平评价与动态演进

摘要：本章基于农产品流通规模与效益水平、流通设施现代化、流通组织现代化、流通体制现代化、流通技术现代化等 8 个维度综合构建了我国农产品流通现代化指标体系，并结合变异系数法对其进行了客观测算，随后运用核密度估计、Dagum 基尼系数及其分解、σ 收敛、β 收敛和俱乐部收敛深入剖析了 2013—2021 年农产品流通现代化的发展水平、分布动态、地区差异和收敛性特征。研究发现：①近年来，全国整体及四大经济区域农产品流通现代化发展进程缓慢几近停滞，但各区域发展不平衡的局势却愈演愈烈；②农产品流通现代化发展的地区差异主要来源于四大区域间差异，其与总体差异呈波动上升趋势；③全国整体和四大区域均不存在 σ 收敛特征，但除东北地区外普遍存在绝对 β 收敛，综合考虑政府财政支出等经济社会影响因素后，东北地区也表现出条件 β 收敛特征；④农产品流通现代化发展存在显著的跨区域收敛现象，观测期内已经形成了 6 个收敛俱乐部和 1 个发散组。

一、引言

农产品流通业作为国民经济的重要组成部分，对于确保粮食安全与供应、促进农村经济发展和全面推进乡村振兴具有重要意义。农产品流通的关键着力点在于处理好小农户与大市场的有效衔接问题。一方面，通过线上交易与多元化经营缓解农村农产品滞销压力、拓宽农产品经营边界的同时提高小农户在大市场中的竞争力，以此来快速提高农户收入水平，从而鼓励和引导农户走向现代化道路；另一方面，农产品流通直接关系到农业生产价值的实现、涉农相关产业的发展、消费者福利的提升，最终目的是满足广大居民对现代经济社会生活提出的更高层次要求。

农产品流通现代化作为农业现代化的主要任务之一，不仅具有改造传统农业、提高农业生产力的普同性特征，还具有统筹两个市场和两种资源、保障农产品供求平衡的市场调节作用（郑鹏 等，2012）。作为商贸流通的重要组成部分，农产品流通现代化是农业现代化和流通业现代化两个部门现代化的融合发展，更是实现我国特色农业市场化和现代化的关键（涂洪波，2012）。农产品流通现代化的基本内涵是凭借先进的科学技术手段和经营管理方法，加大传统农产品流通的要素投入、改进组织和经营方式、提升效率效能，实现农产品流通业转型升级（曾庆均 等，2022）。农产品流通现代化是在中国特色社会主义经济和具体时代与国情背景下，以中国特色社会主义理论为指导，结合我国农业现实和农产品流通的阶段性特征，以提升农产品流通效率和促进经济社会整体和谐发展为目的，以农产品流通设施现代化、流通组织和体制现代化、流通技术现代化、流通方式和渠道现代化为主要内容（宋则，2017），进而增强农产品流通先进性的动态发展过程。

从既有研究进展来看，国内诸多学者对中国农产品流通现代化的指标选取、水平测度及其存在的问题等均进行了部分研究。但在研究深度上，多数文献缺乏较为深入、细致的系统性探究，内容相对分散，并未深刻揭示近年来我国农产品流通现代化水平的发展全貌及其基本特征，因此有必要对其进行更为深入的拓展性研究。相比于已有研究，本书的边际贡献在于：第一，本书引入核密度估计方法并通过绘制直观动态分布图刻画其绝对差异演变规律；第二，本书运用 Dagum 基尼系数方法科学测度中国农产品流通现代化地区相对差异及其来源；第三，本书从 σ 收敛、普通 β 收敛、俱乐部收敛三个层面对其收敛性特征进行再检验，以期全面揭示其收敛特性。

二、指标评价方法与数据来源

（一）指标评价方法

本章选取了变异系数法进行指标评价，其原因在于不同客观赋权法的权重与评价结果相差很大（俞立平，2021）。为了避免因不同原理的客观评价方法而产生出入较大的权重和评价结果，同时出于实证研究的科学性、严谨性以及防止可能由于客观赋权方法的不同而出现系列问题，我们慎重选用了和熵值法原理接近、权重和评价结果类似的变异系数法来评价农产品流通现代化。其中，变异系数法是在指标数据经过类型一致化和无量纲化处理后，通过计算指标数据的标准差与平均数的比值来衡量观测数值的差异化程度，从而得出指标权重的一种有效的客观赋权方法（陈玲等，2021）。

熵值法和变异系数法均没有评价前提条件，无须对指标进行转换，具有清晰的指标评价信息含义，也不会像主成分分析和因子分析那样损失指标信息，仅根据数据波动的大小进行赋权，相对而言，使用范围更广，尤其适用于某个方面同类底层指标评价，如一级指标、二级指标评价，既不会影响评价目的，对评价结果的排序影响也较小，有助于发挥客观赋权评价法的优势。变异系数主要用于反映指标间变异程度。它可以用来衡量各地区农产品流通现代化指标的变异程度——变异系数越大，各地区农产品流通现代化相应指标的变异程度越大；反之，各地区农产品流通现代化相应指标差异越小。

参考相关文献，变异系数法的具体计算过程如下：

（1）采用极差法对原始数据进行标准化处理。由于各项指标数据的量纲不同，所以要对这些指标进行综合集成，即对所有指标数据都必须进行标准化处理。由此，建立 m 行×n 列的数据矩阵 $X^* = (X_{ij})_{m \times n}$，其中 m 为样本中省的个数，n 为评价指标个数。

正向指标：

$$X_{ij}^* = \frac{X_{ij} - \min(X_j)}{\max(X_j) - \min(X_j)} \times 0.99 + 0.000\ 1 \qquad (4-1)$$

负向指标：

$$X_{ij}^* = \frac{\max(X_j) - X_{ij}}{\max(X_j) - \min(X_j)} \times 0.99 + 0.000\ 1 \qquad (4-2)$$

其中，X_{ij} 是第 i 个省第 j 项指标的原始数据，X_{ij}^* 为标准化后的指标值，

$max(X_j)$ 与 $\min(X_j)$ 分别是第 j 列指标的最大值和最小值。

（2）计算各指标平均值：

$$\text{MX}_j = \frac{1}{n} \sum_{i=1}^{m} X_{ij} \tag{4-3}$$

（3）计算各指标标准差：

$$\text{SX}_j = \sqrt{\frac{1}{n-1} \sum_{i=1}^{m} (X_{ij} - \text{MX}_j)^2} \tag{4-4}$$

（4）计算各指标变异系数：

$$v_j = \frac{\text{MX}_j}{\text{SX}_j} \tag{4-5}$$

（5）计算各指标权重：

$$w_j = \frac{v_j}{\sum_{j=1}^{n} v_j} \tag{4-6}$$

如上述公式，每个指标的权重 w_j 就是单个指标的变异系数除以所有指标变异系数之和。

（6）计算综合得分：

$$\text{SC}_j = \sum_{j=1}^{n} X_{ij}^* \times w_j \tag{4-7}$$

将标准化处理后的二级指标数值按线性加权法加总就可以得到综合指数值。

（二）数据来源

本章节数据取自 2013—2021 年中国 30 个省、自治区、直辖市数据（不含西藏和港澳台地区）。本书涉及的指标数据主要源于观测期内的《中国统计年鉴》、各省历年统计年鉴以及阿里研究院历年发布的《中国淘宝村研究报告》等资料。对于部分缺失数据本书采用线性插值法进行填补。

三、农产品流通现代化指标体系构建

农产品流通现代化评价指标体系的构建不能脱离其内涵，应从商流、物流、资金流、信息流四个角度出发，全方位、多维度、多元化反映地区农产品流通水平以及农产品流通现代化进程状况。借鉴国内学者的研究，结合构建农产品流通现代化综合评价指标体系应该遵循的科学性、严谨性、独立性、可操作性及导向性等基本原则，经过反复论证，本书建立了包括农产品流通规模与效益水平、农产品流通贡献、农产品流通效率、农产品流通设施现代化、农产品流通组织现代化、农产品流通体制现代化、农产品流通技术现代化、农产品流通渠道现代化 8 个维度的一级指标以及 35 个个体指标，详细情况见表 4-1。该指标体系的构建有助于较为全面和详细地对我国农产品流通现代化指数进行测算。

表 4-1　农产品流通现代化综合评价指标体系

一级指标	二级指标	三级指标	具体指标	变异系数	指标权重
农产品流通规模与效益水平	流通规模	总产出占比	限额以上农产品批零企业销售总额/地区生产总值（%）	1.173	0.034 84
		人均产出规模	限额以上农产品批零企业销售总额/年末人口数（百元/人）	1.754	0.052 09
	流通效益	劳动生产率	限额以上农产品批零企业销售总额/农产品批零企业从业人员总数（万元/人）	0.888	0.026 37
		销售利润率	限额以上农产品批零企业利润总额/限额以上农产品批零企业销售总额（%）	0.639	0.018 97

表4-1(续)

一级指标	二级指标	三级指标	具体指标	变异系数	指标权重
农产品流通贡献	经济绩效贡献	产值贡献率	农产品流通业增加值/地区生产总值（%）	0.560	0.016 62
		营业收入贡献率	限额以上农产品批零企业营业收入/地区生产总值（%）	1.160	0.034 43
	社会影响贡献	税收贡献率	限额以上农产品批零企业税金及附加/地方财政税收收入（%）	0.649	0.019 28
		就业贡献率	限额以上农产品批零企业从业人数/地区年末常住人口（%）	1.337	0.039 68
农产品流通效率	运作效率	流动资产周转率	限额以上农产品批发零企业销售总额/限额以上农产品批零企业流动资产	0.291	0.008 63
		存货周转率	限额以上农产品批零企业营业成本/[（限额以上农产品批零企业购进总额+库存总额）/2]	0.370	0.011 00
	盈利效率	总资产报酬率	限额以上农产品批零企业利润总额/限额以上农产品批零企业资产总和（%）	0.637	0.018 90
		流通利润率	限额以上农产品批零企业利润总额/限额以上农产品批零企业营业收入（%）	0.639	0.018 96
农产品流通设施现代化	农产品综合市场经营状况	营业面积	限额（亿元）以上农产品综合市场营业面积（百万平方千米）	1.014	0.030 11
		营业摊位数	限额（亿元）以上农产品综合市场摊位数（万个）	1.014	0.030 10
	流通基础设施	公路密度	公路总里程/行政区域面积	0.587	0.017 43
		铁路密度	铁路营业里程/行政区域面积	0.792	0.023 52
		民用运输	民用载货汽车拥有量（万辆）	0.796	0.023 64

表4-1(续)

一级指标	二级指标	三级指标	具体指标	变异系数	指标权重
农产品流通组织现代化	农业农村数字基地	淘宝村数量	(个)	2.967	0.088 08
	农产品连锁经营状况	总门店数	限额以上农产品连锁经营零售企业总店数+门店总数(个)	0.972	0.028 85
		从业人数	限额以上农产品连锁经营零售企业年末从业人数(百人)	1.016	0.030 16
		销售总额	限额以上农产品连锁经营零售企业商品销售额(亿元)	1.013	0.030 09
		商品配送率	限额以上农产品连锁经营零售企业统一配送商品购进额/限额以上农产品专门零售总购进额(%)	0.693	0.020 58
农产品流通体制现代化	流通市场化程度	农产品流通业集中度	亿元以上商品交易批发和零售市场成交额×[农产品(粮油食品、饮料、烟酒)综合交易市场成交额/商品交易市场总成交额](百亿元)	1.325	0.039 34
		商品销售额中非国有经济占比	限额以上非国有批零企业商品销售额/平均总销售额(%)	0.323	0.009 60
	政府财政扶持	政府对流通相关的财政支出	交通运输支出(亿元)	0.664	0.019 73
		政府对农产品的财政支出	粮油物资储备支出(亿元)	0.706	0.020 97

表4-1(续)

一级指标	二级指标	三级指标	具体指标	变异系数	指标权重
农产品流通技术现代化	农产品流通信息化水平	从事信息化工作人员比重	农产品信息传输、计算机服务和软件业的城镇单位就业人数/城镇单位就业人数（%）	0.732	0.021 75
	农产品邮政服务水平	邮政营业网点密度	邮政营业网点/行政区域面积	2.217	0.065 81
		城市投递里程密度	城市投递里程/行政区域面积	2.409	0.071 53
		农村投递里程密度	农村投递里程/行政区域面积	1.001	0.029 72
		平均每个营业网点服务人口数	（百人）	0.670	0.019 88
农产品流通渠道现代化	农产品网络销售	农产品电子商务销售额	企业电子商务销售额×（农林牧渔生产总值/国内生产总值）（亿元）	1.005	0.029 83
	农产品市场集中度	农产品交易市场集中度	限额（亿元）以上商品交易市场成交额/批零业销售总额（%）	0.730	0.021 67
		农产品批发业集中度	批发企业商品销售额/农产品交易额（%）	0.156	0.004 64
		农产品零售业集中度	零售业企业商品销售额/农产品交易额（%）	0.782	0.023 21

1. 农产品流通规模和效益水平

农产品流通规模和效益水平，作为反映农产品流通现代化发展程度的关键指标，能揭示农产品流通的具体产出规模以及流通的效益水准，从侧面反映出整体市场的供求状况以及地区农产品生产能力的大小。而流通效益的详尽状况可以在一定程度上体现流通系统的高效与否以及农产品附加值的高低。

在此基础上，本书用总产出占比和人均产出规模描绘流通规模，用劳动生产率和销售利润率来表征流通效益。其中，劳动生产率的具体计算方式为限额以上农产品批零企业销售总额除以农产品批零企业从业人员总数，用以衡量单位劳动投入所创造的经济产出。劳动生产率的提高对于提高经济效益、促进产业发展、扩大竞争优势和实现可持续增长至关重要。而销售利润率用限额以上农产品批零企业利润总额除以限额以上农产品批零企业销售总额来测算，切实反映了农产品流通过程中的盈利能力和收益水平，用以评估农产品流通中批零企业的经营状况和经济回报。较高的销售利润率可能表明农产品批零企业有较好的市场定位、较强的产品竞争力或成本控制能力，从而在销售过程中能实现较高利润。

2. 农产品流通贡献

在农产品流通贡献层面，本书设置了经济绩效贡献和社会影响贡献两个二级指标，用于评估农产品流通业的综合表现。农产品流通业在发展自身和追求经济效益的同时，更应积极履行社会责任，坚持创造社会价值，助力行业企业未来可持续发展，推进农业农村实现共同富裕。

经济绩效贡献包括产值贡献率和营业收入贡献率。前者用农产品流通业增加值除以地区生产总值表示，用以评估农产品流通业整体在对应全省经济体中的经济地位和影响力；较高的产值贡献率表明农产品流通行业企业对全省地区经济增长的拉动贡献较大，具有较强的竞争优势以及发展潜力。值得一提的是，此处的农产品流通业增加值即农林牧渔业增加值，原因在于绝大多数农产品生产后仅有极小部分留下供农民农户自家消费，绝大部分用于市场销售来获取收入，因此本书大胆假设生产出的农林牧渔产品全用于流通销售，即农产品流通业增加值等于农林牧渔业增加值。后者用限额以上农产品批零企业营业收入除以地区生产总值描述，可揭示农产品流通业在全省的收入份额和市场地位；营业收入贡献率的高低可以反映农产品流通全行业企业市场占有率的高低和竞争的优劣势。

至于社会影响贡献，本书选取了税收贡献率和就业贡献率予以衡量。前者用限额以上农产品批零企业税金及附加除以地方财政税收收入表征，体现出农产品流通业对省份地区财政收入的贡献程度；后者用限额以上农产品批零企业从业人数除以地区年末常住人口进行呈现，切实评估农产品流通业在批发和零售环节提供的就业机会和带动的就业增长状况。

3. 农产品流通效率

关于农产品流通效率，本书将其分为运作效率和盈利效率两部分。其中，运作效率指的是农产品从生产环节到消费环节过程中，所投入的资源和产出的结果之间的关系。高效率的运作能够有效地降低流通成本、加快流通速度及优化供应链管理。运作效率具体包括流动资产周转率和存货周转率。对于流动资产周转率，本书参考周丹（2016）的做法，选择用限额以上农产品批零企业销售总额除以限额以上农产品批零企业流动资产进行测度，描述农产品批零企业在经营过程中流动资产的利用效率和资金周转状况；流动资产周转率越高，表明农产品批零企业在一定时期内将流动资产转化为销售收入的速度越快，从而提高资金周转速度，实现较高的经营效率。

另外，本书使用限额以上农产品批零企业营业成本除以限额以上农产品批零企业购进总额和库存总额的平均值表征存货周转率，用于反映存货的周转速度，即存货运营效率及存货资金占有率是否合理，是反映农产品批零企业购、产、销平衡效率的一种尺度。存货周转率越高，表明农产品批零企业存货资产变现能力越强，存货及占用在存货上的资金周转速度越快。

至于盈利效率，本书设置总资产报酬率和流通利润率两个三级指标进行阐释。前者用限额以上农产品批零企业利润总额除以限额以上农产品批零企业资产总和来表示，用于衡量农产品批零企业在一年内利用其总资产实现的盈利能力，总资产报酬率越高意味着农产品批零企业使用其资产创造收益的效率越高，即单位资产能够产生更多利润；后者用限额以上农产品批零企业利润总额除以限额以上农产品批零企业营业收入进行测算，用以评估农产品批零企业在销售产品或提供服务过程中的价值创造能力和利润获取能力。

4. 农产品流通设施现代化

本书选用了农产品综合市场经营状况和流通基础设施来表征农产品流通设施现代化。其中，农产品综合市场经营状况包括限额以上农产品综合市场营业面积和限额以上农产品综合市场营业摊位数两个三级指标，而流通基础设施涵括公路密度、铁路密度及民用载货汽车拥有量三个三级指标，力图全面而准确地描绘农产品流通设施发展状况。健全的基础设施不仅可以直接促进本地区经济增长和流通成本降低，还可以通过溢出效应和网络效应带来正向的经济外部性（张梁梁 等，2018）。在该指标体系流通基础设施中选用公路密度和铁路密度而非对应里程数进行表征的原因在于，将各省份行政面积纳入研究框架，综合考虑各地区土地资源的差异，以求更全面、客观地评估各省份农产品流通基础设施建设情况。

5. 农产品流通组织现代化

在农产品流通组织现代化维度，本书选取了以淘宝村为代表的农业农村数字基地和农产品连锁经营状况两个二级指标进行测度，而农产品连锁经营状况囊括了限额以上农产品连锁经营零售企业总门店数、从业人数、销售总额以及商品配送率四个三级指标，商品配送率的具体计算公式为限额以上农产品连锁经营零售企业统一配送商品购进额除以限额以上农产品专门零售总购进额。

农产品连锁经营对农产品流通起到关键的推动作用，它通过整合生产、加工、仓储、运输等环节，简化农产品流通中间路径，缩短供应链长度，优化资源配置，配合规模经营和集约化管理，形成批量采购、统一配送、标准化加工等优势，降低流通费用成本，减少各个环节的浪费和损耗，从而提高流通速度与效率。

6. 农产品流通体制现代化

农产品流通体制现代化包括流通市场化程度和政府财政扶持两个层面。流通市场化程度下设置了农产品流通业集中度和商品销售中非国有经济的占比两个三级指标，从两个角度来体现农产品流通市场的结构、竞争力和市场化水平。商品销售额中非国有经济占比指的是农产品批零企业由非国有企业、个体户、合作社及外商投资企业等非国有经济主体所承担的比例。这个指标可以反映出农产品流通业的市场化程度以及非国有经济在农产品流通市场中的地位和作用。一个相对均衡的市场结构和较高的非国有经济占比可能意味着农产品流通市场具有较高的竞争程度和较强的市场活力，有利于推进农产品流通现代化，促进农民增收和农业可持续发展。而政府财政扶持则包含省级地方政府对交通运输的财政支出和政府对粮油物资储备支出的财政支出。

7. 农产品流通技术现代化

农产品流通技术现代化涵括农产品流通信息化水平和农产品邮政服务水平两个二级指标。其中，农产品流通信息化水平用从事农产品信息传输、计算机服务和软件业的城镇单位就业人数除以城镇单位就业人数表示；而农产品邮政服务水平则包括邮政营业网点密度、城市投递里程密度、乡村投递里程密度以及平均每个营业网点服务人口数四个方面。

良好的农产品邮政服务水平可以将偏远地区和农村地区的农产品生产地和城市消费市场进行有效连接，缩短农产品从产地到消费者的时间和距离，提供快捷、安全、可靠的物流配送网络，更好地保持农产品的新鲜度和品质并为农户了解市场需求、价格变动情况和最新流通技术提供信息和技术支持。

8. 农产品流通渠道现代化

本书选用农产品网络销售和农产品市场集中度两个二级指标来表征农产品流通渠道现代化。前者使用企业电子商务销售额乘以农林牧渔业产值占比计算得到，后者包括农产品交易市场集中度、农产品批发业集中度、农产品零售业集中度三个从属指标。

本书中的农产品批发指农、林、牧、渔产品的批发，农产品零售指食品、饮料及烟草制品的专门零售。数据根据统计年鉴汇编计算得到。本书做出的假设为生产出的农产品全部用于流通销售，因此农产品流通业增加值等于农林牧渔业增加值。同样，对于部分缺失数据，本书使用插值法补齐。

四、农产品流通现代化水平测度与评价

本书利用变异系数法测算出的 2013—2021 年我国各省份（不含西藏和港澳台地区）农产品流通现代化指数评价结果见表 4-2。一看便知，我国各省份在近些年农产品流通现代化方面的发展状况错综复杂，并非像数字经济一般所有省份均取得了有效发展，广大中、西部省份和地区甚至出现了农产品流通发展倒退的情形。

表 4-2　全国 30 个省、自治区、直辖市农产品流通现代化指数评价结果

省份	年份								
	2021	2020	2019	2018	2017	2016	2015	2014	2013
北京	0.289	0.269	0.272	0.266	0.263	0.278	0.244	0.242	0.234
天津	0.248	0.212	0.190	0.183	0.184	0.217	0.216	0.207	0.204
河北	0.214	0.212	0.203	0.215	0.216	0.208	0.204	0.196	0.193
山西	0.122	0.112	0.105	0.116	0.110	0.113	0.111	0.112	0.109
内蒙古	0.094	0.088	0.082	0.112	0.104	0.107	0.107	0.123	0.122
辽宁	0.170	0.164	0.160	0.172	0.173	0.171	0.176	0.172	0.170
吉林	0.104	0.108	0.106	0.122	0.129	0.132	0.131	0.134	0.132
黑龙江	0.120	0.133	0.126	0.145	0.148	0.153	0.156	0.149	0.151
上海	0.479	0.446	0.437	0.404	0.426	0.390	0.368	0.350	0.336
江苏	0.334	0.323	0.324	0.351	0.333	0.323	0.294	0.288	0.294
浙江	0.393	0.356	0.350	0.338	0.315	0.303	0.273	0.258	0.249
安徽	0.181	0.177	0.173	0.198	0.194	0.192	0.183	0.177	0.176

表4-2（续）

省份	年份								
	2021	2020	2019	2018	2017	2016	2015	2014	2013
福建	0.215	0.191	0.183	0.191	0.178	0.164	0.151	0.141	0.130
江西	0.143	0.140	0.156	0.165	0.165	0.164	0.149	0.155	0.155
山东	0.309	0.290	0.282	0.297	0.296	0.300	0.280	0.280	0.278
河南	0.185	0.186	0.174	0.197	0.201	0.208	0.196	0.196	0.185
湖北	0.176	0.176	0.183	0.204	0.198	0.199	0.189	0.185	0.182
湖南	0.195	0.195	0.185	0.211	0.200	0.218	0.191	0.190	0.187
广东	0.332	0.305	0.301	0.303	0.296	0.303	0.275	0.249	0.240
广西	0.150	0.142	0.131	0.145	0.142	0.142	0.136	0.128	0.129
海南	0.191	0.141	0.122	0.146	0.132	0.131	0.129	0.124	0.137
重庆	0.177	0.176	0.179	0.188	0.190	0.199	0.187	0.179	0.176
四川	0.178	0.176	0.175	0.183	0.178	0.185	0.17	0.159	0.149
贵州	0.153	0.152	0.155	0.157	0.144	0.154	0.141	0.125	0.130
云南	0.132	0.130	0.123	0.132	0.133	0.139	0.136	0.135	0.130
陕西	0.139	0.132	0.130	0.150	0.147	0.150	0.142	0.136	0.133
甘肃	0.122	0.113	0.106	0.113	0.104	0.117	0.100	0.101	0.100
青海	0.073	0.070	0.066	0.077	0.086	0.095	0.091	0.085	0.084
宁夏	0.097	0.090	0.089	0.104	0.103	0.096	0.095	0.096	0.099
新疆	0.150	0.137	0.133	0.141	0.138	0.143	0.133	0.133	0.131

　　本书将所有省份按照东部、中部、西部和东北四大经济区域进行划分，结果如图4-1所示。不难看出，东部地区仍是我国农产品流通现代化发展速度最快、规模最大、质量最高的经济区域，部分中部地区农产品流通现代化也取得了一定程度的进步，唯独广大西部地区和东北地区农产品流通现代化的发展陷入停滞局面。以上情形出现的最大原因，本书认为主

要是新冠疫情带来的冲击。

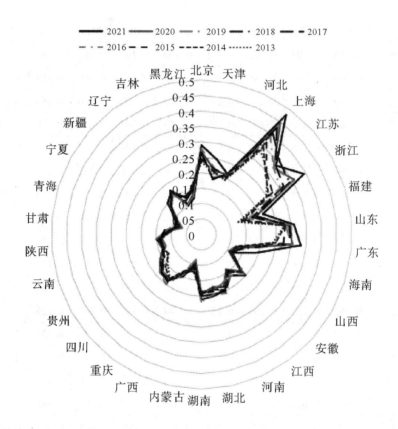

图 4-1　按经济区域划分的各省份农产品流通现代化指数

新冠疫情全球大流行，给世界经济发展和贸易稳定带来深远影响（焦点 等，2021），不可避免地作用于农业农村发展和农民持续增收（魏后凯 等，2020）。新冠疫情和自然灾害在加剧粮食供给不平衡、不稳定的同时，也导致世界粮食生产和供给局面发生了新变化（尹成杰，2021）。从世界范围来看，新冠疫情的加速蔓延使得全球农产品价格止跌回升，甚至出现大幅上涨；农产品供需从供应相对充足转向供不应求；农产品贸易也因限制性措施严重受阻，贸易规模显著下降（李先德 等，2020）。受疫情蔓延和防控措施的影响，我国农产品市场的外部可获得性降低、不稳定性增强、价格波动性扩大；内部农产品销售和农业投资呈减少趋势，农业生产活动和农产品流通状况出现生产成本提高、经营风险增加、农业劳动力短缺、农田管理困难、农产品供应链紊乱、农产品流通链中断、农产品需求起伏等系列负面影响。基于微观角度，孟光辉等（2020）研究发现新冠疫情对农业产业化龙头企业、畜禽水产养殖业、果蔬业的负面影响较大，而对粮食种植业的影响相对较小。并且疫情冲击不仅直接影响企业生产经营活动，还影响农业企业的带动服务能力，从而对带动链条下的各经营主体产生连锁反应（张延龙 等，2022）。此外，具体到乡村，部分地区疫情防控措施中明确禁止外来人员入村，封村、封路等措施直接影响了农产品的运输（蒋培，2020），导致农村物流中断，农产品出现产得出、运不出以及农业生产资料无法进村的情况（程国强 等，2020）。

但在此大背景下，不同地区、不同省份在应对疫情恢复生产方面受经济基础、产业结构、管理措施等影响存在明显差异。东部地区多为沿海省份和经济发达地区，拥有完善的物流网络和交通设施，在农产品生产和流通方面具有较强的物质基础和较高的组织能力，通过及时采取严格的防控措施，能迅速复工复产并推动农产品流通现代化发展。而中部地区农产品生产和流通受到严重冲击，但好在该地区贯通东西的交通网络便捷，具有较好的市场接驳能力，物流运输相对顺畅。至于西部地区和东北地区，其地域相对辽阔，而且西部地区交通运输网络相对薄弱，新冠疫情期间农产品交通运输较为困难，物流成本较高，货物周转停滞，恢复进程相对缓慢。当然，与其说西部地区和东北地区农产品流通在新冠疫情的冲击下出现了发展迟滞的迹象，相比于其他地区受新冠疫情的影响更为深远，不如说西部地区和东北地区农业生产和农产品流通发展进程在疫情冲击下基本保持稳定，展示出强大韧性和反弹力。

虽然新冠疫情从多个渠道、以多重方式对农民增收带来严重冲击，其中对工资性收入的影响尤为突出（程国强 等，2020），但值得注意的是，在此次新冠疫情冲击之后，数字经济在促进农村劳动者就业、推进农业农村产业转型升级、驱动农产品流通现代化等方面发挥了重要作用。农业农村可以通过数字化技术克服空间障碍，为更多的消费者提供服务，使数字经济成为农业农村升级的强大动力（钱明辉 等，2021）。农产品流通行业当然也要拥抱数字经济，以多种方式推进农产品市场流通变革，推动农产品流通领域与数字经济深度融合。同时，发展数字经济，打造农产品流通新业态，也是贯彻落实党和国家数字经济战略的重要创新举措。因此，本书研究二者的耦合发展状况及其对农户收入的影响是深刻揭示现实情况背后的运行逻辑的迫切需要。

聚焦个别省份，不难看出上海市在农产品流通现代化领域发展水平一骑绝尘。其原因可能在于：其一，上海市位于长江三角洲腹地并且沿海，处于中国东部经济发达地区的核心位置，区位优势显著的同时拥有雄厚的物流资源和发达的交通网络，为农产品的进出、中转和流通提供了极大的便利性；其二，上海市拥有一流的货物集散中心、批发市场和物流园区，这些现代化的物流基础设施为农产品集散、仓储和配送提供了有利的条件；其三，高效完善的电子商务平台和物流信息系统为其提供了必要的技术支持，便利了买卖双方进行供需精准对接和快速交易；其四，上海市是中国最大的城市，拥有庞大的人口规模和消费市场，而且上海民众对高品质、安全、绿色的农产品有着较高的消费需求，这为农产品流通现代化提供了巨大的市场空间和机会；其五，上海市政府高度重视布局发展农产品流通现代化，鼓励投资建设农产品物流园区、冷链物流设施、仓储配送中心、农产品电子商务平台、农产品市场监测系统、供应链追溯系统等，并给予相关项目的土地优先供应和租金税收减免等优惠政策支持。以上原因和优势相生相成、相得益彰，提高了上海市农产品流通效率和质量，推动了农产品流通现代化发展。

而我国农产品流通现代化发展收效极微的省份为青海省，原因可以归结为以下几个方面：一是自然环境的限制。青海省深居内陆，远离海洋，地处农业区和畜牧区的分水岭，兼具青藏高原、内陆干旱盆地和黄土高原的三种地形地貌，气候温差大，降水量少，寒冷干燥，夏季短暂，这些气候和自然环境增加了开展农业生产活动的风险和困难。二是农业生产技术相对低下。青海省的主导产业是牧业，而农业生产方式较为传统，缺乏先进的种植、养殖和管理技术，生产效率相对低下，难以满足和应对市场的需求和竞争。三是农产品加工能力较弱。青海省在农产品加工等领域相对滞后，缺乏高附加值和差异化农产品加工能力，这使得农产品流通环节缺乏竞争力和吸引力，限制了农产品流通现代化的发展。四是交通欠发达，物流设施相对匮乏。青海省整体呈现西高东低的态势，以各大山脉为全省地貌的基本骨架，平均海拔在 3 000~5 000 米的地区的面积占全省面积的76%以上，错综复杂的地形地势为交通网络的铺设带来了极大挑战。这使得青海省地区之间运输困难，物流成本极高，在很大程度上阻碍了农产品流通效率的提升和农产品流通现代化的发展。

五、农产品流通现代化分布动态、地区差异与收敛性研究

（一）中国农产品流通现代化分布动态演进

为了更为细致地捕捉农产品流通现代化的绝对差异和动态演进情况，本书运用核密度估计方法来探析全国整体以及四大区域内部数字经济发展水平的分布位置、整体态势、延展性和极化趋势四个方面的分布动态特征。

1. 全国整体层面

图4-2从整体上描绘了全国30个省、自治区、直辖市农产品流通现代化在样本观测期内的分布动态演进趋势。不难看出，随着时间的推移，整体分布曲线呈现"曲线略微右移、峰值不断下降、宽度逐渐扩大、右拖尾显著、双峰形态"的演进特征。下面具体展开分析。首先，全国分布曲线中心和变化区间轻微向右移动，表明我国农产品流通现代化水平有所提升但程度较轻，发展缓慢甚至陷入停滞。其次，主峰高度呈现出不断下降的演变趋势，曲线宽度逐渐扩大，这表明我国农产品流通现代化发展经历了不断扩散的变化历程，国内省份农产品流通现代化发展的绝对差异趋向缓慢扩大态势。再次，历年曲线均有显著的右拖尾特征，表明农产品流通现代化存在省份极化特征，农产品流通现代化水平高于均值的省份较多且形成集聚，农产品流通现代化空间分布不均衡。最后，从分布极化现象来看，全国样本孕育出"双峰"形态，显示出两极分化的空间演变格局，并

且侧峰逐渐趋向平缓，表明这种极化现象得到部分改变，但仍具有一定的梯度效应和分化态势。要而言之，整体上，我国农产品流通现代化发展缓慢，呈现略微停滞态势，内部省际差距随着时间的推移略有扩大，空间分布不均衡，两极化发展势头有所放缓。

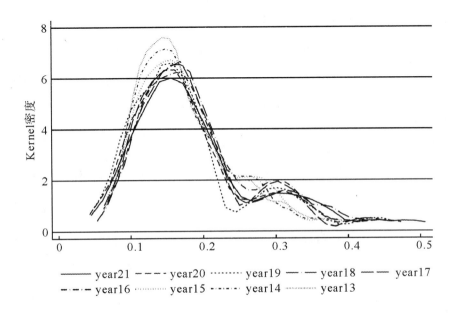

图4-2 全国农产品流通现代化指数的分布动态

多年来，我国农产品流通渠道一直存在信息流中断、集约化程度低、需求响应慢、供给体系质量和效率低下等问题（赵晓飞 等，2020）。而大数据等信息数字技术的到来为农产品流通带来了更加广阔的发展空间和发展机会，在优化农产品流通系统和农产品供应链资源的同时，一定程度上解决了流通中交易者之间的信息不对称问题，减少了农产品流通环节，降低了农产品流通成本。但事实上，我国农产品流通方式、流通渠道虽然呈现多元化发展的趋势，但现代化总体发展水平不高，流通效率仍然低下，传统流通方式依旧占据主流，现代化流通体系尚处于建立初期，这与郑琛誉等（2018）得出的结论不谋而合。

2. 东部地区层面

图 4-3 显示了我国东部省份农产品流通现代化在观测期内的动态演进趋势。从波峰的移动来看，东部地区分布曲线中心和变化区间呈现"右移—左移—右移"的移动轨迹，说明东部地区农产品流通现代化总体上以 2018 年为分界点表现为"上升—回落—上升"的变化趋势，个中缘由很大可能与新冠疫情有关。在疫情冲击下，农产品市场对接受限，农产品流通渠道堵塞，农产品滞销等供需矛盾凸显（王昕天 等，2022），致使农产品流通现代化进程发展受阻。从波峰的高度和宽度来看，研究期内核密度曲线波峰高度先显著下降后轻微上升，波峰宽度不断扩大，说明东部地区内部省份农产品流通现代化发展呈现出先不断发散后轻微集中化的趋势，东部省份之间农产品流通现代化的绝对差异不断拉大，即农产品流通现代化的东部省际差距逐渐扩大。从分布趋势来看，核密度曲线存在轻微右拖尾现象，说明多存在农产品流通现代化水平较高的省份，比如上海、浙江、广东和江苏；从极化情况来看，东部地区的农产品流通现代化在研究期内始终仅有一个波峰，表明东部地区的农产品流通现代化发展趋向一致，不存在两级甚至多级分化趋势。总而言之，东部地区农产品流通现代化水平受新冠疫情的影响呈现出"提高—下降—提高"的态势，并且内部省际差距不断拉大。

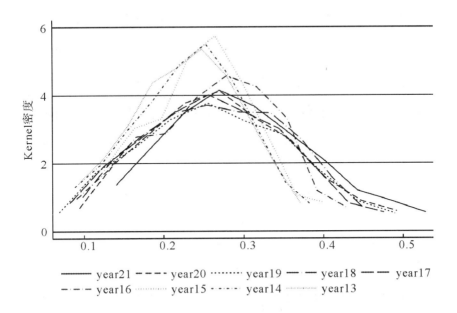

图 4-3　东部地区农产品流通现代化指数的分布动态

3. 中部地区层面

图 4-4 显示了我国中部地区农产品流通现代化在观测期内的分布动态演进趋势。从分布位置看，观测期内中部地区分布曲线中心和变化区间随时间的推移呈现出"右移—左移—右移—左移—右移"的复杂、反复演变趋势。具体来看，中部地区农产品流通现代化在 2016 年之前稳步提升，2016—2017 年略微下降，2017—2018 年有所恢复，2018—2019 年受挫迅猛，2019 年以后轻微上升。以上演进历程凸显了新冠疫情对中部地区农产品流通现代化发展的驳杂冲击。

波峰高度呈现"下降—上升—下降—上升—下降—上升"的变化历程，具体表现为：2013—2016 年，波峰持续走低；2016—2017 年，波峰有所回升；2017—2018 年，波峰小幅回落；2018—2019 年，波峰大幅上升；

2019—2020 年，波峰骤降；2020—2021 年，波峰再度攀升。总体而言，波峰宽度趋于扩大，说明中部地区农产品流通现代化发展的离散程度表现出"发散—集中—发散—集中—发散—集中"的反复无常来回波动的状态趋向，且中部地区内部省份农产品流通现代化发展的绝对差异在不断扩大。

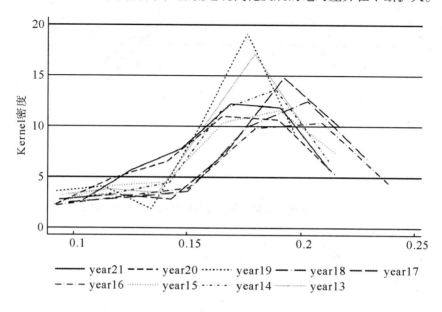

图 4-4　中部地区农产品流通现代化指数的分布动态

从分布延展性看，中部地区分布曲线存在明显的左拖尾现象，表明中部地区农产品流通现代化发展低于均值的省份较多，空间分布不均衡。从波峰演变过程看，中部地区核密度曲线在观测期内始终维持单峰状态，不存在区域多极化现象。

概言之，中部地区受新冠疫情的猛烈冲击且反复不定，现代化发展水平和发展集散程度升降往复，实则 2021 年中部地区农产品流通现代化和2013 年相差无几，但发展更为分散，省际差距不断拉大，且农产品流通现代化水平质量偏低的省域依然大量存在。

4. 西部地区层面

图 4-5 显示了我国西部地区农产品流通现代化在样本观测期内的分布动态演进趋势。其分布动态呈现出如下 4 个特征：第一，观测期内西部地区分布曲线中心和变化区间呈现出缓慢右移的行动轨迹，这表明西部地区的农产品流通现代化正在以极慢的发展速度逐步提高。第二，西部地区核密度曲线的峰值经历了"大幅下降—迅猛回调—持续减小—轻微回升"的演变历程，波峰宽带显示出逐步扩宽的态势。这说明西部地区农产品流通现代化的发展趋势历经"集中—分散—集中—分散—集中"的变化过程，且西部地区内部省份的绝对差异正在不断拉大。第三，西部地区分布曲线出现略微左拖尾现象，意味着我国西部地区内部省份中农产品流通现代化水平低于均值的省份略多，且现代化水平偏低的省份和其他省份之间的差异逐渐变大。第四，西部地区核密度曲线在样本观测期内一贯保持着单峰形态，内部省份农产品流通现代化发展趋向一致，不存在发展多极化现象。总而言之，近年来，西部地区农产品流通现代化有着轻微提升，但农产品流通现代化水平偏低的省份稍多，且内部省际差距在不断扩大。

其原因在于以下几点：其一，西部地区地形、地势、地貌复杂，山区、高原、盆地、荒漠等门类齐全，沟壑纵深，铺设现代化交通网络和物流设施的难度和挑战大，导致农产品运输难、成本高、速度慢，极大地限制了农产品流通的效率和规模；其二，西部地区农业生产方式相对传统，农业机械化体量和科技应用程度偏弱，同时缺乏规范化、标准化的农产品生产管理体系，影响了农产品流通的质量和效益；其三，西部地区农产品流通相对缺乏有效的市场机制和信息交流渠道，农产品供需信息不对称，致使农产品难以高效、精准地匹配市场需求。

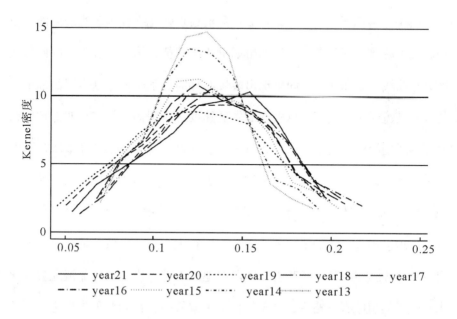

图4-5　西部地区农产品流通现代化指数的分布动态

5. 东北地区层面

图4-6展示的是样本期内我国东北地区农产品流通现代化的分布动态演进趋势。

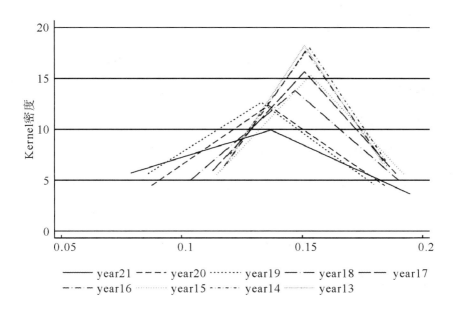

图 4-6 东北地区农产品流通现代化指数的分布动态

首先，不难发现，东北地区分布曲线中心和变化区间先后经历了"略微右移—加速向左—转向右移"的演变历程。具体来看，2013—2014 年，分布曲线稍微向右移动；2014—2019 年，大幅转为左移；2019—2021 年，分布曲线重新回调右移。这表明东北地区农产品流通现代化先是略有提升，但在遭受猛烈冲击后迅速回落，进入观测后期有所回调。本书认为东北地区早在 2014 年后农产品流通现代化水平就已开始走低的原因如下：第一，随着近年来东北地区经济发展和产业结构调整，农业发展增速缓慢，但消费市场对农产品多样性、安全性、高品质的要求却在不断提高，此消彼长，使得东北地区农产品流通早早衰退；第二，由于东北地区迫切需要为振兴而转型崛起，因此农产品流通现代化发展受到的政府政策支持和金融服务相对不足，极大地阻碍了农产品流通现代化进程。

其次，东北地区波峰出现了一定幅度的持续下落，曲线宽度也在不断走宽，这说明东北地区农产品流通现代化发展显示出分散化趋势，内部省份之间的绝对差距在不断扩大，发展失衡严重。

再次，分布曲线两侧并未出现明显的拖尾现象，表明东北地区尚不存在农产品流通现代化发展水平极高或极低的省份。

最后，从分布极化特征来看，东北地区在观测期内始终维持着单峰状态，发展趋向一致，不存在区域多极化现象。要而言之，我国东北地区农产品流通现代化发展进程受转型崛起和疫情冲击的双重影响，导致其 2021 年农产品流通现代化发展水平稍低于过往年份，并且内部省际差距不断扩大。

为了便于总结，将上述分析汇总，得到表 4-3。

表 4-3　中国农产品流通现代化发展分布动态的演变特征归纳

地区	分布位置	主峰分布形态	分布延展性	极化情况
全国	略微右移，几近停滞	峰值下降，宽度变大	右拖尾	微弱两极分化
东部	略微右移，几近停滞	峰值下降，宽度变大	右拖尾	单极
中部	来回反复，陷入停滞	峰值下降，宽度变大	左拖尾	单极
西部	略微右移，几近停滞	峰值下降，宽度变大	左拖尾	单极
东北	左移	峰值下降，宽度变大	无拖尾	单极

依据表 4-3 分析可得，近年来，全国整体及四大经济区域农产品流通现代化发展进程略有推进但几乎陷入停滞局面。其中，东北地区受转型崛起和疫情冲击的双重影响，农产品流通现代化发展甚至早在 2014 年后就已

产生倒退。此外，全国各区域的农产品流通现代化发展不均衡，趋向分化态势，省际差距正在逐步扩大，并且整体上出现微弱的两极分化现象，表明农产品流通现代化发展存在一定的梯度效应。

（二）中国农产品流通现代化发展的区域差异及来源分解

1. 总体空间差异及其演变趋势

为进一步探究中国农产品流通现代化发展的空间相对差异及其来源，本书根据 Dagum（1997）提出的基尼系数及子群分解法，将中国农产品流通现代化总体差异分解为组内差异、组间差异和超变密度三部分。组内差异是指东部、中部、西部、东北地区各自内部的差异；组间差异是指东部-中部、东部-西部、东部-东北等区域之间的差异；而超变密度反映的是不同区域之间的交叉重叠对总体差距的影响。前文已详细阐述相关过程，此处不赘述。具体结果如表 4-4 所示。

表 4-4　中国农产品流通现代化的地区差异及其分解结果

Dagum 基尼系数		年份				
		2013	2014	2015	2016	2017
总体基尼系数		0.190	0.195	0.201	0.210	0.220
分解项及贡献	组内差异	0.037	0.038	0.039	0.042	0.044
	贡献率/%	19.261	19.610	19.651	19.864	19.934
	组间差异	0.139	0.140	0.144	0.149	0.159
	贡献率/%	72.894	71.888	71.669	70.978	72.565
	超变密度	0.015	0.017	0.017	0.019	0.016
	贡献率/%	7.845	8.501	8.680	9.157	7.502

表4-4（续）

组内 差异	东部	0.153	0.156	0.154	0.160	0.177
	中部	0.081	0.088	0.091	0.101	0.088
	西部	0.056	0.056	0.065	0.057	0.065
	东北	0.102	0.112	0.124	0.129	0.128
组间 差异	东-中	0.198	0.200	0.212	0.216	0.227
	东-西	0.226	0.234	0.242	0.276	0.284
	东-东北	0.298	0.304	0.311	0.318	0.336
	中-西	0.096	0.102	0.104	0.132	0.129
	中-东北	0.163	0.167	0.163	0.172	0.176
	西-东北	0.112	0.114	0.122	0.110	0.114

Dagum 基尼系数		年份			
		2018	2019	2020	2021
总体基尼系数		0.218	0.246	0.241	0.249
分解项 及贡献	组内差异	0.043	0.049	0.046	0.043
	贡献率/%	19.759	19.946	19.164	17.182
	组间差异	0.160	0.180	0.181	0.196
	贡献率/%	73.390	73.184	75.052	78.423
	超变密度	0.015	0.017	0.014	0.011
	贡献率/%	6.851	6.869	5.784	4.395
组内 差异	东部	0.168	0.187	0.173	0.157
	中部	0.091	0.082	0.094	0.083
	西部	0.076	0.092	0.092	0.136
	东北	0.132	0.159	0.147	0.112

表4-4(续)

组间 差异	东-中	0.221	0.262	0.264	0.286
	东-西	0.300	0.349	0.344	0.386
	东-东北	0.332	0.371	0.368	0.392
	中-西	0.141	0.140	0.134	0.145
	中-东北	0.173	0.170	0.161	0.147
	西-东北	0.113	0.135	0.128	0.136

　　同时，为了更加直观地把握中国农产品流通现代化发展的区域差异、总体差异及其来源，我们将表4-4中数据绘制成折线图和柱状图。图4-7描绘了样本观测期内我国农产品流通现代化发展的总体空间差异及其分解项的演变趋势。

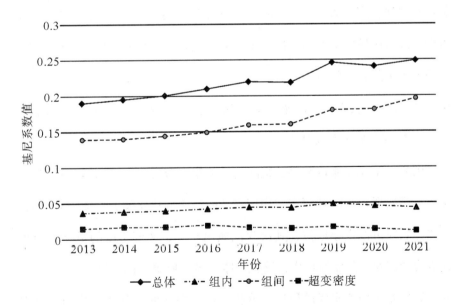

图4-7　总体基尼系数及其分解项的演进

从图4-7可知，样本期内中国农产品流通现代化发展的总体差异呈波动上升趋势，表明省际农产品流通现代化发展差距在不断扩大，整体呈现明显的分化态势。基于具体数值分析，总体基尼系数从2013年的0.190上升至2021年的0.249，涨幅约为31.05%，年均增长率约为3.52%，仅有2018年和2020年两年出现基尼系数负增长，说明全国各省份之间农产品流通现代化发展愈发趋向不平衡的发展局势。

值得一提的是，组间差异的变化趋势和总体差异曲线的演进趋势保持高度统一，这体现出总体差异的变动极有可能取决于组间差异，且组间基尼系数由2013年的0.139升至2021年的0.196，涨幅高达41.01%，"高居榜首"，意味着四大经济区域之间农产品流通现代化发展不平衡不充分的局势愈演愈烈；而组内差异曲线数值相对较小，呈平缓上升趋势，象征着四大经济区域内部差异正在缓慢扩大；此外，超变密度曲线是四者中唯一呈波动下降趋势的曲线，从2013年的0.015跌落至2021年的0.011，降幅为26.67%，代表不同区域交叉重叠问题对总体差异的影响稍有减弱。

2. 地区差异来源及其贡献

图4-8展示了组内差异、组间差异和超变密度分别对总体差异的贡献率。不难发现，2013年以来，中国农产品流通现代化发展总体差异中区域间差异始终占据主导地位，其次为区域内差异，超变密度的贡献则最小。这表明中国农产品流通现代化发展整体差异主要源于四大经济区域间的差异。聚焦差异来源演变过程进行分析，组内差异的贡献率变化相对稳定，观测期内其贡献率基本维持在19.37%左右，曲线主要经历了"微弱上升—轻微回调—略有上升—小幅下降"的变化过程；而区域间差异的贡献率

呈波动上升趋势，观测期内贡献率均值为 73.34%，演变过程表现为"W"形，大致可以分为四个阶段：2013—2016 年，组间贡献率持续走低；2017—2018 年，贡献率稳步回升；2019 年，贡献率轻微降至 73.18%；2020—2021 年，区域间贡献率大幅提高；超变密度的贡献率在观测期内走势与区域间差异贡献率相反，呈波动下降态势，其波动变化过程大致呈"M"形：2013—2016 年，贡献率平稳上升；2017—2018 年，贡献率略有下降；2019 年，贡献率轻微回调至 6.869%；随后，贡献率大幅下降，2021 年超变密度贡献率仅有 4.40%，观测期内贡献率均值为 7.29%。

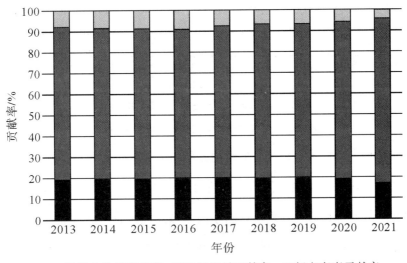

图 4-8　总体基尼系数三人分解项贡献率

值得注意的是，2019 年是区域间差异和超变密度二者贡献率大幅转变的关键节点，这再次印证了新冠疫情冲击加剧了我国四大区域之间农产品流通现代化发展不均衡矛盾，即四大经济区域间差异因新冠疫情的扩散而放大。

3. 地区内差异及其演变趋势

图4-9刻画了我国四大经济区域内部差异的演进过程。

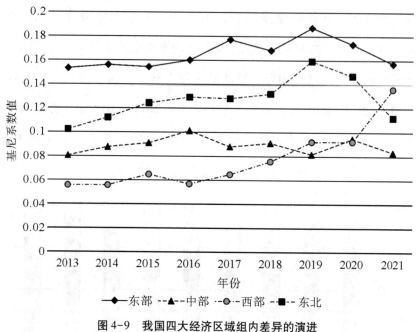

图4-9 我国四大经济区域组内差异的演进

整体而言,四大经济区域的组内差异均呈现波动上升的变化态势。

首先,按基尼系数数值高低进行排序,分别是东部地区、东北地区、中部地区和西部地区。在样本观测期内,东部地区农产品流通现代化发展的内部差异在全国范围内始终居于"领先"位置,表明东部地区内部省份农产品流通现代化发展不平衡程度趋高。且东部组内差异基尼系数均值为0.165,观测期内涨幅为2.61%,区域内差异表现出微弱扩大趋势,曲线走势呈"M"形;若非受新冠疫情影响,组内差距有进一步扩大的态势。

东北地区内部差异基尼系数则"屈居"第二,曲线演变趋势大体可以分为两个阶段:2013—2019年,区域内部差距不断扩大,基尼系数不断攀升；随后，受新冠疫情猛烈冲击，组内差异大幅缩小，疫情期间东北地区内部差异曲线的跌幅约为 29.56%，而观测期内总体涨幅仅为 9.80%。

其次，中部地区内部差异在观测期内略有波动，但总体走势趋向稳定，观测期内涨幅约为 2.47%，新冠疫情期间曲线波动幅度为 1.22%，表明中部地区农产品流通现代化发展相对均衡，受新冠疫情的影响最小。

最后，西部地区内部省份差异上升趋势明显，表明在观测期内西部地区农产品流通现代化发展内部差异在逐步扩大，整个观测期内涨幅约为 142.86%。2021 年西部地区内部差异的基尼系数为 0.136，而 2013 年则为 0.056，从数值上看西部地区组内差异扩大了约 1.43 倍；其中，新冠疫情期间提升幅度为 42.83%，意味着新冠疫情对西部地区农产品流通现代化发展的冲击最为强烈，并迅速拉大了西部地区内部省际发展差距。

4. 地区间差异及其演变趋势

图 4-10 显示了我国四大经济区域间差异的演进过程。不难发现，四大区域组间差异在研究期内大多呈现上升扩大态势，唯独中部和东北地区之间农产品流通现代化发展差距反而表现出收敛缩小趋势，表明在组间差异整体上升的大趋势下，中部地区和东北地区的发展逐渐趋同。

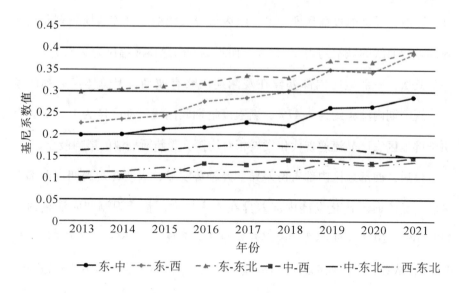

图 4-10　我国四大经济区域组间差异的演进

　　从数值差异大小的角度看，东部和东北地区的区域间基尼系数最大，样本观测期内均值为 0.337；东部地区和西部地区次之，观测期内均值为 0.293；东部地区和中部地区紧随其后，观测期内均值为 0.232。而中部和东北地区、西部和东北地区以及中部和西部地区的组间基尼系数相对较小，观测期内均值分别为 0.166、0.120 和 0.124，这说明在样本观测期内，中国农产品流通现代化发展的区域间差异主要是由差异最大的东部和东北地区、东部和西部地区及东部和中部地区三组区域间差异带来的，而三组均涉及东部地区，表明全国东部地区与其他经济区域之间发展不平衡的问题极为严峻。

　　从曲线走势及变动幅度展开分析，东部和东北地区间差异虽最大，但观测期内涨幅为 31.54%，并非最高。其中，新冠疫情期间涨幅仅为 5.66%，位列中游。而东部和西部地区之间差异快速加大，观测期内总体加大 70.80%，疫情期间加大 10.60%，两类均居榜首，说明东部和西部之间的发展差异受疫情的影响最大。东部和中部地区组间差异呈波动上升趋势，在观测期内加大 44.44%，疫情期内加大 9.16%。西部和东北地区组间差异曲线与中部和西部地区曲线交叉，均呈现微弱上升趋势，但其间上升幅度略有差异。前者观测期内整体上升 21.43%，疫情间上升 0.74%，意味着西部和东北地区组间差异受疫情冲击最小；而后者观测期内总体上升 51.04%，疫情期间上升 3.57%，在 2015 年后，后者组间差异实现了对前者的反超领先。此外，中部和东北地区间差异在整体观测期内缩小 9.82%，疫情期间缩小 13.53%，表明新冠疫情的冲击反而缩小了中部和东北地区之间农产品流通现代化发展的省际差距，致使二者发展更协调。

概言之，从整体空间差距来看，样本期内中国农产品流通现代化发展的总体差异呈波动上升趋势，表明省际农产品流通现代化发展差距在不断扩大，整体呈现明显分化态势。并且，总体差距的主要来源区域间差异也在逐步增大，意味着四大经济区域之间农产品流通现代化发展不平衡不充分的局势愈演愈烈。

基于地区内部差异分析，东部地区内部省份农产品流通现代化发展不均衡的矛盾最突出，但西部地区内部差异扩大幅度最大，整体观测期内扩大幅度约为 142.86%。

聚焦地区间差异可以看出，四大区域组间差异在研究期内大多呈现上升扩大趋势，唯独中部和东北地区之间农产品流通现代化发展差距反而表现出收敛缩小趋势，并且新冠疫情的冲击放大了四大区域间发展差异。

（三）中国农产品流通现代化发展的收敛性检验与结果分析

1. σ 收敛检验与结果分析

为了保证研究过程的科学性、合理性及承续性，本书继续选用变异系数分析验证样本观测期内中国农产品流通现代化发展 σ 收敛性。全国整体及四大经济区域的 σ 系数结果呈现见表4-5。

表4-5　中国农产品流通现代化发展 σ 收敛结果

年份	全国	东部	中部	西部	东北
2013	0.352	0.271	0.166	0.191	0.147
2014	0.359	0.278	0.170	0.203	0.155
2015	0.370	0.276	0.179	0.223	0.170
2016	0.386	0.288	0.193	0.232	0.216
2017	0.416	0.315	0.184	0.231	0.222
2018	0.409	0.295	0.180	0.235	0.257
2019	0.471	0.333	0.169	0.281	0.301
2020	0.460	0.310	0.176	0.260	0.296
2021	0.476	0.283	0.154	0.243	0.358

为了更加形象、直观地反映我国农产品流通现代化发展的 σ 收敛特性，本书选择将表4-5数据绘制成趋势折线图，详情见图4-11。

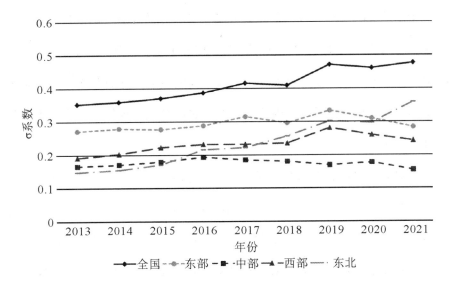

图 4-11　全国及四大经济区域农产品流通现代化发展的 σ 收敛演进趋势

首先，聚焦全国范围，农产品流通现代化发展总体呈稳步上升的动态变化过程，σ 系数并未随时间的推移而缩小，因此全国农产品流通现代化发展并不具有 σ 收敛特征。全国层面观测期内 σ 系数均值为 0.411，整体涨幅为 35.29%，年均涨幅为 3.975%，其中，2018—2019 年疫情期间涨幅最大，达 15.176%，以上反复证明了新冠疫情的出现的确使得全国范围内农产品流通现代化的发展水平陷入停滞、发展差距不断扩大，发展态势趋向发散。

其次，着眼于四大经济区域层面，先从东部展开分析。东部地区农产品流通现代化发展表现为平缓的波动上升趋势，样本观测期内涨幅为 4.265%，年均涨幅为 0.79%，为所有区域中变动幅度最为缓和的地区，但由于 σ 系数并不具备随时间推移而衰减的特性，因此东部地区农产品流通现代化发展不具备 σ 收敛特征。

　　中部地区的 σ 收敛曲线呈现"涨落交替、波动下降"的演进趋势，观测期内 σ 系数的均值为 0.175，2021 年相较于 2013 年跌幅约为 6.918%。但值得注意的是，虽然 σ 曲线总体表现出微弱波动下降的态势，但 σ 系数并未随时间的推移而递减，因此中部地区农产品流通现代化发展也不具备 σ 收敛特征。

　　西部地区的 σ 收敛曲线呈现波动上升的动态演化轨迹，样本观测期内 σ 系数的均值为 0.233。2021 年其 σ 系数为 0.243，相比于 2013 年的 0.191，上浮了 27.225%，年均涨幅为 3.393%。基于 σ 收敛曲线浮动向上的运动轨迹以及 σ 系数趋向增大的变化趋势，可以轻易知道西部地区农产品流通现代化发展不符合 σ 收敛。

　　值得一提的是，东北地区是我国四大经济区域中 σ 系数上升幅度最大、提升速度最快的区域，样本观测期内涨幅高达 143.112%，年均数值上升幅度达到 12.117%，并先后于 2015 年和 2017 年领先中部和西部地区。但遗憾的是，东北地区农产品流通现代化发展依旧不具备 σ 收敛特征。

　　概言之，我国整体及东部、中部、西部、东北四大经济区域农产品流通现代化发展均不存在 σ 收敛特征，但为了多维度全面、深入剖析其收敛特性，应当继续进行后续收敛性研究。

　　2. β 收敛检验与结果分析

　　（1）绝对 β 收敛分析

　　为了精准把握我国农产品流通现代化发展的收敛性特征，本书构建了普通面板回归模型，以检验全国及四大经济区域农产品流通现代化发展的 β 收敛趋势，检验结果如表 4-6 所示。显而易见，除东北地区外，全国整体、东部、中部及西部的估计系数 β 显著为负，表明全国和东、中、西部地区均存在绝对 β 收敛特征，而东北地区农产品流通现代化发展并未呈现绝对 β 收敛态势，即若不考虑某些经济社会因素对农产品流通现代化发展的影响，单纯从初始条件出发，则东北三省农产品流通现代化发展随着时间的推移会愈发分散，内部省际差距不断扩大。

表 4-6 全国及四大经济区域农产品流通现代化发展的绝对 β 收敛检验结果

变量	全国	东部	中部	西部	东北
β	−0.199*** (0.051 7)	−0.392*** (0.102)	−0.631*** (0.203)	−0.328*** (0.083 0)	0.023 6 (0.251)
α	−0.149*** (0.054 4)	−0.379*** (0.109)	−1.068*** (0.351)	−0.666*** (0.172)	0.042 7 (0.517)
时间固定效应	YES	YES	YES	YES	YES
省份固定效应	YES	YES	YES	YES	YES
收敛速度/%	2.465	5.529	11.077	4.417	
半收敛周期	28.12	12.537	6.258	15.693	
样本量	240	80	48	88	24
R^2	0.523 4	0.488 2	0.742 6	0.641 0	0.763 1

注：*、**、*** 分别代表在 10%、5%、1%的显著性水平下显著，括号内的数值为标准误。

从收敛结果看，各经济区域的收敛速度和收敛周期均有所不同，东部、中部和西部地区的收敛速度快于全国速度，收敛周期短于全国周期，其中，中部地区的收敛速度最快、收敛周期最短、趋同效应最强。这表明农产品流通现代化发展水平最高的东部地区具有较慢的收敛速度，而农产品流通现代化发展水平相对较低的中部地区却有着较快的收敛速度，这大体上符合新古典经济学中关于收敛的理论阐述。其原因可能在于，中部地区内部省份具备相似的地理区位优势、资源气候环境等客观因素，致使农产品流通现代化发展差距相对较小，因此收敛速度远快于其他区域。

值得注意的是，东北地区农产品流通现代化发展并未表现出绝对 β 收敛趋势，但综合考虑其他诸如经济发展水平、教育集聚能力、地方财政支出、城镇化率等可能会对农产品流通现代化发展施加影响的因素后，东北地区的收敛性又会如何变化呢？因此，需要对其进行后续的条件 β 收敛分析。

（2）条件 β 收敛分析

样本观测期内全国层面及四大经济区域农产品流通现代化发展的条件 β 收敛检验结果如表4-7所示。不难看出，全国整体及四大区域的估计系数 β 均小于0，且至少通过了10%的显著性水平检验，这表明全国整体及四大区域的农产品流通现代化发展均存在条件 β 收敛现象，这也意味着在统筹把握经济发展水平、教育集聚能力、地方财政支出等经济社会影响因素后，各省份的农产品流通现代化发展会逐步趋近自身稳态水平。

表4-7　全国及四大经济区域农产品流通现代化发展的条件 β 收敛检验结果

变量	全国	东部	中部	西部	东北
β	-0.221 *** (0.057 7)	-0.431 *** (0.126)	-0.712 *** (0.227)	-0.660 *** (0.111)	-0.858 * (0.454)
lnEdu	-0.032 2 (0.094 3)	-0.237 (0.279)	0.274 (0.323)	0.071 3 (0.114)	-0.595 (0.746)
lnGov	-0.028 0 (0.067 4)	-0.178 (0.110)	-0.070 0 (0.236)	0.401 ** (0.185)	0.078 5 (0.119)
lnStru	-0.022 5 (0.058 9)	0.161 (0.218)	-0.188 (0.143)	0.176 (0.115)	0.096 2 (0.126)

表4-7(续)

变量	全国	东部	中部	西部	东北
lnPgdp	0.081 1 (0.117)	0.535 * (0.288)	0.153 (0.408)	0.301 (0.238)	0.095 4 (0.817)
lnFore	0.038 6 *** (0.011 6)	0.057 6 *** (0.015 9)	0.008 95 (0.028 3)	0.021 0 (0.021 9)	−0.045 2 (0.041 2)
lnUrb	−0.316 ** (0.158)	0.138 (0.259)	−0.616 (0.686)	0.711 ** (0.349)	−2.665 (3.032)
α	1.128 * (0.625)	−1.326 (1.480)	0.526 (2.044)	−5.840 *** (1.392)	10.30 (10.41)
时间固定效应	YES	YES	YES	YES	YES
省份固定效应	YES	YES	YES	YES	YES
收敛速度/%	2.775	6.265	13.831	11.987	21.688
半收敛周期	24.978	11.064	5.012	5.782	3.196
样本量	240	80	48	88	24
R^2	0.557 5	0.640 1	0.785 7	0.741 3	0.915 7

注：*、**、*** 分别代表在 10%、5%、1% 的显著性水平下显著，括号内的数值为标准误。

在综合权衡这些经济社会影响因素后，全国整体及四大经济区域的收敛速度均有一定水平的提升，收敛周期也有一定程度的缩短。值得一提的是，东北地区在综合考虑相关经济社会特质后，也表现出了收敛迹象，其收敛速度最快、收敛周期最短、收敛势头最猛，表明相关经济社会特征对其收敛的加速效果更为显著。

再来看各类控制变量。一看便知，除了西部地区政府财政支出比率（Gov）的回归系数显著为正外，全国整体、东部、中部和东北地区的回归系数符号各异且均不显著，意味着西部地区政府财政支出比率的提高可以有效推动该区域农产品流通现代化发展；东部地区经济发展水平（Pgdp）

的回归系数显著为正且数值较大，而在全国整体层面及其他区域虽呈正向影响但并不显著，表明经济发展水平的持续提高有助于促进农产品流通现代化水平提升；全国整体范围和东部地区外商投资规模（Fore）的回归系数均显著为正但数值较小，表明外商投资规模的扩大对于缩小全国整体，尤其是东部地区的农产品流通现代化水平作用显著；而全国整体城镇化率（Urb）的回归系数显著为负，但西部地区却显著为正，表明城镇化率的提高会从整体上缩小农产品流通现代化发展的区域差距，并进一步推动西部地区农产品流通现代化发展；至于教育集聚水平（Edu）和产业结构高级化（Stru），其对全国整体及四大经济区域的影响不尽相同，且均不显著，无法做出合理判断。

要而言之，仅当考虑初始条件时，除东北地区外，全国整体及东、中、西部地区农产品流通现代化发展均存在绝对 β 收敛特征；但统筹考虑相关经济社会特质后，全国整体及四大区域的农产品流通现代化发展都呈现条件 β 收敛趋势，且收敛速度进一步加快。其中，相关经济社会特征对东北地区趋向收敛的提速效果最为突出。就控制变量而言，政府财政支出比率的提高可以有效提升西部地区农产品流通现代化发展水平；在东部地区，经济发展水平与农产品流通现代化发展存在紧密的正向关系；外商投资规模的扩大则会对促进全国整体尤其是东部地区农产品流通现代化发展做出突出贡献；而城镇化率对全国整体和西部地区的影响方向正好相反，从整体上缩小全国发展差异的同时，促进西部地区农产品流通现代化发展水平提升。此外，教育集聚水平和产业结构高级化对农产品流通现代化发展的影响并不显著，无法推测其作用效果。

3. 俱乐部收敛检验和结果分析

由于农产品流通本身具有的空间特质，各地生产的农产品借助日益创新拓宽的流通渠道进行跨区、跨省、跨国销售流通已是常态，因此，我国农产品流通现代化发展在很大程度上存在省份之间跨区域收敛的可能。为此，本书意图继续对样本观测数据进行俱乐部收敛的识别和检验，希望更为全面、深入、客观地揭示我国农产品流通现代化发展的收敛性特征。

为此，本书对 2013—2021 年我国 30 个省、自治区、直辖市的农产品流通现代化指数进行 Logit 检验，具体结果见表 4-8。实证结果表明，全国整体样本 Logit 检验得到的 t 统计量为-27.823，远小于-1.65，表明在 5% 的显著性水平下拒绝农产品流通现代化发展整体收敛的原假设。据此判断，就农产品流通现代化发展而言，在样本观测期内这 30 个省、自治区、直辖市并没有向同一稳态均衡收敛，但仍不能排除部分省份间存在农产品流通现代化发展趋同收敛的可能性。

表 4-8　全国范围农产品流通现代化发展的收敛检验

	系数	标准误	t 值
Logit	-1.664	0.060	-27.823

为进一步识别潜在的农产品流通现代化收敛俱乐部，本书采用 Phillips 和 Sul（2007，2009）提出的收敛和聚类算法对我国 30 个省、自治区、直辖市进行分析检验，以判断这 30 个样本省份究竟是全部发散的还是形成了某些收敛俱乐部。对样本省份收敛俱乐部的初始识别如表 4-9 所示。

表4-9　中国30个省、自治区、直辖市农产品流通现代化发展

收敛俱乐部初始分类

俱乐部	成员数量	Logit回归系数	t 值	成员组合
俱乐部一	2	-0.459	-1.485	上海、浙江
俱乐部二	2	3.421	1.253	广东、江苏
俱乐部三	2	-0.048	-0.046	北京、山东
俱乐部四	5	0.071	0.165	天津、河北、海南、湖南、福建
俱乐部五	9	0.165	0.507	四川、安徽、广西、新疆、河南、湖北、贵州、辽宁、重庆
俱乐部六	6	0.607	0.934	云南、山西、江西、甘肃、陕西、黑龙江
俱乐部七	3	0.817	0.894	内蒙古、吉林、宁夏
发散组	1			青海

　　聚类检验结果显示这30个省、自治区、直辖市共形成了7个收敛俱乐部和1个发散组。表4-9中的第2至9行给出了这7个俱乐部和1个发散组所含成员个数、Logit检验系数及 t 统计量。显然，7个俱乐部检验得到的 t 统计量均大于-1.65，因此，在5%的显著性水平下均接受单个俱乐部内部收敛的原假设。

　　然而，这种聚类机制会找到比实际数量更多的俱乐部，因此需要对初始分类的收敛俱乐部进行合并检验。表4-10给出了俱乐部合并检验结果。由表可知，俱乐部二和俱乐部三合并检验的 t 统计量为-1.507，大于5%的显著性临界值-1.65，因而二者可以合并成同一个俱乐部。而其他俱乐部合并检验的 t 统计量均小于-1.65，无法进行两两俱乐部合并。该合并检验机制从侧面印证了由聚类检验识别出的6个俱乐部的稳健性。

表 4-10　初始收敛俱乐部的合并检验

初始分类	成员数量	俱乐部合并检验	Logit 回归系数（t）	最终分类
俱乐部一	2	俱乐部一+俱乐部二	−1.924（−7.896）	俱乐部一
俱乐部二	2	俱乐部二+俱乐部三	−1.079（−1.507）	俱乐部二
俱乐部三	2	俱乐部三+俱乐部四	−0.493（−1.899）	
俱乐部四	5	俱乐部四+俱乐部五	−0.849（−7.710）	俱乐部三
俱乐部五	9	俱乐部五+俱乐部六	−0.641（−3.286）	俱乐部四
俱乐部六	6	俱乐部六+俱乐部七	−0.797（−3.272）	俱乐部五
俱乐部七	3	俱乐部七+发散组	−1.083（−2.753）	俱乐部六
发散组	1			发散组

注：圆括号内的数值为 t 值。

由此，借助基于非线性时变因子模型构造的 Logit 检验和聚类分析检验，本书发现当前中国 30 个省、自治区、直辖市在 2013—2021 年 9 年的农产品流通现代化发展轨迹中形成了 6 个收敛俱乐部和 1 个发散组，具体分类见表 4-11。

表 4-11　中国 30 个省、自治区、直辖市农产品流通现代化发展

最终收敛俱乐部分类

最终分类	成员数量	Logit 回归系数	t 值	最终成员组合
俱乐部一	2	−0.459	−1.485	上海、浙江
俱乐部二	4	−1.079	−1.507	广东、江苏、北京、山东
俱乐部三	5	0.071	0.165	天津、河北、海南、湖南、福建
俱乐部四	9	0.165	0.507	四川、安徽、广西、新疆、河南、湖北、贵州、辽宁、重庆

表4-11(续)

最终分类	成员数量	Logit回归系数	t值	最终成员组合
俱乐部五	6	0.607	0.934	云南、山西、江西、甘肃、陕西、黑龙江
俱乐部六	3	0.817	0.894	内蒙古、吉林、宁夏
发散组	1			青海

展开来看,俱乐部一为农产品流通现代化发展高水平稳态俱乐部,由2个东部省份(上海、浙江)组成。俱乐部二为农产品流通现代化发展次高水平稳态俱乐部,由4个东部省份(广东、江苏、北京、山东)组成。俱乐部三为农产品流通现代化发展中高水平稳态俱乐部,由4个东部省份(天津、河北、海南、福建)和1个中部省份(湖南)组成,再次表明东部地区内部省份农产品流通现代化发展分化分层态势显著,内部梯度效应突出。俱乐部四为农产品流通现代化发展中水平稳态俱乐部,由1个东北省份(辽宁)、3个中部省份(安徽、河南、湖北)及5个西部省份(四川、广西、新疆、贵州、重庆)组成。俱乐部五为农产品流通现代化发展中低水平稳态俱乐部,由1个东北省份(黑龙江)、2个中部省份(山西、江西)及3个西部省份(云南、甘肃、陕西)组成。俱乐部六为农产品流通现代化发展低水平稳态俱乐部,由1个东北省份(吉林)和2个西部省份(内蒙古、宁夏)组成。而发散组仅包括1个青海省,说明该省份农产品流通现代化发展特质与其余省份的差异较大,无法划入其他任意俱乐部。最终收敛俱乐部分类结果进一步表明,按照四大经济区域划分标准进行我国农产品流通现代化领域收敛性研究所得出的结论难免存在系统性偏

差。而俱乐部收敛的检验结果证实了我国农产品流通现代化发展的确存在省份跨区域收敛现象。

归纳而言，在农产品流通现代化领域，我国省份表现出典型的俱乐部收敛特征，省份跨区域收敛效应显著。全国 30 个省、自治区、直辖市共形成了 6 个收敛俱乐部和 1 个发散组。其中，东部省份依据收敛稳态水平的高低呈现出鲜明的梯度效应，再次印证了东部地区农产品流通现代化发展尤为不均衡的现实特质。值得注意的是，青海省未被纳入任何一个收敛俱乐部，这凸显出青海省与全国其他省份农产品流通现代化发展的差异过大、相关性低而无法收敛于同一稳态水平。

第五章　数字经济与农产品流通现代化耦合协调发展研究

摘要：基于我国数字经济发展指数与农产品流通现代化水平评价，本章进一步探讨二者之间的协调发展水平。在二者协调发展的理论依据下，通过构建二者的耦合协调度对其进行评价，并从其耦合结果在观测期内时间和空间两个维度探讨其变化趋势及相关特征。结果表明，我国数字经济与农产品流通现代化耦合协调度呈现出逐年递增的趋势，且在空间上表现出显著的东、中、西阶梯式分布的特点。由此，本章更进一步地分区域对其时空跃迁的趋势进行分析，并通过可视化分析提高结果的可信度。最后，本章应用 Tobit 回归模型，选取相关变量对我国数字经济与农产品流通现代化耦合协调度的驱动因素进行分析，回归结果与预期保持一致。

一、引言

随着社会经济的发展，数字经济也在快速变革，而对于新时代下数字经济与国家发展的关系，中共中央、国务院于 2023 年 2 月印发的《数字中国建设整体布局规划》明确指出，建设数字中国是数字时代推进中国式现代化的重要引擎，是构筑国家竞争新优势的有力支撑，要求进一步深化数字经济的全面发展。从宏观角度来看：数字经济通过构建创业与创新两条传导路径来提升中国经济高质量发展，至2022年底我国数字经济规模已达50.2万亿元，占GDP的比重提升至41.5%。而在微观层面，数字经济凭借自身强大的外溢性与普惠性，不仅自身形成了数字化产业，还不断与我国一、二、三产业进行融合，在农业、制造业和金融业等主要结合领域已经初步形成产业数字化的建设成果。

具体来看，数字经济不仅对我国经济规模有着直接的贡献，而且在升级产业结构和赋能传统产业等方面起到了重要的推动作用（郭晗 等，2022；黄赜琳 等，2022；张凌洁 等，2022）。首先，对于农业来说，数字经济不仅可以提升农民整体数字素养（苏岚岚 等，2021），还可以通过现代化的数字技术将商业与乡村产业进行深度融合（吴江 等，2023），从而构建现代化数字乡村，实现传统农业的变革。其次，在互联网时代，制造业已然成为数字经济的主战场（孔存玉 等，2021）。制造业数字化转型的方向日益明确（赵西三，2017），按照数字经济与制造业高质量发展的内涵和特征，两者能够深度融合并推动制造业实现质量变革、效率变革、动力变革（李英杰 等，2021；封伟毅，2021）。最后，数字经济与金融服务业不断融合，不仅整体上促进了中国城市服务业结构升级（戴魁早 等，2021），还扩大了金融服务范围。除此之外，数字经济在消除数字鸿沟（李晓钟 等，2021）、促进城市绿色高质量发展（刘维林 等，2022）等方面展示了其强大的影响力。

在农产品流通方面，2023 年中央一号文件表示：要做好重要农产品的调控，持续做大做强农产品加工流通业。流通连接生产和消费，是实现国民经济循环畅通的关键环节，对推动高质量发展发挥着重要的基础性和先导性作用。在过去，得益于政府的大力扶持与产业的不断升级，我国农产品流通市场规模持续扩张，2014—2016 年市场规模由 10.46 万亿元增长至 15.73 万亿元，其间年均复合增长率为 6%。而在日新月异的今天，我国对农产品流通提出了新的现代化要求，健全农产品流通体系、衡量农产品流通现代化水平成为新的发展方向。而在对其内涵和特征进行更进一步的拆解下，农产品流通被认为是所有基于"收购—批发—零售"这个基本框架的农产品的流通过程（张浩、雷有春，2015；张杰，2014）。并且，农产品流通体系由流通主体、流通客体、流通载体、流通环境、流通模式五大要素构成（王家旭，2013；李丽 等，2019）。而对于这一流通过程与整体体系，学者们从多个角度探讨了其影响因素与评价指标。隋博文和傅远佳（2017）以中国-东盟的农产品供应链联盟为例进行研究，发现拥有稳定合作关系和合理利益分享系统的农产品供应链联盟流通效率更高。汪旭晖和张其林（2016）则认为生鲜电商流通模式从减少流通环节、供应链一体化两个方面共同推动了流通体系变革。而赵志田等（2014）更进一步地构建了农产品电子商务物流识别模型，对农产品电子商务物流发展水平进行测度。此外，学者们还从不同角度，分别对生鲜农产品物流（黄福华 等，2017）、蔬菜流通环节（王娜 等，2016；景娥，2021）等方面构建了不同农产品流通效率评价指标体系。

综上所述，目前国内学者在数字经济与农产品流通领域做出较多探索，积累了一定的研究成果，并主要集中在数字经济对其他产业的促进作用、农产品流通的影响因素与评价指标等方面。然而，目前我国学者在进行两者交叉研究时还是侧重于研究数字经济与农产品流通的相互影响效果及作用机制，而疏于对其协同发展水平进行评估。同时在建立农产品流通与数字经济各自的评价指标体系时，针对两者耦合协调发展的评价指标的构建被学者忽视。而同为当下我国最重要、最热点的研究领域，数字经济与农产品流通的耦合发展具有重要意义。一方面借助现代化的数字技术可以提升农产品流通效率、拓宽农产品流通渠道，另一方面通过农产品流通这一庞大市场可继续扩大数字经济的影响力。但是具体来看，我国各地区农产品流通和数字经济发展水平存在较大差异，无法统一提出覆盖全体的研究建议，因此亟待通过理论分析和实证检验识别各省份数字经济与农产品流通耦合协调发展的具体水平，以对国家政策颁布、基础设施布局等起到作用。

二、数字经济与农产品流通现代化耦合发展理论机制

数字经济与农产品流通之间的关系并非只是单向影响，更多是循环式的相互促进的关系，产业间紧密的融合关系使得产业间不再成为孤岛，故而已经形成"只有依靠彼此，才能成就彼此"的共生关系，并通过数据技术、经济基础、数字理念和发展环境等方式形成联系。

在经济与技术方面，数字经济与农产品流通现代化彼此促进。一方面，对于农产品流通现代化来说，数字经济的发展带来了各种有利的数字技术。其中，现代化流通技术的应用极大地提升了流通业的效率（杨仁发

等，2023；赵艳丽，2023；谢晓军，2023），拓展了农产品流通渠道（李燕 等，2022）。同时，数字化农业结构的调整保障了农产品的合理生产（梁琳，2022），从而提升了使用部门的全要素生产率（蔡跃洲 等，2015）。另一方面，农产品流通实现现代化也为数字经济发展打下了稳定的经济基础。其中，现代化的流通体系提高了小农户与中间商的议价能力（Courtois and Subervie，2015），帮助居民提高收入（孙伟仁 等，2021），同时运用现代信息技术推进了城乡一体化商品流通渠道的建设（黄雨婷、潘建伟，2022），提高了农产品效率（熊艳 等，2023），从而实现了经济循环畅通。

在理念与环境方面，数字经济与农产品流通现代化相互融合。一方面，数字经济为实现农产品流通现代化提出了数字发展理念。在数字经济迅速发展与普及的趋势下，发展农村数字普惠金融能够提升农户数字素养（温涛 等，2023）与金融素养（李昭楠 等，2023），使农户更多、更积极地接触数字化的产物。同时数字经济凭借其虚拟化、溢出性等特点，通过产业结构优化效应、创新能力激发效应和公众认知能力提升效应三重机制赋能城市绿色高质量发展（刘维林 等，2022），进而通过农业技术进步和数字普惠金融提高农村高质量发展水平（王进 等，2023）。另一方面，农产品流通现代化也为数字经济提供了发展环境。最突出的表现就是，农产品流通作为农业与流通业的交叉点，农产品流通的现代化必然会提升我国农业与流通业的现代化水平。同时，王惠琴等（2018）基于我国商贸流通业"一带一路"的现代化发展模式，总结和验证了流通业发展对我国整体经济发展、基本民生的积极影响。这表明农产品流通现代化给我国带来了稳定与和谐的发展环境，也保障了涉及面广而深的数字经济的发展。

数字经济与农产品流通现代化的耦合协调机理如图5-1所示。

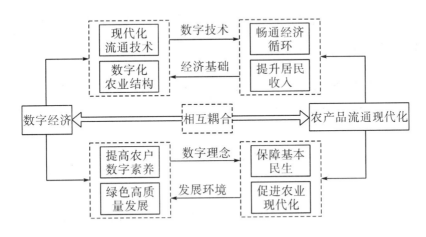

图 5-1　数字经济与农产品流通现代化耦合机理

三、指标体系与模型构建

（一）指标体系构建

为了科学评价数字经济与农产品流通现代化之间的耦合协调度，本书在既有研究的基础上，遵循科学性、系统性、完备性、层次性和可操作性的原则，构建了数字经济与实体经济耦合协调发展的指标体系。在数字经济系统的指标体系构建上，从数字基础设施、数字发展环境、数字产业化、产业数字化四个维度来衡量数字经济发展水平。在农产品流通现代化系统的指标体系构建上，从农产品流通规模与效益水平、农产品流通贡献、农产品流通效率、农产品流通设施现代化、农产品流通组织现代化、农产品流通体制现代化、农产品流通技术现代化、农产品流通渠道现代化等方面衡量其现代化水平。考虑到数据的可获得性，选取 2013—2021 年全国（西藏和港澳台地区除外）30个省、自治区、直辖市的数据来构建指标评价体系，并对我国数字经济与农产品流通现代化的耦合协调度进行研究。（为方便读者阅读，此处截取一、二级指标进行分析，详见第三章表3-1和第四章表4-1）

表 5-1　数字经济与农产品流通现代化耦合协调发展评价指标体系

	一级指标	二级指标
数字经济系统	数字基础设施	宽带互联网
		移动电话
	数字发展环境	地区人才支撑
		企业数字重视度
		政府数字扶持
	数字产业化	电信业务
		软件和信息技术服务业
		数字平台建设
	产业数字化	农业农村数字化
		工业数字化
		服务业数字化

表5-1(续)

农产品流通现代化	农产品流通规模与效益水平	流通规模
		流通效益
	农产品流通贡献	经济绩效贡献
		社会影响贡献
	农产品流通效率	运作效率
		盈利效率
	农产品流通设施现代化	农产品综合市场经营状况
		流通基础设施
	农产品流通组织现代化	农业农村数字基地
		农产品连锁经营状况
	农产品流通体制现代化	流通市场化程度
		政府财政扶持
	农产品流通技术现代化	农产品流通信息化水平
		农产品邮政服务水平
	农产品流通渠道现代化	农产品网络销售
		农产品市场集中度

（二）模型构建

本书采用耦合协调度等模型，对中国数字经济与农产品流通现代化融合发展程度进行测算。我们通过功效函数的测度得到两系统的年度贡献值，再基于此利用耦合度模型测算其耦合度，并最终由耦合协调度模型得到两系统之间的耦合协调度。耦合协调度是对两个系统中信息或参数相互依赖、相互关联程度的度量，它取决于系统之间的协调发展水平。把数字经济与农产品流通现代化两个系统通过各自的耦合要素相互影响、相互作用的程度定义为数字经济-农产品流通现代化系统耦合度，其数值大小反映了数字经济与农产品流通现代化的整体协调水平的高低。

1. 功效函数

假设变量 μ_i（$i=1$，2，3，$\cdots$，n）为数字经济系统与农产品流通现代化系统耦合的第 i 个系统的综合序参量，μ_{ij}（$j=1$，2，3，$\cdots$，m）为第 i 个序参量的第 j 个指标，其值为 X_{ij}，A_{ij} 与 B_{ij} 是序参量的最大值和最小值，从而数字经济系统与农产品流通现代化系统的功效系数 U_{ij} 可表示为

$$U_{ij} = \begin{cases} (X_{ij} - B_{ij}) \big/ (A_{ij} - B_{ij}) \text{，} U_{ij} \text{ 具有正功效} \\ (A_{ij} - X_{ij}) \big/ (A_{ij} - B_{ij}) \text{，} U_{ij} \text{ 具有负功效} \end{cases} \tag{5-1}$$

其中，U_{ij} 是变量 X_{ij} 对系统有序的功效贡献大小，介于 0 与 1 之间，越趋近于 0 贡献度越小，越趋近于 1 贡献度越大。数字经济与农产品流通现代化是两个存在差异但又相互关联、相互作用的系统，本书通过线性加权求和的方法实现两个系统内有序程度"总贡献"的集成。其计算公式如下：

$$U_i = \sum_{j=1}^{m} \lambda_{ij} \times \mu_{ij} \tag{5-2}$$

$$\sum_{j=1}^{m} \lambda_{ij} = 1 \text{，} \lambda_{ij} \geq 0 \tag{5-3}$$

其中，U_i 代表子系统对总系统有序度的贡献程度；λ_{ij} 代表各个序参量的权重。确定权重的方法包括层次分析法和熵值法，其中熵值法是客观赋权法，不依赖人的主观判断，有较强的数学理论依据。因此，本书采用客观赋权法的熵值法来确定各项指标的权重。

2. 耦合度模型

我们利用物理学中的容量耦合系数模型，推广得到多个系统的耦合度模型：

$$C_n = \left[f(u_1, u_1, \cdots, u_m, v_1, v_1, \cdots, v_n) \Big/ \prod (u_i + u_j) \right]^{1/n} \quad (5-4)$$

其中，C_n 为耦合度；u_1, u_1, $\cdots$, u_m 是第一个系统的各属性变量；v_1, v_1, $\cdots$, v_n 是第二个系统的各属性变量；$f(u_1, u_1, \cdots, u_m, v_1, v_1, \cdots, v_n)$ 是两个系统变量的函数形式。耦合度 C_n 介于 0 和 1 之间，由于本书度量的是由数字经济和农产品流通现代化两个系统构成的耦合度模型，故 n 取 2。为便于分析，耦合度测算式可以简化为

$$C = (U_1 \times U_2)^{\frac{1}{2}} / (U_1 + U_2) \quad (5-5)$$

其中，U_1 代表数字经济发展水平；U_2 代表农产品流通现代化水平；$0 \leqslant C \leqslant 1$，$C$ 等于 1 表示两个系统处于极度耦合状态，C 等于 0 则表明两个系统处于无关状态。

3. 耦合协调度测算模型

耦合度 C 作为评价数字经济与农产品流通现代化耦合程度的重要指标，对判断系统耦合的状态具有重要意义。然而，当数字经济系统与农产品流通现代化系统的贡献水平数值都较低且相近时，会出现不具现实意义的较高耦合度结果。因此，需要在耦合度模型的基础上增加耦合协调度模型。耦合协调度模型表示为

$$\begin{cases} D = (C \times T)^{\frac{1}{2}} \\ C = a\,U_1 + b\,U_2 \end{cases} \quad (5-6)$$

其中，T 为数字经济与实体经济综合调和指数，C 为耦合度，D 为耦合协调度，反映数字经济与农产品流通现代化的整体协同效应；a、b 为待定系数。根据修正耦合度 D 的数值大小可将两者耦合协调程度划分为如表 5-2 所示的等级。

表 5-2 耦合协调度等级划分标准

耦合协调度 D 值区间	协调等级	耦合协调程度
(0.0-0.1)	1	极度失调
(0.1-0.2)	2	严重失调
(0.2-0.3)	3	中度失调
(0.3-0.4)	4	轻度失调
(0.4-0.5)	5	濒临失调
(0.5-0.6)	6	勉强协调
(0.6-0.7)	7	初级协调
(0.7-0.8)	8	中级协调
(0.8-0.9)	9	良好协调
(0.9-1.0)	10	优质协调

4. 数据区间化函数

本次分析时首先针对分析项进行区间化处理，区间化处理公式为

$$X_{std} = a + (b - a) \times \frac{X - Min}{Max - Min} \tag{5-7}$$

其中 b 为 0.99，a 为 0.01，Max 和 Min 分别表示某项对应的最大值和最小值。区间化处理后数据全部均介于 0 和 1 之间，接着使用处理后的数据进行正式的耦合协调度研究。

四、数字经济与农产品流通现代化发展指数水平

（一）时间变动趋势

在第三章中分析所得的 2013—2021 年全国各省份（西藏和港澳台地区除外）数字经济与农产品流通现代化发展指数水平的基础上，我们分别

截取第三章表 3-2 和第四章表 4-2 中各省份数字经济与农产品流通现代化 2013 年和 2021 年指数及其变化幅度，并按其变化幅度将其进行排名，从而得到表 5-3，以从时间演变角度对其进行分析。

表 5-3 我国 30 个省（自治区、直辖市）数字经济与农产品流通现代化发展指数水平

省份	数字经济				农产品流通现代化			
	2013	2021	2013—2021		2013	2021	2013—2021	
			变化幅度/%	排名			变化幅度/%	排名
北京	0.217	0.531	144.70	17	0.234	0.289	23.50	6
天津	0.114	0.299	162.28	11	0.204	0.248	21.57	8
河北	0.158	0.352	122.78	25	0.193	0.214	10.88	16
山西	0.106	0.267	151.89	14	0.109	0.122	11.93	14
内蒙古	0.128	0.289	125.78	23	0.122	0.094	−22.95	30
辽宁	0.142	0.310	118.31	28	0.170	0.170	0.00	22
吉林	0.101	0.262	159.41	12	0.132	0.104	−21.21	29
黑龙江	0.135	0.297	120.00	27	0.151	0.120	−20.53	28
上海	0.212	0.482	127.36	21	0.336	0.479	42.56	3
江苏	0.280	0.537	91.79	30	0.294	0.334	13.61	13
浙江	0.242	0.550	127.27	22	0.249	0.393	57.83	2
安徽	0.141	0.370	162.41	10	0.176	0.181	2.84	19
福建	0.154	0.362	135.06	20	0.130	0.215	65.38	1
江西	0.097	0.293	202.06	6	0.155	0.143	−7.74	26
山东	0.228	0.468	105.26	29	0.278	0.309	11.15	15
河南	0.166	0.374	125.30	24	0.185	0.185	0.00	22
湖北	0.152	0.364	139.47	18	0.182	0.176	−3.30	25
湖南	0.139	0.342	146.04	16	0.187	0.195	4.28	18
广东	0.297	0.655	120.54	26	0.240	0.332	38.33	5

表5-3（续）

省份	数字经济				农产品流通现代化			
	2013	2021	2013—2021		2013	2021	2013—2021	
			变化幅度/%	排名			变化幅度/%	排名
广西	0.100	0.279	179.00	7	0.129	0.150	16.28	11
海南	0.084	0.255	203.57	5	0.137	0.191	39.42	4
重庆	0.093	0.299	221.51	4	0.176	0.177	0.57	21
四川	0.157	0.397	152.87	13	0.149	0.178	19.46	9
贵州	0.071	0.265	273.24	1	0.130	0.153	17.69	10
云南	0.111	0.277	149.55	15	0.130	0.132	1.54	20
陕西	0.117	0.317	170.94	9	0.133	0.139	4.51	17
甘肃	0.088	0.242	175.00	8	0.100	0.122	22.00	7
青海	0.061	0.224	267.21	3	0.084	0.073	-13.10	27
宁夏	0.059	0.218	269.49	2	0.099	0.097	-2.02	24
新疆	0.110	0.259	135.45	19	0.131	0.150	14.50	12

首先，从2021年各省指数来看，我国各省份数字经济与农产品流通现代化发展指数水平之间存在较大差异。对于数字经济发展指数来说，广东以0.655的指数排在第一，随后是浙江与江苏。而对于农产品流通现代化发展指数来说，上海以0.479的指数排名第一，浙江则以0.393的指数紧随其后。此外，吉林的数字经济与农产品流通现代化的指数水平皆处于尾部。出现这样的排名趋势与我国各省份整体经济水平存在关系。

其次，从其变化幅度来看，我国数字经济整体发展速度要快于农产品流通现代化的增长速度。其中贵州以273.24%的增长率位列数字经济指数第一，而福建以65.38%的增长率位列农产品流通现代化指数第一，其原因在于当地政府政策的倾向与其整体经济发展方向有关。此外，江苏和内蒙古的增长率分别处于数字经济与农产品流通现代化的末位，这与当地初始发展水平、政策倾向与发展环境有关。其中，数字经济与农产品流通现代化增加幅度排名差额超过 15 位的省份有江苏省、浙江省、江西省、广东省和宁夏回族自治区，显示出这些省份在数字经济与农产品流通现代化的发展方面存在较大的不对称，因此导致了两者发展速率的不协同。以宁夏回族自治区为例，2013—2021 年其数字经济发展指数增长率于全国排名第2 位，这与宁夏回族自治区较小的初始数字化建设水平和经济发展重心有关。但其农产品流通现代化发展指数增长率位列全国第 24 位，这源于其受到了自身落后的基础设施与不利的地理位置的约束。

（二）区域变动趋势

同样地，在第三章中分析所得的 2013—2021 年全国各省份（西藏和港澳台地区除外）数字经济与农产品流通现代化发展指数水平的基础上，结合上文时间变动趋势的分析，利用我国各省份数字经济与农产品流通现代化 2013 年和 2021 年发展指数，按照我国东、中、西部地理位置划分为三大区域。其中，东部地区包括 11 个省份：北京、天津、河北、辽宁、上海、江苏、浙江、福建、山东、广东和海南。中部地区包括 8 个省份：吉林、黑龙江、安徽、江西、山西、河南、湖北和湖南。西部地区包括 11 个省份：内蒙古、广西、重庆、四川、贵州、云南、陕西、甘肃、青海、宁夏和新疆。将各区域 2013—2021 年数字经济与农产品流通现代化指数平均值及其变化幅度作为研究对象进行比较分析并由此得到表 5-4。

表 5-4　我国东中西部数字经济与农产品流通现代化区域发展指数水平

	年份	西部	中部	东部	平均值
数字经济	2013 年	0.100	0.130	0.182	0.137
	2021 年	0.279	0.321	0.421	0.340
	变化幅度/%	179	146.9	131.3	148.2
农产品流通现代化	2013 年	0.126	0.160	0.213	0.166
	2021 年	0.133	0.153	0.273	0.186
	变化幅度/%	5.6	-4.6	28.2	12.0

由表 5-4 可知，我国各区域在 2013—2021 年，数字经济和农产品流通现代化的变动幅度多数都处于上升趋势，只有中部区域的农产品流通现代化指数有小幅卜跌。其中，数字经济的平均值变化幅度更大，从 2013 年的 0.137 上升到 2021 年的 0.340，9 年间平均值涨幅达到 148.2%。这与我国对于数字经济的重视程度密不可分，数字经济作为互联网时代下我国经济发展的新动能，肩负着我国长期发展的重要使命。而农产品流通的平均值变化幅度较小，只从 2013 年的 0.166 上涨为 2021 年的 0.186，9 年间平均值涨幅仅为 12.0%。虽然我国对于农产品流通现代化较为重视，但是在发展过程中受到了出口贸易限制、疫情冲击和产业结构调整等因素干扰，使得我国各区域的农产品流通现代化指数提升水平并不理想。

将表 5-4 进行拆分，更进一步地观察可以发现，我国东、中、西部区域的数字经济与农产品流通指数绝对值水平都呈现出东高西低的阶梯式分布情况，这与我国经济发展水平较为一致。而从其变化幅度的角度来看，我国东、中、西部区域虽然整体变化趋势大致相同，但是其变化幅度则各有不同。从数字经济方面来看，西部地区的变化幅度最大，达到了 179%，分别比变化幅度较小的东部和中部区域约高出 48 个百分点和 32 个百分点。产生这样的结果的原因在于西部地区的基础发展水平较为落后，所以即使绝对值变化幅度不如中、东部地区大，但是其提升空间和提升速率的百分比却往往要比东、中部区域更高。同样地，对农产品流通现代化进行观察可以发现，对于基础发展水平，虽然西部要比中、东部低，但是其变化幅度却没有呈现出和数字经济一样的强势劲头。原因可能在于西部的农产品流通体系更加脆弱，在外界因素干扰下更容易发生波动，而中部地区既包含了河南这样的人口大省，又有黑龙江、吉林这样的近年没落的传统工、农业省份，所以在外部干扰的冲击和内部曲折的多重影响下，呈现了轻微下降的现象。

五、数字经济与农产品流通现代化耦合发展研究

（一）耦合结果分析

在上述理论分析和模型选择的基础上，为更好地探究数字经济与农产品流通现代化两系统之间内在的发展适配性以及整体的协同发展情况，本书在第三章表 3-2 和第四章表 4-2 的基础上，通过 2013—2021 年全国（除西藏和港澳台地区外）30 个省、自治区、直辖市的数字经济与农产品流通现代化的面板数据分别计算出全国数字经济系统和农产品流通现代化之间的耦合度和耦合协调度，以进一步对两系统之间的耦合协调发展水平进行研究。具体耦合协调结果如表 5-5 所示。

表 5-5　我国 30 个省（自治区、直辖市）数字经济系统

与农产品流通现代化系统耦合协调度 D 值测算结果

省份	年份									提升率 /%
	2013	2014	2015	2016	2017	2018	2019	2020	2021	
北京	0.475	0.511	0.527	0.552	0.568	0.587	0.603	0.610	0.626	31.79
天津	0.391	0.411	0.439	0.446	0.442	0.458	0.475	0.496	0.522	33.50
河北	0.418	0.435	0.461	0.472	0.485	0.495	0.503	0.517	0.524	25.36
山西	0.328	0.345	0.363	0.378	0.381	0.397	0.397	0.415	0.425	29.57
内蒙古	0.354	0.370	0.378	0.387	0.392	0.402	0.380	0.395	0.406	14.69
辽宁	0.394	0.415	0.438	0.439	0.450	0.458	0.458	0.471	0.479	21.57
吉林	0.340	0.359	0.382	0.387	0.400	0.406	0.397	0.409	0.406	19.41
黑龙江	0.378	0.392	0.419	0.424	0.431	0.431	0.427	0.439	0.434	14.81
上海	0.517	0.541	0.568	0.585	0.620	0.627	0.655	0.669	0.693	34.04
江苏	0.536	0.548	0.570	0.591	0.610	0.633	0.635	0.639	0.651	21.46
浙江	0.495	0.514	0.546	0.569	0.590	0.623	0.647	0.656	0.682	37.78
安徽	0.397	0.419	0.446	0.461	0.478	0.495	0.488	0.499	0.509	28.21
福建	0.376	0.393	0.425	0.441	0.470	0.491	0.496	0.505	0.528	40.43
江西	0.350	0.372	0.393	0.408	0.422	0.442	0.450	0.447	0.452	29.14
山东	0.502	0.516	0.532	0.549	0.562	0.575	0.577	0.593	0.617	22.91
河南	0.419	0.440	0.459	0.471	0.482	0.495	0.491	0.513	0.513	22.43
湖北	0.408	0.427	0.453	0.469	0.477	0.495	0.496	0.499	0.503	23.28
湖南	0.402	0.417	0.441	0.466	0.470	0.489	0.486	0.506	0.508	26.37
广东	0.517	0.534	0.566	0.594	0.608	0.635	0.652	0.660	0.683	32.11
广西	0.337	0.352	0.374	0.389	0.403	0.423	0.424	0.442	0.452	34.12
海南	0.328	0.340	0.377	0.382	0.393	0.415	0.406	0.430	0.470	43.29
重庆	0.358	0.381	0.416	0.432	0.446	0.463	0.470	0.475	0.480	34.08
四川	0.391	0.412	0.442	0.460	0.468	0.486	0.500	0.511	0.516	31.97
贵州	0.310	0.336	0.385	0.402	0.408	0.428	0.438	0.447	0.449	44.84
云南	0.347	0.366	0.394	0.402	0.410	0.424	0.425	0.439	0.437	25.94

表5-5(续)

省份	年份									提升率/%
	2013	2014	2015	2016	2017	2018	2019	2020	2021	
陕西	0.353	0.374	0.398	0.415	0.423	0.439	0.434	0.448	0.458	29.75
甘肃	0.306	0.322	0.352	0.366	0.364	0.383	0.389	0.405	0.415	35.62
青海	0.268	0.288	0.329	0.335	0.341	0.346	0.343	0.356	0.358	33.58
宁夏	0.276	0.300	0.330	0.334	0.353	0.369	0.362	0.376	0.381	38.04
新疆	0.346	0.359	0.384	0.391	0.400	0.411	0.416	0.429	0.444	28.32
平均值	0.387	0.406	0.433	0.447	0.458	0.474	0.477	0.490	0.501	29.46

由表5-5可知，我国数字经济与农产品流通现代化耦合协调度整体水平经过近几年的提升，全国平均值从 D 值为0.387的轻度失调发展为 D 值为0.501的勉强协调，提升了29.46%，有了一定程度的提升，且整体保持着逐年递增的趋势，体现了发展的连续性。但是，我国数字经济与农产品流通现代化耦合协调度虽然保持着上升趋势，但其提升速率较慢，且存在较大的发展空间。进一步可以发现：不同区域间两者的耦合发展水平存在较大差距，往往整体经济水平发达的地区两者耦合发展水平更高。

具体来看，2013—2021年，广东、浙江、上海几个省份凭借优越的区位条件和经济实力，始终占据耦合协调度排名前几位，并都在2017年实现了数字经济与农产品流通现代化耦合的初级协调。而反观青海和宁夏两个省份的数字经济与农产品流通现代化耦合程度，或因初始水平较低、或遭遇外部干扰，以致其绝对耦合水平始终不理想，即使在2021年也处于轻度失调的水平。更进一步地观察各省份提升率可以发现，贵州省与内蒙古自治区的提升率分别处在首位和末位。

（二）耦合协调度的时空演变分析

从本质上来说，数字经济的关键要素是数据资源，其特征在于高成长性、高融合性、高互通性、高流动性（白津夫，2023）。因此，数字经济的发展在我国各地区呈现出横向普及与纵向深入同时进行的现象，但是我国城乡要素自由流动与平等交换机制尚未健全，城乡资源要素配置不均等等问题的存在（涂圣伟，2020；韩晶 等，2020），使得我国各地区数字经济发展水平、发展进度存在较大差异。对此，学者们分别使用空间数据分析法（丁晨辉 等，2023）、泰尔指数、Dagum 基尼系数和 Kernel 密度（刘传明 等，2020）等方法对我国数字经济的演变趋势以及地区差异进行探究，并从不同角度对我国数字经济的时空演变过程给予评价和总结。

同样地，农产品流通现代化的本质在于，农产品流通渠道、流通技术与流通产品在"互联网+"、大数据、区块链等新技术的赋能下不断升级与优化（王丽霞，2022）。故而随着经济的发展，我国传统农产品流通业也开始多方位、多角度地进行现代化革新，但是由于其在现代化过程中存在的动态性、系统性和渐进性等特点（蔡定昆，2021），加上我国农产品流通发展过程中各地区交通基础设施建设水平差异、农产品流通渠道权力配置失衡等问题的存在（张玉涛，2021），我国各地区间农产品流通现代化水平存在较大差异。对此，领域内学者通过主成分分析方法（孙伟仁 等，2021），PCA-DEA-Malmquist 指数模型（黄梓轩 等，2019）对农产品流通现代化、流通效率等方面的时空演变和地区间差异进行了相关研究。

综上所述，我国当前对于数字经济与农产品流通现代化等相关内容在地区差异与时空演变方面已经有一定的研究，但是更多集中在对其中之一的某些方面进行研究，而鲜有学者将二者结合起来进行深入分析、探讨其时空演变方面的内容。

在对数字经济与农产品流通现代化耦合进行分析的基础上，为进一步更加直观地观测我国各省份耦合协调度在时间和空间维度上的不同演化趋势，本书以两年为观测间隔，截取2015年、2017年、2019年和2021年全国各省份的耦合协调度 D 值，利用 ArcGIS 软件对我国数字经济与农产品流通现代化耦合的时空演变进行分析（分析结果图略）。

从我国数字经济与农产品流通现代化耦合协调度水平的整体发展趋势来看，我国各省份间耦合协调度差距较大，且演进速率不同。

从时间演化特征来看，我国各省份数字经济与农产品流通现代化耦合协调度在2013—2021年间呈现出较为明显的增长趋势，9年间各省、自治区、直辖市基本都实现了跨越性的提升。在研究初始阶段，我国在2013年数字经济与农产品流通现代化耦合协调度整体偏低，因为我国流通体系建设的不成熟和数字经济的起步较晚，各省、自治区、直辖市发展基础较为落后，都处在轻度失调到勉强协调的区间内。而从2013年发展到2017年时，上海市、广东省和江苏省率先达到初级协调水平，而其余各省份耦合协调度增幅也大都在0.2以上。而演进到2021年时，全国已有6个省、自治区、直辖市达到初级协调及以上的水平，而提升较慢的宁夏回族自治区和青海省仍处在轻度失调的阶段。

从空间演化特征来看，我国各省、自治区、直辖市数字经济与农产品流通现代化耦合协调度存在较大差异，且存在较为明显的三阶梯差距。一方面，东部沿海地区整体发展较早且提升较快，其中上海市、广东省和江苏省凭借自己优越的地理位置与强大的发展基础始终在当地乃至全国名列前茅。而对于中部地区来说，各省份发展基础基本一致，且基本保持较为同步的发展速率。反观西部地区，各省份或因数字化起步较晚，或因地理位置等限制，整体水平偏低，尤其是青海省和宁夏回族自治区最为明显。另一方面，以秦岭—淮河为界划分为南北方，北方的数字经济与农产品流通现代化耦合协调度整体水平要比南方低，在研究前、中和后期，同水平的较高耦合协调度的省份，南方地区总是多于北方地区。

综上所述，从我国各地数字经济与农产品流通耦合协调度的时间和空间演化过程来看，我国各地区的耦合协调度 D 值与其演进速度、与各地区整体经济实力或农业发展成熟度呈正相关关系，且影响着其提升速率。往往经济实力强或本身农产品流通业发达的地区其数字经济与农产品流通现代化耦合协调度具有较高水平。

（三）区域间耦合协调度时空跃迁分析

基于上述研究中我国呈现出的可能存在的东、中、西部数字经济与农产品流通现代化耦合协调度的区域差异，本书将研究对象分为东部区域、中部区域和西部区域，分别对其耦合协调度在 2015 年、2017 年、2019 年和 2021 年的具体水平进行对比分析并得到表 5-6，在此基础上对不同区域的时空跃迁现象进行分析。

表 5-6 区域耦合协调度演变趋势

地区	年份	轻度失调 (0.3~0.4)	濒临失调 (0.4~0.5)	勉强协调 (0.5~0.6)	初级协调 (0.6~0.7)
东部	2015	海南	天津、河北、辽宁、福建	北京、上海、江苏、浙江、广东、山东	
	2017	海南	天津、河北、辽宁、福建	北京、浙江、山东	上海、江苏、广东
	2019		天津、辽宁、海南、福建	山东、河北	北京、浙江、上海、江苏、广东
	2021		辽宁、海南	天津、河北、福建	北京、浙江、上海、江苏、广东、山东
中部	2015	山西、吉林、江西	黑龙江、安徽、河南、湖南、湖北		
	2017	山西	吉林、黑龙江、安徽、江西、河南、湖南、湖北		
	2019	山西、吉林	黑龙江、安徽、江西、河南、湖南、湖北		
	2021		山西、吉林、黑龙江、江西	安徽、河南、湖南、湖北	

表5-6(续)

地区	年份	轻度失调 (0.3~0.4)	濒临失调 (0.4~0.5)	勉强协调 (0.5~0.6)	初级协调 (0.6~0.7)
西部	2015	内蒙古、广西、贵州、云南、陕西、甘肃、青海、宁夏、新疆	重庆、四川		
	2017	内蒙古、甘肃、青海、宁夏	重庆、四川、贵州、云南、陕西、新疆、广西		
	2019	甘肃、青海、宁夏、内蒙古	重庆、贵州、云南、陕西、新疆、广西	四川	
	2021	宁夏、青海	内蒙古、重庆、贵州、云南、陕西、甘肃、新疆、广西	四川	

　　总体来看，我国各省、自治区、直辖市数字经济与农产品流通现代化耦合协调度确实存在东、中、西部的区域差异。从其整体发展水平来看，各区域在2013—2021年耦合协调度都处于0.3和0.7之间，即轻度失调到初级协调的区间内，其中东部区域要优于中部区域，西部区域最差。但是从其时空跃迁方面来看，东、中、西部区域都呈现出了较为明显的跃迁现象，各区域整体耦合协调发展水平都在不断提升。

　　首先，东部区域的整体发展水平最高，只有海南在2015—2017年间处于0.3~0.4的轻度失调，而上海、江苏等省份都较早地达到了初级协调的水平，最终共有6个省份达到这一水平，也是全国所有达到这一水平的省份。而从其整体跃迁方面来看，整个东部区域除辽宁以外，所有省份都或快或慢地提升了一个阶段的耦合协调度。

其次，中部地区整体水平的提升也较为明显，虽然在 2015 年有 3 个省份处于轻度失调的阶段，但最终在 2021 年全部摆脱这一阶段，并且安徽、河南等省份也都在 2021 年达到了 0.5~0.6 的勉强协调水平。从其整体跃迁方面来看，中部区域各省份发展较为均衡，除黑龙江以外的各省份都提升了一个阶段的耦合协调度。

最后，西部区域的发展水平最差。因为西部区域涉及的地区广，涵盖的省份多，整体基础发展水平较低，且发展速度参差不齐，如宁夏和青海在 2015—2019 年始终处于 0.3~0.4 的轻度失调水平，而只有四川一省较早地达到了 0.5~0.6 的勉强协调水平。从其整体跃迁方面来看，除重庆、宁夏和青海以外，其他各省份都在 2015—2017 年实现了耦合协调度的一个阶段的提升。

六、数字经济与农产品流通耦合发展的影响因素研究

（一）引言

党的十八大以来，我国进入经济发展的新阶段，国家综合实力和治理能力得到有效提升，对高质量发展提出了新的要求。在新时代的背景下，我国不仅加大了对传统产业与新兴产业交叉融合的政策倾向，而且在不断强调区域间统筹协调与均衡发展的重要性。

一方面，数字经济作为互联网时代下国家发展的重要支柱与最新动能带来了颠覆传统的新技术，能够打通行业间人流、物流、资金流及信息流存在的现实梗阻，破解城乡区域间协同发展的时空桎梏，并进一步横、纵

向发展，创造新的价值。而对于数字经济发展至今的演化趋势及其驱动因素，领域内的学者们也从不同角度进行了分析与验证。吕雁琴和范天正（2023）运用 Dagum 基尼系数实证分析东、中、西部地区数字经济发展水平的差异及时空变化规律；余运江等（2023）从我国地级及以上城市数据入手，深入探究了中国数字经济空间格局演化、集聚模式与驱动因素；杜传甲和王成军（2023）利用社会网络分析方法，构建并系统分析了省际数字经济发展的空间关联网络结构特征及其影响因素。

另一方面，党的十八大以来，党中央、国务院高度重视并大力推动流通发展，同时强调要构建新的发展格局就必须先构建现代化的流通体系。而农产品流通作为现代流通体系的重要组成部分，连接着生产和消费，是实现国民经济循环畅通的关键环节，对推动高质量发展发挥着重要的基础性和先导性作用。为此，李丽和胡紫容（2019）采用 Malmqusit 指数分析法，以京津冀地区为研究对象，对农产品流通体系效率进行了动态评价并探究了影响其效率的因素。杨入一和孔繁涛（2023）利用固定效应模型、门槛回归模型，以农产品电商渠道为中介，探究了数字化发展对农产品批发技术进步的影响作用及其阶段性。田刚等（2018）运用 Tobit 模型从技术—组织—环境等方面对生鲜电商企业的流通技术效率的影响因素进行了评估。

总体来说，已有研究运用不同方法，从多个角度对我国数字经济与农产品流通现代化这二者进行了多方位影响因素的研究测评，发现我国各地区二者发展水平确实存在不平衡不均等的情况，但是其影响因素却有着一些联系与共性。然而，纵观已有文献可以发现，虽然对于二者的研究较为全面，但不足之处在于绝大多数学者只是单一地对其中之一进行影响因素的探究，而鲜有学者将二者联系起来进行分析。在我国"持续推进农村一、二、三产业融合发展"的政策倾向和现实发展背景下，农产品电商、直播带货、"盒马村"等新模式的出现证明数字经济与农产品流通耦合发展已然有所应用并极具潜力。在数字时代下，数字经济的发展无疑是时代最前沿的研究对象，而农产品流通现代化又是我国长期发展的基本盘，因此对于持续推进数字经济与农产品流通现代化的耦合协调发展，既是数字经济的又一拓展，又是农产品流通现代化的一大助力，其耦合协调发展对于产业间的交叉融合起到助力作用。因此，本书对数字经济与农产品流通现代化耦合协调的驱动因素及其驱动程度的探索与分析，既满足现实需求，又能弥补理论不足。

（二）变量与研究设定

1. 变量选择

我国数字经济与农产品流通现代化耦合协调度水平在空间上呈现正相关关系，进一步运用空间计量模型探究其驱动因素及空间效应。本书在参考现有数字经济与农产品流通现代化的相关评估体系文献的基础上，筛选出以下几个重要驱动因素。

（1）教育水平（edu）。教育水平是指人们接受教育的程度，具有较高文化水平的群体更能在数字技术、流通现代化等方面取得突破。本书使用当年毕业的普通本专科生数量来表示。

（2）农业生产水平（agr）。农业生产水平是衡量一个地区的农业整体发展情况的指标，具体在农业总产值方面可以表现出一个地区的农产品生产总价值。庞大的农业生产总值会使得农业发展受到更多的照顾。

（3）经济发展水平（gdp）。经济发展水平不但反映了一个地区的发展状况，而且反映了当地政府的经济实力。经济发展水平越高，进行结构转型和升级的动力越大，而当地政府在经济上也有更大的优势，可以加大对数字技术的研发与流通设施的投入，这些都可以帮助数字经济和农产品流通发展。

（4）财政支出力度（fin）。财政支出，也称公共支出或政府支出，是政府为履行其自身的职能，对其从私人部门集中起来的以货币形式表示的社会资源的支配和使用。财政支出数量很大程度影响该地区各行各业的发展。

（5）人口密度（pop）。数字普惠金融旨在数字时代下，通过数字的手段将金融服务的对象进行拓展，普及更多普通人群，尤其是农户。数字普惠金融影响农户融资、金融业普及等多方面发展。

（6）农村居民收入水平（inc）。电子商务通常是指各地基于因特网开放的网络环境进行广泛的商业贸易活动的一种商业模式。现在，电子商务已经成为农产品流通的主要运营模式，本书选用农村居民人均可支配收入水平进行研究。

2. 研究模型设定

Tobit 回归模型是一种常见的回归模型，具有以下优点：同比其他模型考虑了截断数据的影响，可以有效地处理存在截断数据的问题；对于非截断数据，可以使用普通最小二乘法来估计系数，简单易用；可以通过最大似然估计法来估计参数，具有较高的估计精度和可信度。

在确定分析思路以及模型后，本书根据樊梦瑶和张亮（2023）等人的文献研究，在对比指标体系中的变量后，选取教育水平、农业生产水平、经济发展水平、财政支出力度、人口密度和农村居民收入水平 6 个自变量并纳入驱动因素领域。被解释变量耦合协调度值在 0~1 范围内变化，存在被切割的特点，符合受限因变量 Tobit 回归模型的设定条件。采用随机效应面板 Tobit 模型对耦合协调度驱动因素进行分析，模型设定如下：

$$D_{it} = \text{cons} + \beta_1 \text{edu}_{it} + \beta_2 \text{agr}_{it} + \beta_3 \text{gdp}_{it} + \beta_4 \text{fin}_{it} + \beta_5 \text{pop}_{it} + \beta_6 \text{inc}_{it} + \varepsilon_{it}$$

$$(5\text{-}8)$$

其中，D_{it} 为两系统耦合协调度，i 表示地区，t 表示时间；cons 为常数项；edu 表示教育水平；agr 表示农业生产水平；gdp 表示经济发展水平；fin 表示财政支出力度；pop 表示当地人口密度；inc 表示农村居民收入水平；ε_{it} 为随机扰动项。

（三）实证结果分析

由研究初始的问题出发，根据上文确定的驱动因素，本书运用 Tobit 模型进行检验，回归结果如表 5-7 所示。

表 5-7　耦合协调度驱动因素及 Tobit 模型回归分析结果

驱动因素	变量			
	变量符号	变量说明	系数	P 值
耦合协调度	D	上文计算结果	0.001	0.000
教育水平	edu	普通本专科生毕业数（万人）	0.045	0.003
农业生产水平	agr	农业生产总值（亿元）	0.023	0.081
经济发展水平	gdp	人均 GDP（亿元/人）	0.047	0.000
财政支出力度	fin	政府支出（亿元）	0.158	0.000
人口密度	pop	人口密度（万人/平方千米）	0.026	0.147
农村居民收入水平	inc	农村居民人均可支配收入（元）	0.202	0.000

从表 5-7 可以发现：教育水平、经济发展水平、财政支出力度、农村居民收入水平等 4 个驱动因素均通过 1% 水平下的显著性检验，而农业生产水平则通过了 5% 水平下的显著性检验，且其系数均为正值，说明这些驱动因素对被解释变量数字经济与农产品流通现代化耦合协调度产生正面促进作用。其中教育水平的系数为 0.045，说明更高教育水平的地区相比低教育水平的地区更能对耦合协调度产生更积极的影响。这可以解释为：教育水平的高低决定着国民掌握知识与技能的多少和强弱，在教育水平更高的地区的居民具有更强的学习和创新能力，对电子商务、农村物流等兼具数字与流通属性的新模式接纳程度更高，因而会对数字经济与农产品流通现代化的耦合水平起到驱动作用。农村居民收入水平的系数最大，为 0.202，这意味着农村居民收入水平对于数字经济与农产品流通现代化耦合协调度的驱动作用最大，可以解释为：更高收入水平的农村居民往往能够有额外的资金用在基本生活以外，更多用来接触数字服务和应用数字技术，同时可以提升农产品流通的基本设备的品质。同样，农业生产水平、经济发展水平、财政支出力度也能在不同程度上驱动数字经济与农产品流通现代化的耦合协调度进一步提升。

总体来说，一方面，在上述驱动因素更高水平的地区，往往会产生更高水平的数字经济与农产品流通现代化耦合协调度，这是有迹可循的。另一方面，在数字经济与农产品流通耦合协调度更高的地区往往也伴随着更高的教育水平、农业生产水平等因素。这是因为，具有更高数字经济与农产品流通耦合协调度的地区往往能够创造更多更好的就业机会，从而吸引更多的人才聚集；同时也会通过应用数字技术等方式提高农产品流通效率，提高当地农业生产总值，从而反过来提升当地的农业生产水平。这样就形成了一个良性循环，也更凸显了对于数字经济与农产品流通现代化，及影响其耦合协调度的驱动因素的研究的重要性，这也是本书所要做的。

七、研究结论与政策建议

本章通过分析 2013—2021 年我国 30 个省、自治区、直辖市数字经济与农产品流通现代化发展的相关指标数据，测算了两者的耦合协调水平，并基于时间和空间两个维度对测算结果进行分析。

（一）研究结论

（1）总体来看，我国数字经济与农产品流通现代化耦合协调水平呈持续稳定增长态势，全国平均值从 2013 年至 2021 年整体增长 60.91%，耦合协调度处于初级协调水平。从整体来看，虽然有了一定程度的发展，但由于我国数字经济与农产品流通现代化整体发展较晚，且初始水平较低，所以还存在较大的提升空间。另外，我国数字经济与农产品流通现代化发展水平存在区域异质性，其中东部沿海城市整体耦合协调度要比中部与北方的内陆省份高，这与我国各地区经济发展水平趋于一致。

（2）我国各省份数字经济与农产品流通现代化发展指数水平存在较大差异，这种差异不仅体现在各省份二者指数水平的绝对值的差距，而且在各省份 2013—2021 年二者的增长速率方面可以得到明显的体现。各省份的经济发展水平与支柱产业决定了其基础指数水平，而其产业结构与政策倾向影响着各省份数字经济与农产品流通现代化发展指数的增长速率。另外，从其增长速率的排名可以发现影响其数字经济与农产品流通现代化耦合协调度高低的因素。以宁夏回族自治区为例可以发现：其数字经济与农产品流通现代化极度不对称的发展速率，是最终导致其整体耦合协调度为勉强协调的主要原因。

（3）通过对耦合协调度的空间演化路径分析发现，两系统之间呈现正相关关系，数字经济与农产品流通现代化协同发展。东部沿海地区区位条件优越，数字资源配置丰富，故耦合协调度发展态势良好；中部与北方地区受经济、政策、人口和地理位置等因素的影响，耦合协调度略低一筹，协调发展机制有待完善。此外，具有更高耦合协调度的省份往往呈现出集聚现象，这与数字经济的外溢性与农产品流通的流通效率有关。

（二）政策建议

（1）发挥政策引导和财政支持作用。政策、制度的引导是实现数字资源配置均衡发展的有效途径和有力保障，各地政府应制定相关政策，引导并鼓励高新数字产业的发展，积极发挥对数字资源配置的宏观调控效能。一方面，依据各省份数字经济发展指数水平，因地制宜制定不同的区域性政策，实施精准促进战略。东部区域要更好地利用自身发达的经济条件辐射带动周边区域；中部区域要发挥传统工业、人口优势；西部区域则要加大对于基础设施与数字化发展的投入，学习先进经验。另一方面，统揽全局，加强顶层设计，保障农产品流通的战略地位与配套政策，同时要加快速度形成更加成熟、完善的全国互通网络，以确保农产品流通业发展的基础不动摇。同时，应发挥财政支持作用，加大对数字经济与农产品流通的财政资金投入，并保证不同区域间财政补贴的效率与公平。各省级政府应加大政策倾斜与财政支持力度，盘活数字资源，充分促进数字经济与传统产业融合。更进一步，要把握住数字经济的外溢性与农产品流通的互通性，发挥领头优势带动周边欠发展省份。而耦合协调度较低的其他省份，则应该汲取前者的发展经验，明确并利用自身发展优势。

（2）数字经济与农产品流通现代化的相关政策的制定要突出区域差异化。我国幅员辽阔，区域间资源禀赋、经济社会基础等差异性较大，且各省份支柱产业各不相同，这不仅使得各省份之间的数字经济与农产品流通现代化水平存在差距，也使得同一省份内数字经济和农产品流通现代化二者存在此强彼弱的现象。因此，为实现各区域各产业均衡发展，应因地制宜，充分认识到各省独特的发展现状与未来方向，故而采取不同措施提高数字经济与农产品流通现代化发展耦合协调度水平。东部沿海地区应继续保持经济发展优势，在现有农业基础之上要走在我国农产品流通发展的前列，积极探索更多种类、更高效率的新流通渠道，满足人们日益增长的多样化需求。同时，调控本省份数字经济相关产业布局，减少数字资源闲置或供需错位等问题。中部地区应重点完善农产品流通现代化等相关基础设施建设与服务体系，比如湖南省、湖北省、河南省等地区应充分利用现有资源，补齐短板的同时利用东部沿海地区的溢出效应，实现自身的发展；西部与北方则应挖掘新时代下自身独特优势，探索地区发展特色，内生发展与外省份协助双管齐下，逐步实现数字经济与农产品流通现代化发展共振。

（3）发挥区域间的带动作用，促进数字经济与农产品流通现代化区域一体化。传统流通企业和流通组织要用更加现代化的手段和数字化的技术进行变革升级，充分利用数字物流、电商平台、"盒马村"等新模式促进发展。东部地区区位条件优越、自然资源优渥、发展水平高，应在数字经济与农产品流通现代化协同发展方面起到示范引领作用，带动相邻落后地区发展；利用数字普惠金融、"三下乡"等政策措施，将人力、物力、财力及发展经验等优质资源下沉到落后地区。同时，耦合协调度差的区域则应提高资源集聚能力，发挥自身比较优势，整合内外部相关资源，发现自身短板，有针对性地弥补自身不足，以期在数字经济与农产品流通发展的基础上，实现更高层次的资源配置与整体发展布局。

第六章 数字经济与农产品流通现代化耦合发展的空间效应分析

摘要：本章以我国数字经济与农产品流通现代化耦合协调度为研究基础，根据其所呈现出的空间特征对影响其耦合协调度的空间效应进行分析。首先，本章通过Dagum基尼系数对其耦合协调度差距的来源分地区进行检测，通过对东、中、西部地区耦合协调度的组间差距、组内差距以及超密度进行分析，发现造成我国数字经济与农产品流通现代化耦合协调度差距的主要原因来自组间差距。其次，本章利用Kernel密度估计进一步刻画了各地区数字经济与农产品流通现代化耦合协调度绝对差异的动态特征及其演进过程，以更好地展示中国各地区数字经济与农产品流通现代化耦合协调的发展水平、分布演化、延展性以及极化趋势。最后，文章采用莫兰指数对我国不同省份的数字经济与农产品流通现代化耦合协调度聚类结果进行了更细致的划分，同时利用空间杜宾模型对其空间效应进行了更精准的拆分，从不同角度揭示了各影响因素对我国数字经济与农产品流通现代化耦合协调度的具体影响机制。

一、引言

随着互联网时代的到来，数字经济以势不可挡的趋势成为影响我国各行各业的重要经济体系。如在城乡一体化中，数字经济的蓬勃发展为城乡融合发展提供了新机遇、新动能和新活力（谢璐 等，2022），而在区域协调发展中，数字化的实现对推动区域创新一体化进程具有重要意义（徐胜 等，2023）。但是数字经济在通过促进区域创新推动经济增长的同时，也存在空间异质性的问题（陶熠 等，2023），这种空间异质性的存在也在更多领域被人们探究。同样，在现代的大区域战略下，区域空间联系日益紧密，对一个区域各经济主体的发展产生积极作用（胡青华，2020）。而现代化流通产业因其具有引导地区间关联产业转型升级及吸纳就业等作用，已逐渐成为我国各地区经济由高速发展向高质量发展转型的重要驱动力（夏会军 等，2020）。因此，深入研究数字经济和农产品流通现代化在发展过程中对区域间所产生的空间效应，对于提升我国各地区间数字经济与农产品流通现代化的发展水平、促进地区间的协调发展具有重要意义。

对数字经济的空间异质性的研究主要有两种模式。一种研究模式是将数字经济作为核心解释变量，使用空间杜宾模型、中介效应等方法探究其对其他众多领域的空间影响与作用机制。比如，一些学者专注于经济高质量发展，分别从数字经济赋能制造业高质量发展（梁向东 等，2023）、长江经济带经济高质量发展（赵巍 等，2023）的角度探究其空间效应。也有学者聚焦农村发展，分别从数字经济促进乡村发展（张芬芬 等，2023）和提升共同富裕水平（柳毅 等，2023）的角度分析了数字经济的作用机制与空间溢出效应。还有学者以创新创业为研究对象，分别从数字经济提升创业活跃度（陈海龙 等，2023）和促进绿色技术创新（刘超 等，2023）等方面探讨其传导机制和空间影响。另一种研究模式是将数字经济与其他主题结合后再进行分析，先对其进行相关性分析，计算出其耦合协调度等评测指标，再通过空间杜宾模型等方式探究其结合整体的空间效应。如郭晗和全勤慧（2022）运用耦合协调度模型测算并分析了我国数字经济与实体经济的融合程度，并指出不同区域数字经济与实体经济的具体差异。而杨守德等（2023）将农村电商水平和数字经济作为核心解释变量，运用空间杜宾模型实证分析了数商兴农对农村现代化的空间影响和作用机制。袁野和李林汉（2023）更是分别运用熵值法、SBM 等模型计算了各省域的数字经济、技术创新与经济高质量发展三者的指数水平及其耦合协调度，并通过 Dagum 基尼系数法分析了东、中和西部地区区域间的差异情况及其来源。

在农产品流通现代化所产生的空间效应及其空间集聚特征等方面，学者们也通过空间杜宾等模型从多方面进行了实证探讨。如杨海丽等（2022）从农产品流通数字化转型的角度，采用空间杜宾模型和门槛效应模型对农产品流通数字化及其对农村居民生活水平的空间效应进行分析。罗国良（2021）从农产品价格视角，分析我国农产品流通市场空间结构及其集聚效应，并探究了三大经济地带的空间集聚水平，进而分析空间集聚水平和最优流通效率的关系。同样，马小龙等（2019）也分别从空间溢出效应与虹吸效应两个维度出发，探讨了全要素共享背景下的农产品流通业空间集聚效应。石亚娣（2021）则将农产品流通产业效率和人口城镇化进行耦合,发现其在时间和空间上的耦合度呈现出从低水平向高水平发展的趋势,并且在不同区域之间具有显著差异。此外,也有学者以京津冀区域农产品流通为研究对象,分别对其流通效率(张斌 等,2020)和流通市场(李娜 等,2020)的空间相关性和空间集聚特征进行探究,对其空间依赖性、异质性和驱动因素进行了总结分析。

综上所述,学者们从多角度对数字经济与农产品流通现代化自身,及其相关主体间的区域空间效应和驱动因素进行了大量研究,并取得很好的实证结果。但是,对于同时包含数字经济与农产品流通现代化的实证研究,尤其是对于其空间效应的研究还鲜有学者涉足。然而,对这二者交叉融合点的研究既是我国政策倾向,又是民生所需。因此,对于数字经济与农产品流通现代化的耦合协调水平的空间效应的探究亟待进行。

二、实证模型、变量选取及数据解释说明

(一)实证模型选取

1. 探索性空间数据方法

为进一步分析长江经济带商贸流通创新与绿色发展耦合协调的空间分布特征,本书采用全局自相关统计量 Moran's I 进行系统研究,计算方法如下:

$$\text{Moran's I} = \frac{\sum\limits_{i=1}^{n}\sum\limits_{j=1}^{n}\omega_{ij}(D_i - \overline{D})(D_j - \overline{D})}{S^2 \sum\limits_{i=1}^{n}\sum\limits_{j=1}^{n}\omega_{ij}} \tag{6-1}$$

式(6-1)中,D_i 和 D_j 表示本地 i 地区与相邻地区 j 的耦合协调度,S^2 表示样本数据方差,ω_{ij} 表示空间矩阵。Moran's I 的取值范围是(-1,1),越

接近 1 表示正向相关性越强，反之负向相关性越强，为 0 时表明空间独立。

2. α 收敛模型

本书采用变异系数法来研究数字经济与农产品流通现代化耦合协调度的 σ 收敛情况。具体计算公式如下：

$$\sigma_i = \frac{\sqrt{\sum_{i'}^{n_{i'}} (\mathrm{Score}_{i't} - \overline{\mathrm{Score}_{i't}})}}{\overline{\mathrm{Score}_{i't}}} \tag{6-2}$$

式（6-2）中，i 代表省、自治区、直辖市，t 代表年份，i' 代表区域类别（ i' = 东部、中部、西部）。

3. β 收敛模型

数字经济与农产品流通现代化耦合协调度的绝对 β 收敛模型如下：

$$\mathrm{lnd\_Score}_{ii't} = \alpha + \beta(\mathrm{lnScore}_{ii't}) + u_{i'} + v_t + \varepsilon_{i't} \tag{6-3}$$

$$\mathrm{lnd\_Score}_{ii't} = \alpha + \beta(\mathrm{lnScore}_{ii't}) + \rho \sum_{j=1}^{n} \omega_{ij}\, \mathrm{lnd\_Score}_{ii't}$$
$$+ u_{i'} + v_t + \varepsilon_{i't} \tag{6-4}$$

$$\mathrm{lnd\_Score}_{ii't} = \alpha + \beta(\mathrm{lnScore}_{ii't}) + u_{i'} + v_t + \varepsilon_{i't}$$

$$\varepsilon_{i't} = \sum_{j=1}^{n} \omega_{ij}\, \varepsilon_{jt} + \sigma_{i't} \tag{6-5}$$

$$\mathrm{lnd\_Score}_{ii't} = \alpha + \beta(\mathrm{lnScore}_{ii't}) + \rho \sum_{j=1}^{n} \omega_{ij}\, \mathrm{lnd\_lnScore}_{ii't}$$
$$+ \theta \sum_{j=1}^{n} \omega_{ij}\, \mathrm{lnScore}_{ii't} + u_{i'} + v_t + \varepsilon_{i't} \tag{6-6}$$

上式中，$\mathrm{d\_Score}_{ii't}$ 表示数字经济与农产品流通现代化耦合协调度的一阶差分，$u_{i'}$ 表示空间固定效应，β 为收敛系数，在通过显著性检验情况下，$\beta > 0$ 说明数字经济与农产品流通现代化耦合协调度发展呈现发散趋势，$\beta < 0$ 说

明存在收敛性。α 为空间误差系数，ρ 为空间滞后系数，θ 为空间外溢系数，ω_{ij} 为复合空间权重矩阵。

构建数字经济与农产品流通现代化耦合协调度的条件 β 收敛模型：

$$\text{lnd\_Score}_{ii't} = \alpha + \beta(\ln\text{Score}_{ii't}) + \sum_{k=1}^{m} \text{CV}_{ki't} + u_{i'} + v_t + \varepsilon_{i't} \quad (6\text{-}7)$$

$$\text{lnd\_Score}_{ii't} = \alpha + \beta(\ln\text{Score}_{ii't}) + \rho\sum_{j=1}^{n} \omega_{ij}\,\text{lnd\_Score}_{ii't} + \sum_{k=1}^{m} {}_k\text{CV}_{ki't}$$
$$+ u_{i'} + v_t + \varepsilon_{i't} \quad (6\text{-}8)$$

$$\text{lnd\_Score}_{ii't} = \alpha + \beta(\ln\text{Score}_{ii't}) + \sum_{k=1}^{m} \text{CV}_{ki't} + u_{i'} + v_t + \varepsilon_{i't}$$

$$\varepsilon_{i't} = \sum_{j=1}^{n} \omega_{ij}\,\varepsilon_{jt} + \sigma_{i't} \quad (6\text{-}9)$$

$$\text{lnd\_Score}_{ii't} = \alpha + \beta(\ln\text{Score}_{ii't}) + \rho\sum_{j=1}^{n} \omega_{ij}\,\text{lnd\_Score}_{ii't} +$$

$$\theta\sum_{j=1}^{n} \omega_{ij}\ln\text{Score}_{ii't} + \sum_{k=1}^{m} [\_\, kCV]\_ (ki\hat{\,}'t) + u_{i'} + v_t + \varepsilon_{i't} \quad (6\text{-}10)$$

上式中，$\text{CV}_{ki't}$ 为影响数字经济与农产品流通现代化耦合协调度的 k 个控制标量。本书选取了 6 个控制变量，主要包括：①经济发展水平（lngdp），用经过平减后的各省份实际人均 GDP 表示。②财政支出力度（eco），用各省份地方财政支出水平表示。③数字普惠金融水平（dig），用数字普惠金融总指数表示。④劳动生产率水平（lab），用各省省人均劳动生产总值表示。⑤人口密度（pop），用各省份年末人口总数除以该省份面积表示。⑥可支配收入水平（inc），用各省份人均可支配收入表示。

4. 空间计量模型

本书构建空间计量模型来研究数字经济与农产品流通协调度的空间效应。具体表达式如下：

$$Y = \alpha_i + \xi_t + \rho \sum_{j=1}^{n} W_{ij} Y_{jt} + \beta X_{it} + \theta \sum_{j=1}^{n} W_{ij} X_{jt} + \mu_{it}$$

$$\mu_{it} = \lambda \sum_{j=1}^{n} W_{ij} U_{jt} + \varepsilon_{it} \qquad (6\text{-}11)$$

其中，Y 为被解释变量；X 为解释变量的集合；W 为空间权重矩阵；i 表示省份；t 表示年份；j 表示邻近省份（$i \neq j$）；ρ 为被解释变量的空间自相关系数，衡量地区间创新效率可能存在的空间相关性；β 为解释变量的回归估计系数，衡量数字经济发展水平与相应控制变量对本地区创新效率的影响程度；θ 为解释变量空间回归系数，衡量数字经济与农产品流通协调度与相应控制变量的空间溢出效应；α_i、ξ_t 分别是空间和时间固定效应系数；μ_{it} 表示空间误差项；λ 为各扰动项的空间自相关系数。当 $\rho = 0$、$\theta = 0$ 时，模型为空间误差模型（SEM）；当 $\lambda = 0$、$\theta = 0$ 时，模型为空间滞后模型（SLM）；当 $\lambda = 0$ 时，模型为空间杜宾模型（SDM）。

（二）控制变量选取

为了验证我国数字经济与农产品流通现代化耦合协调度水平在空间上所呈现的正相关关系，进一步运用空间计量模型探究其驱动因素及其空间效应。在参考张英浩等（2022）和柳毅等（2023）学者控制变量选取方法的基础上，筛选出以下几个重要驱动因素。

（1）教育水平（edu）。教育水平是指人们接受教育的程度，具有较高文化水平的群体更能在数字技术、流通现代化等方面取得突破。本书使用当年毕业的普通本专科生数量来表示。

（2）农业生产水平（agr）。农业生产水平是衡量一个地区的农业整体发展情况的指标，具体在农业总产值方面可以表现出一个地区的农产品生产总价值。庞大的农业生产总值会使得农业发展受到更多的照顾。

（3）经济发展水平（gdp）。经济发展水平不仅反映了一个地区的发展状况，而且反映了当地政府的经济实力。经济发展水平越高，进行结构转型和升级的动力越大，而当地政府在经济上也有更大的优势，可以加大对数字技术的研发与流通设施的投入，这些都可以帮助数字经济和农产品流通发展。

（4）财政支出力度（fin）。财政支出，也称公共支出或政府支出，是政府为履行其自身的职能，对其从私人部门集中起来的以货币形式表示的社会资源的支配和使用。财政支出数量很大程度影响该地区各行各业的发展。

（5）数字普惠金融程度（dig）。数字普惠金融旨在在数字时代下，通过数字的手段将金融服务的对象进行拓展，普及更多普通人群尤其是农户。数字普惠金融在很大程度上影响着农户融资、金融业普及等多方面。

（6）电子商务发展水平（com）。电子商务通常是指各地基于因特网开放的网络环境进行广泛的商业贸易活动的一种商业模式。现在，电子商务已经成为农产品流通的主要运营模式。本书选用农产品电子商务销售额对其发展水平进行研究。

（7）流通设施健全水平（cir）。流通业作为国内经济的先导性和基础性产业，连接着生产和销售两端，承担着价值实现的职责，因此在国民经济运行中发挥着重要作用，对于数字经济的发展与农产品流通现代化也直接或间接地产生影响。本书用民用载货汽车拥有量作为衡量指标。

（8）劳动生产率水平（pre）。劳动生产率是指劳动者在一定时期内创造的劳动成果与其相适应的劳动消耗量的比值。越高水平的劳动生产率在单位时间内带来的价值越高，从而提升最终成果的水平。

（三）数据解释说明

由于我国西藏自治区和港、澳、台地区的数据缺失，因此本书的研究对象为 30 个省、自治区、直辖市。另外，考虑到数据的可靠性和准确性，本书选取的统计指标的原始数据均来自国家统计局、各地统计年鉴以及各地历年的国民经济和社会发展统计公报。本书运用 Stata 16 软件对上述变量进行统计分析，相关变量的描述性统计结果见表 6-1。

表 6-1　相关变量的描述性统计结果

指标 特征值	平均值	标准差	最大值	最小值	变异系数
教育水平（edu）	242 448.66	147 619.34	678 384.00	12 447.00	0.61
农业生产水平（agr）	2 067.17	1 392.40	6 564.80	102.30	0.67
经济发展水平（gdp）	61 759.63	29 483.09	183 980.00	22 089.00	0.48
财政支出力度（fin）	5 669.52	3 025.46	18 247.01	922.48	0.53
数字普惠金融程度（dig）	267.37	75.82	458.97	118.01	0.28
电子商务发展水平（com）	424.84	420.67	2 523.06	6.39	0.99
流通设施健全水平（cir）	82.33	55.91	318.13	12.14	0.68
劳动生产率水平（pre）	12.58	7.15	47.58	4.53	0.57

三、区域差异和分布动态

（一）Dagum 基尼系数

基于第四章表 4-4 中对于数字经济与农产品流通现代化耦合协调度 D

值的计算结果，本章通过 Matlab 软件，采用 Dagum 在 1997 年提出的基尼系数及分解方法对数字经济与农产品流通现代化耦合协调度的区域差异及其来源进行分析，结果如表 6-2 所示；在此基础上进一步将其拆解绘图，由此得到图 6-1 至图 6-4。

表 6-2　数字经济与农产品流通现代化

年份	G	G_w			G_{nb}			G_z/%		
		东部	中部	西部	东-中	东-西	中-西	地区内	地区间	超变密度
2013	0.101	0.084	0.048	0.059	0.105	0.156	0.077	22.9	70.3	6.8
2014	0.097	0.081	0.046	0.056	0.102	0.149	0.072	22.9	69.7	7.4
2015	0.088	0.074	0.045	0.048	0.096	0.135	0.063	22.7	70.1	7.2
2016	0.091	0.078	0.046	0.051	0.099	0.137	0.065	23.4	68.1	8.5
2017	0.093	0.082	0.046	0.051	0.103	0.141	0.065	23.3	68.8	7.9
2018	0.093	0.081	0.047	0.052	0.104	0.139	0.064	23.6	68.4	8.0
2019	0.099	0.087	0.048	0.059	0.114	0.149	0.067	23.8	67.6	8.6
2020	0.095	0.081	0.047	0.055	0.11	0.143	0.063	23.5	68.9	7.6
2021	0.099	0.078	0.048	0.054	0.119	0.150	0.061	22.1	71.8	6.1
平均值	0.095	0.081	0.047	0.054	0.106	0.144	0.066	23.1	69.3	7.6

注：G 表示总基尼系数，G_w 表示组内差异，G_{nb} 表示组间差异，G_z 表示总体贡献率。

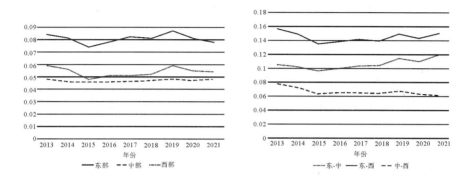

图 6-1　东、中、西三大区域组内差异演变　图 6-2　东、中、西三大区域组间差异演变

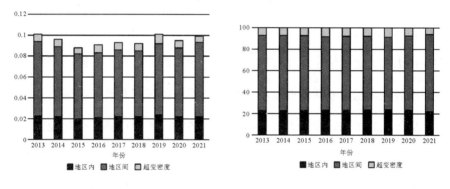

图 6-3　总体基尼系数及其分解演变　　图 6-4　总体基尼系数分解项贡献值

首先，从表 6-2 与图 6-1 可得，我国东、中、西三大区域数字经济与农产品流通现代化的组内差异整体在 2013—2021 年呈现"N"字形演变趋势。其中在 2013—2015 年呈下降趋势，并同时在 2015 年达到组内差异的最低值，三大区域中最低值为中部地区的 0.045。而在 2015—2019 年各区域的组内差异则不断攀高，并在 2019 年达到组内差异的最大值，其中三大区域的最大组内差异值为东部地区的 0.087。随后，在 2020—2021 年，三大区域再次呈现下降趋势。从平均值来看，东部、中部和西部在 2013—

2021 年的组内差异平均值分别为 0.081、0.047 和 0.054。造成这样的波动趋势的可能原因在于，在 2015 年，一方面我国首次在政府报告中提出"互联网+"的工作计划，并持续进行我国"自由贸易区"推进和扩容的工作部署，这些政策的提出和实施对于各地区数字产业和流通产业起到了极大的促进作用。另一方面，我国各地区基础数字水平和贸易流通成熟度存在较大差异，这使得即使是同属东、中、西部的某一大区内的不同城市，在数字经济与农产品流通现代化方面也产生了不同的发展速度，从而拉大了组内差异。同样，在 2019 年后，我国受到了三年新冠疫情的冲击，使得各地区间的发展进入一个较慢的阶段，尤其是对原本发展较快的省份的冲击更大，这就给了原本发展水平较低的省份一个缩小差距的契机，从而使得各地区组内差异呈现缩小趋势。具体到各区域来看，我国三大区域中东部区域的组内差异最大，而西部地区的组内差异略高于中部地区。其中东部地区组内差异较大的原因在于，东部地区既包含了北京、上海和江苏等发展水平极高的省份，同时又存在海南、辽宁等这样发展水平较低的省份，从而拉大了东部地区的组内差异。对于西部地区来说，西部地区的各省、自治区、直辖市在耦合协调发展方面仅有四川一家独大，其余各省份的整体水平都较为落后，组内差异不大。而中部地区各省份发展相对均衡，整体发展速率也基本保持一致，故而中部地区的组内差异最小。

其次，从表 6-2 和图 6-2 可知，在 2013—2021 年，对于我国东、中、西三大区域的数字经济与农产品流通现代化耦合协调的两两组间差距中，东部与西部之间的组间差距始终处于高位，平均值达到 0.144，中部与西部的组间差距则始终处于低位，平均值达到 0.066，而东部与中部的组间差距在上述两者中间，平均值达到 0.106。对于我国三大区域间的组间差异水平，更多的是与各区域自身发展水平有关，故而发展水平最高的东部与另外两区域的差距要比中、西部间的差距要大。具体来看，2013—2019 年三大区域间的组间差距演变趋势呈现出不同的发展倾向。其中，东部与西部区域间的差距呈现反复波动的趋势，但最终整体差异水平在 9 年间从 0.156 降低到 0.150，并未产生太大变动，说明东部与西部区域之间的发展差距并未有太大变化。东部与中部地区的组间差异在 9 年间呈现出略有起伏的上升趋势，在 2013—2019 年从 0.105 上升至 0.119，这表明东部地区与中部地区的组间差异被进一步拉大。而对于中部地区与西部地区的组间差异来说，2013—2021 年一直保持下降趋势，从 0.077 下降到 0.061，变动幅度最大最明显，这说明中部区域与西部区域之间的组间差距正在缩小，两地区呈现出趋同的发展趋势。

最后，结合图 6-3、图 6-4 与表 6-2 进行分析：我国三大地区的总体基尼系数呈现波动式演进趋势，其中在 2013 年达到顶峰值 0.101，在 2015 年来到谷底，为 0.088，随后趋于平稳，最终 9 年间总基尼系数均值为 0.095。更进一步地对其差异来源进行拆分研究，可以发现在构成总体基尼系数的三部分因素中，地区间差异的贡献值最大，9 年间平均占比达到 69.3%，贡献值排第二位的是组内差异，9 年间平均占比为 23.1%，贡献值最小的则是超变密度，在 9 年间平均占比仅为 7.6%。具体来看，构成总体基尼系数的三项差异来源，在 2013—2019 年的演变趋势都基本保持较为稳定的水平，从研究初始和末尾的结果来看没有较大改变。对此，从三大区域组间差异的角度来分析，可以认为我国三大区域的数字经济与农产

品流通现代化耦合协调度整体发展水平差距并未在 9 年间发生改变，由东
到西的阶梯式差异依然存在。从三大区域的组内差异的角度来说，各区域
内部的各省份的数字经济与农产品流通现代化耦合协调度发展水平仍然存
在差距，但从组内差异的波动情况来看，省份之间产生差异的原因或程度
或许有所改变，但对结果并没有影响。从三大区域的超变密度来看，因为
超变密度反映数字经济与农产品流通现代化耦合协调度在地区间交叉重叠
对总体差异的影响，故而需要对提升落后区域的高耦合协调度的省份保持
慎重，因为这样虽然会在一定程度上缩小组间的差距，但是同时也会扩大
超变密度和组内的差异，从而加剧数字经济与农产品流通耦合协调度的不
平衡，最终使总体基尼系数不降反升。

（二）Kernel 密度估计

基于上文对基尼系数及其分解的研究结果，可以从相对发展水平的角
度观测到我国数字经济与农产品流通现代化耦合协调度的地区差异及其差
异来源。这反映出了我国各地区数字经济与农产品流通现代化耦合协调度
的相对差异，但无法刻画我国各地区数字经济与农产品流通现代化耦合协
调度绝对差异的动态特征及其演进过程。因此，为了更加形象、直观地展
示中国各地区数字经济与农产品流通现代化耦合协调的发展水平、分布演
化、延展性以及极化趋势，本章基于前文对数字经济与农产品流通现代化
耦合协调度 D 值的计算结果，将我国 30 个省、自治区、直辖市（缺少西
藏及港澳台地区数据）分为东、中、西部三大区域，利用 Matlab 软件，采
用 Kernel 密度分析对三大地区在 2013—2021 年的 9 年观测期内的数字经济
与农产品流通现代化耦合协调度的动态特征进行估计探析，结果详见图 6-

5 至图 6-8。

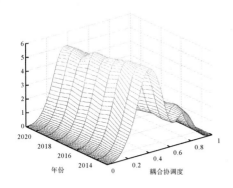

图 6-5　全国总体耦合协调度的分布动态

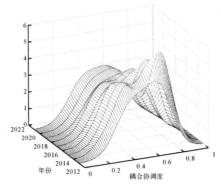

图 6-6　东部区域耦合协调度的分布动态

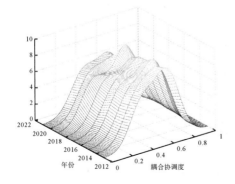

图 6-7　中部区域耦合协调度的分布动态

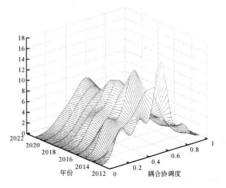

图 6-8　西部区域耦合协调度的分布动态

从分布位置来看，在 2013—2021 年的 9 年观测期内，全国及各地区数字经济与农产品流通现代化耦合协调度曲线主峰皆处在 0.4~0.6 的区间内，并有轻微右移的趋势。这说明我国数字经济与农产品流通现代化耦合协调度基本处于濒临失调到勉强协调的阶段，并有一定程度的上升，但是从三维层面来看上升幅度并不明显。东部地区表现出右拖尾的趋势，在 0.6~0.8 的区间内曲线还存在一定峰值，这说明东部地区有部分省份已经较早达到初级协调的水平，与区域内其他省份形成较大差距。同样，这种右拖尾的现象也在全国总体耦合协调度分布动态图中有所体现，表现为除主峰以外，曲线也存在 0.6~0.8 区间内的次峰。

从分布形态来看，全国及中部地区的数字经济与农产品流通现代化耦合协调度分布形态基本保持不变，整体曲线在 2013—2021 年的 9 年观测期内并没有横向或纵向拉伸或压缩的变化，一直保持较为明显的"拱桥"形态。这说明全国与中部地区整体的发展较为稳定，内部各省份之间的耦合协调度绝对值差值较小，且发展速率基本趋同。而对于曲线整体波动幅度较大的东部和西部地区来说，这两大地区在研究初期呈现出高主峰、低次峰的形态，而在发展过程中两地区的主峰高度下降，宽度缩小，整体离散程度呈现缩小趋势。这说明这两大区域内部各省份的初始耦合协调度之间存在阶梯式分布的情况，但在发展过程减少了这种内部各省份之间差异，各省份耦合协调度有聚拢倾向。

极化特征显示，东、中、西部三大区域的数字经济与农产品流通现代化耦合协调度分布动态在研究初期呈现出不同情况：中部区域只有单一主峰，东部区域存在双峰现象，而西部区域则呈现多峰现象。这表明在研究初期西部区域的耦合协调度呈现出多极化的现象，而东部区域则是两极化的现象，只有中部区域的内部各省份发展水平基本保持一致，并未有极化现象。而在研究中期，中部区域继续保持单峰不变，东部区域和西部区域则呈现出"双峰—单峰"和"多峰—单峰"的发展趋势，最终，东、中、西部三大区域在研究末期都未实现单峰的转变。这表明我国三大区域内部各省份之间数字经济与农产品流通现代化耦合协调水平的差距呈现出缩小趋势，这与我国对于各地区两产业的重视程度以及共同发展的理念有关。至于全国总体耦合协调度的分布动态则在2013—2021年的观测期内始终保持双峰现象，且在高度与宽度上没有太大变化，说明从我国整体来看，虽然地区内部各省份之间的耦合协调水平差距正在缩小，但是区域之间仍然存在差距，且保持了一个稳定的水平。上文所述内容详见表6-3。

表6-3　数字经济与农产品流通现代化耦合协调度发展的分布动态特征归纳

地区	分布位置	分布形态	分布延展性	极值特征
全国	右移	峰值不变，宽度不变	右拖尾	双峰—双峰
东部	右移	峰值下降，宽度变宽	右拖尾	双峰—单峰
中部	右移	峰值不变，宽度不变	无拖尾	单峰—单峰
西部	右移	峰值下降，宽度变宽	无拖尾	多峰—单峰

四、数字经济与农产品流通现代化耦合发展的实证研究

（一）全局莫兰自相关检验

从上述时空跃迁分析可以发现数字经济与农产品流通现代化耦合可能在空间上存在相关性，由此，本书进一步采用探索性空间分析法，利用Stata软件通过莫兰指数检验二者耦合协调发展的空间自相关性。莫兰指数的取值为 1-1。若莫兰指数大于0，表明变量存在正向空间自相关性；若莫兰指数小于0，表明变量存在负向空间自相关性；若莫兰指数等于0，表明变量在空间上的分布是随机的，不存在空间相关性。

本书将分别采用地理邻接矩阵和地理反距离矩阵作为空间权重矩阵，以解决空间计量模型中的外生性问题，并对矩阵进行标准化处理。

（1）地理邻接矩阵 W_1。两个省份地理位置相邻，d 为给定的距离临界值，记区域 i 与区域 j 的距离为 d_{ij}，则 $W_{1ij}=1$，$d_{ij}<d$，否则，$W_{1ij}=0$，$d_{ij}\geq d$。

（2）地理距离矩阵 W_2。d_{ij} 为给定的距离临界值，采用两个省份之间距离倒数：$W_{2ij}=\dfrac{1}{d_{ij}}$。

本书在对数字经济与农产品流通现代化耦合水平已有研究的基础上，对其耦合水平的空间相关性进行检验。将求得的 2013—2021 年我国各省、自治区、直辖市数字经济与农产品流通现代化耦合协调水平值作为变量，分别采用地理邻接矩阵 W_1 和地理反距离权重矩阵 W_2 进行空间自相关性检验分析，其结果如表 6-4 所示。

表 6-4　2013—2021 年我国各省、自治区、直辖市
数字经济与农产品流通现代化耦合发展空间效应分析结果

年份	W_1			W_2		
	Moran's I	Z 值	P-value	Moran's I	Z 值	P-value
2013	0.375	3.321	0.000	0.123	4.787	0.000
2014	0.37	3.278	0.001	0.122	4.739	0.000
2015	0.383	3.386	0.000	0.119	4.654	0.000
2016	0.366	3.245	0.001	0.113	4.47	0.000
2017	0.409	3.598	0.000	0.121	4.725	0.000
2018	0.426	3.743	0.000	0.122	4.762	0.000
2019	0.421	3.704	0.000	0.12	4.696	0.000
2020	0.428	3.76	0.000	0.12	4.697	0.000
2021	0.472	4.122	0.000	0.126	4.879	0.000

由表6-4可知，在2013—2021年，分别选用两种不同的矩阵的情况下，我国数字经济与农产品流通现代化耦合水平莫兰指数在1%的假设下都具有显著性。这说明数字经济与农产品流通现代化耦合协调水平在总体上都具有正的空间相关性，二者耦合协调发展具有一定的关联和外溢效应。更进一步观察可以发现，其呈现出逐年递增的大体趋势，且始终大于0，这表明我国数字经济与农产品流通现代化耦合水平呈现出空间聚集效应，且其强度逐年递增。同时，我国数字经济与农产品流通现代化耦合水平的莫兰指数绝对值并不高，表明我国整体耦合水平的空间集聚效应仍有上升空间。其中，使用地理邻接矩阵 W_1 的空间聚类效应要强于地理反距离权重矩阵 W_2。

（二）局部莫兰自相关检验

莫兰散点图被划分为四个象限，用来识别某个地区及其邻近地区的关系。选取2013年（图6-9）、2017年（图6-10）和2021年（图6-11）基于地理邻接矩阵而绘制的局部莫兰散点图，其中一到四象限分别表示 H-H 类聚集、L-H 类聚集、L-L 类聚集和 H-L 类聚集，并且将其归纳在表6-5中。

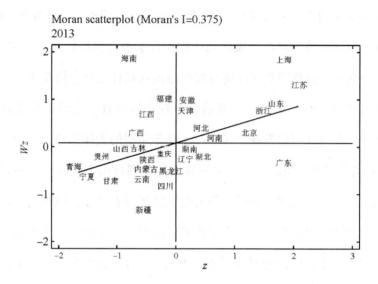

图 6-9　2013 年我国数字经济与农产品流通现代化耦合协调度莫兰散点图

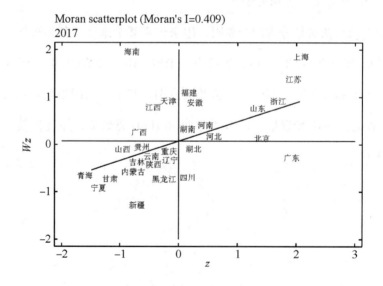

图 6-10　2017 年我国数字经济与农产品流通现代化耦合协调度莫兰散点图

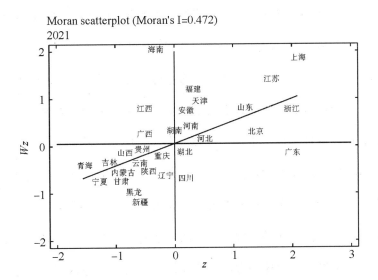

图 6-11　2021 年我国数字经济与农产品流通现代化耦合协调度莫兰散点图

表 6-5　我国数字经济与农产品流通现代化耦合协调局部聚类结果

年份	类型			
	H-H 型	L-H 型	L-L 型	H-L 型
2013	上海、江苏、浙江、山东、北京、河北、河南、安徽、天津	海南、福建、江西、广西	山西、吉林、重庆、贵州、青海、新疆、云南、内蒙古、陕西、黑龙江、宁夏、甘肃	四川、辽宁、湖北、湖南、广东
2017	上海、江苏、浙江、山东、北京、湖南、河北、河南、安徽、福建	江西、天津、海南、广西	山西、吉林、重庆、贵州、青海、新疆、云南、内蒙古、陕西、黑龙江、宁夏、甘肃、辽宁	广东、四川、湖北
2021	上海、江苏、浙江、山东、北京、湖南、河北、河南、安徽、福建、天津	江西、海南、广西	山西、吉林、重庆、贵州、青海、新疆、云南、内蒙古、陕西、黑龙江、宁夏、甘肃、辽宁	广东、四川、湖北

观察表6-5特定3个年份可以发现，两系统耦合协调水平的空间集聚类型中，L-L型与H-H型省份最多，L-H型与H-L型数量最少，这反映了我国各地区空间效应的较高强度。通过局部莫兰指数分析，H-H型表现为具有高系统耦合协调度的省份的空间集聚，主要分布在东部沿海地区及其相邻省份。具体来说，上海、江苏、浙江、山东、北京、河北、河南和安徽8省份始终属于H-H型省份，这些省份不仅都是经济与流通发达省份，而且在地理空间上保持相邻关系，凭借其高水平的经济发展程度与完善的基础设施，大大促进了数字经济的发展与农产品流通的现代化。同时其良好的政策导向使得这些省份在相互协同发展方面也取得积极进展，形成了稳定成熟的H-H型省份群落。L-L型表现为系统间耦合协调度较低省份的空间集聚，在十几个所属省、自治区、直辖市中，新疆、吉林和贵州更具有代表性，这些省份分别代表西北地区、东北地区、西南地区，这些地区的发展程度普遍较低，或因地理位置限制，或因发展重心不同，所以这些地区更容易形成L-L型省份群落。而L-H型省份则表示低-高聚类型省份，表示其自身耦合协调度较低，但周边省份的耦合协调度较高。最具代表性的如江西省，其自身数字经济与农产品流通现代化耦合协调的发展程度并不高，但是其四周省份的数字经济与农产品流通现代化耦合协调的发展程度则普遍较高。从地理位置来看，其四周省份都是经济强省，会吸引江西省本土人力资源、原始资本等生产要素，拉大发展差距，从而造成L-H型省份的聚类情况。而H-L型省份则与L-H型省份相反，表示高-低聚集类型省份。具有代表性的省份有四川省和广东省，这两个省自身发展程度较高，但周边省份大多较差，容易产生虹吸效应从而成为当地的

"独角兽"省份，形成 H-L 型省份的聚类情况。此外，天津市、辽宁省和福建省等省份在不同年份出现了不同的省份聚类情况，这与其自身发展速度与在当地的发展地位有关。

基于此，为进一步直观反映我国数字经济与农产品流通现代化耦合空间效应，我们通过 Geoda 软件在现有研究的基础上对局部空间效应进行探究并进行可视化处理（结果展示从略）。

综合来看，我国数字经济与农产品流通现代化耦合协调在空间上呈现出均质性大于异质性的特征，空间差异表现为正相关，并且具有显著的空间集聚特征。

（三）空间杜宾效应分析

为了理清各因素对我国各省份数字经济与农产品流通协调度的影响情况，我们首先建立面板回归模型：

$$Y_{it} = \beta_0 + \beta_1 \mathrm{edu}_{it} + \beta_2 \mathrm{agr}_{it} + \beta_3 \mathrm{gdp}_{it} + \beta_4 \mathrm{fin}_{it} + \beta_5 \mathrm{dig}_{it} +$$
$$\beta_6 \mathrm{com}_{it} + \beta_7 \mathrm{cir}_{it} + \beta_8 \mathrm{pre}_{it} + \varepsilon_{it} \qquad (6\text{-}12)$$

其中，Y_{it} 作为被解释变量，表示数字经济与农产品流通现代化耦合协调度，其余因素作为解释变量。t 表示时间维度。由于之前的分析显示，两者耦合协调度存在明显的正向空间相关性，即某个地区的发展也会影响邻近地区或受到邻近地区的影响，因此需要将空间因素考虑在内，本书主要纳入空间效应，使用空间杜宾模型进行检验。

而在研究开始前，本书首先基于面板数据的空间滞后模型（SAR）和空间误差模型（SEM）对数据进行验证，两种检验模型回归结果均为显著，可以使用杜宾模型进行进一步检验。进一步通过 LR 和 Wald 检验，可确定空间杜宾模型（SDM）不会退化为空间滞后模型（SAR）或空间误差模型（SEM）。而在空间杜宾模型中，通过对个体固定效应、时间固定效应和双固定效应的检验，本书将选用最优的空间杜宾模型（SDM）的固定效应和双固定进行空间计量分析。空间杜宾模型的计算公式如下：

$$y = \lambda W_y + X_\beta + WX_\delta + \varepsilon \qquad (6-13)$$

其中，λ 为空间自回归系数，β 表示系数。W 表示空间权重矩阵。本书借鉴张英浩等（2022）在处理数字经济的相关空间效应时的选择，应用空间邻接矩阵进行分析。

基于上文的研究基础，将空间杜宾模型检验结果统计在表 6-6 中，Main，W_x 的系数统计结果在表 6-6 中的 W_x 项中。

表 6-6 SDM 空间溢出效应

	Main	z	W_x	z	Spatial
教育水平	0.034 6 * (0.019 3)	1.79	0.098 4 ** (0.040 8)	2.41	
农业生产水平	−0.066 2 *** (0.012 7)	−5.21	−0.109 *** (0.024 5)	−4.45	
经济发展水平	0.009 1 (0.010 1)	0.9	0.049 2 ** (0.021 5)	2.29	
财政支出力度	0.090 7 *** (0.013 5)	6.73	0.052 3 ** (0.022 4)	2.33	
数字普惠金融程度	0.112 *** (0.027 1)	4.15	−0.057 7 (0.044 2)	−1.3	
电子商务发展水平	−0.001 37 (0.006 95)	−0.2	−0.009 97 (0.014 5)	−0.69	
流通设施健全水平	−0.027 7 * (0.016 5)	−1.68	−0.094 2 *** (0.032 2)	−2.93	

表6-6(续)

	Main	z	W_x	z	Spatial
劳动生产率水平	0.037 3*** (0.007 64)	4.89	−0.015 6 (0.014)	−1.11	
rho		3.54		3.54	0.282*** (0.079 6)
Observations	270		270		270
R-squared	0.381		0.381		0.381

注:*、**、***分别代表在10%、5%、1%的显著性水平下显著,括号内的数值为标准误。

表 6-6 中,Main 表示变量对本地区的影响系数,W_x 表示变量对其他地区的空间溢出系数,Spatial 表示被解释变量对周边地区的空间溢出系数。空间自回归系数的 P 值在1%水平下显著,且其系数为0.282,系正值,说明我国数字经济与农产品流通现代化耦合协调发展水平对自身有正向的空间溢出效应。

从变量对本地区的影响系数中 β 值来看,农业生产水平、财政支出力度、数字普惠金融程度和劳动生产率水平都具有1%水平的显著性。这说明农业生产水平、财政支出力度、数字普惠金融程度和劳动生产率水平对数字经济与农产品流通现代化耦合协调度具有重要影响。

由变量对其他地区的空间溢出系数可知,农业生产水平和流通设施健全水平在1%水平下显著,而教育水平、经济发展水平和财政支出力度皆在5%水平下显著。但其中农业生产水平和流通设施健全水平系数为负,说明教育水平等因素存在明显的正向空间溢出效应,周边地区对当地的数字经济与农产品流通现代化耦合协调发展有正向的传导作用,但周边地区农业生产水平、电子商务发展水平和流通设施健全水平的提升对当地的影

233

响却是负向的，并不能有效地影响当地的耦合协调度。

进一步分析，由于 β 在回归中不为 0，因此直接或间接效应不能用各因素的回归结果来反映。根据已有研究可知，上述各要素对数字经济与农产品流通现代化耦合协调发展的作用可分为直接作用、间接作用（空间外溢）和综合作用三个层次。

空间溢出效应的分解效应见表6-7。

表6-7　空间溢出效应的分解效应

	直接作用	间接作用	综合作用
教育水平	0.043 9 ** （0.021）	0.150 *** （0.058 3）	0.194 *** （0.068 7）
农业生产水平	−0.076 7 *** （0.013 2）	−0.173 *** （0.038 4）	−0.250 *** （0.045 4）
经济发展水平	0.014 2 （0.010 4）	0.069 3 ** （0.030 8）	0.083 5 ** （0.036 9）
财政支出力度	0.096 2 *** （0.012 7）	0.105 *** （0.026 3）	0.201 *** （0.029 7）
数字普惠金融程度	0.109 *** （0.024 4）	−0.036 7 （0.050 6）	0.072 2 （0.051 5）
电子商务发展水平	−0.001 77 （0.007 23）	−0.013 4 （0.020 4）	−0.015 2 （0.024 2）
流通设施健全水平	−0.036 0 ** （0.017 1）	−0.141 *** （0.048 6）	−0.177 *** （0.056 6）
劳动生产率水平	0.036 7 *** （0.007 31）	−0.005 12 （0.019 8）	0.031 6 （0.021）
R-squared	0.381	0.381	0.381

注：*、**、***分别代表在10%、5%、1%的显著性水平下显著，括号内的数值为标准误。

1. 对直接效应的结果分析

财政支出力度、数字普惠金融程度、劳动生产率水平都对本地区的数字经济与农产品流通现代化耦合协调度表现出 1% 显著水平下的正相关关系，其中系数最大的是数字普惠金融程度，表明地区数字普惠金融程度每提升 1 个单位会使数字经济与农产品流通现代化耦合协调度上升 0.109 个单位。由此可知地区数字普惠金融程度的提高能为数字经济与农产品流通现代化耦合协调度带来一定的正向影响。此外，教育水平也表现出对本地区的数字经济与农产品流通现代化耦合协调度呈现出 5% 显著水平下的正相关关系。而农业生产水平和流通设施健全水平与该区域的数字经济与农产品流通现代化耦合协调度存在着负相关关系，也就是每增加 1 个单位都会分别导致数字经济与农产品流通现代化耦合协调度降低 0.076 7 个和 0.036 0 个单位。

2. 对间接效应即空间溢出效应的结果分析

教育水平和财政支出力度对具有相同边界的周边地区的数字经济与农产品流通现代化耦合协调度呈现出 1% 显著水平下的正相关关系。以教育水平为例，其促进机制在于，教育水平决定了一个地区的整体人才储备情况，对于数字技术与农产品流通现代化有积极的促进作用，因此对二者耦合协调发展具有空间溢出效应，且教育水平每提升 1 个单位，都会使数字经济与农产品流通现代化耦合协调度增加 0.150 个单位。此外，经济发展水平的系数也为正，且对具有相同边界的周边地区的数字经济与农产品流通现代化耦合协调度呈现出 5% 显著水平下的正相关关系。此外，流通设施健全水平和农业生产水平的系数为负，且都对本地区的数字经济与农产品流通现代化耦合协调度呈现出 1% 显著水平下的负相关关系，说明其并不能对周边地区的数字经济与农产品流通现代化耦合协调度产生积极正面的影响。

3. 对总体效应的结果分析

教育水平和财政支出力度对数字经济与农产品流通现代化耦合协调度呈现出 1% 显著水平下的正相关关系，农业生产水平和流通设施健全水平则呈现出 1% 显著水平下的负相关关系。其中影响最为显著的是教育水平：每提升 1 个单位的教育水平都会对数字经济与农产品流通现代化耦合协调度产生 0.194 个单位的正面影响，其中 0.044 个单位通过直接影响本地区来实现，另外 0.150 个单位则通过外溢影响邻近地区来实现。

（四）稳健性检验

为了验证上文对数字经济与农产品流通现代化耦合协调度的空间效应的分析，本书进一步采用解释变量滞后、剔除新冠疫情影响和更换空间权重矩阵等稳健性检验方法对上文的评价结果进行稳健性检验，以保障评价结果的科学性和稳定性。

1. 反向因果问题讨论

就反向因果问题而言，具有高水平的数字经济与农产品流通现代化耦合协调度的地区，是有可能对教育水平和农业生产水平产生反向影响的。因此，为了分析结果的稳健性，同时降低反向因果带来的影响，本书分别将解释变量滞后一期和滞后二期作为新的解释变量进行回归，对其空间效应进行分析。分析结果表明其影响依旧显著。

2. 更改样本周期讨论

就本书研究的观测期而言，在 2013—2021 年研究对象受到外界众多因素干扰，其中 2019 年末暴发的新冠疫情无疑是对我国各行各业造成冲击最大的外界因素，因此本书借鉴陶爱萍和张珍（2022）的做法，将对本书研究影响最大的外界因素——新冠疫情发生的年份剔除掉,即对我国数字经济与农产品流通现代化耦合协调度在 2013—2018 年的空间效应进行分析。分析结果表明其影响依旧显著。

3. 更换空间权重矩阵

与现有文献研究中使用的地理邻接矩阵相比,地理距离矩阵在对各省份在空间中的现实位置的远近评价上更加具体。同时,谢晓军(2023)对农产品流通的空间效应进行分析时的矩阵选用方法和柳毅等(2023)对数字经济的空间效应进行分析时的矩阵选用方法都为地理距离矩阵,因此本书重新选用地理距离矩阵对我国数字经济与农产品流通现代化耦合协调度的空间效应再次进行分析。分析结果表明其影响依旧显著。

五、数字经济与农产品流通现代化耦合发展的收敛性研究

在对我国数字经济与农产品流通现代化耦合协调发展分布动态和地区差异分解进行探讨的基础上,为了能够更加精准地剖析我国数字经济与农产品流通现代化耦合协调发展时空格局的演变趋势,本书接下来将使用新古典增长模型中的收敛思想对其发展动态进行实证探究,通过空间收敛性分析更加深入、全面地揭示其空间特征。空间收敛性分析可以用来进一步探究不同区域数字经济与农产品流通现代化耦合协调度在样本期内的空间趋同和发散情况,即在收敛分析中引入空间因素。当前的收敛性分析主要有 σ 收敛、β 收敛两种类型,其中 β 收敛包含了绝对 β 收敛和条件 β 收敛。

(一)σ 收敛结果分析

本书运用变异系数分析检验样本观测期内数字经济与农产品流通现代

化耦合协调发展的 σ 收敛性。全国范围及四大经济区域的 σ 系数如表6-8
所示。

表6-8 全国及东、中、西部数字经济与农产品流通现代化耦合
协调发展 σ 收敛结果

年份	全国	地区		
		东部	中部	西部
2013	0.204	0.157	0.091	0.113
2014	0.199	0.153	0.088	0.104
2015	0.194	0.139	0.086	0.090
2016	0.194	0.149	0.089	0.096
2017	0.198	0.153	0.089	0.095
2018	0.198	0.152	0.092	0.097
2019	0.208	0.162	0.093	0.111
2020	0.207	0.152	0.092	0.103
2021	0.218	0.145	0.094	0.102
平均值	0.202	0.151	0.091	0.101

为更加生动、深刻地刻画我国数字经济与农产品流通现代化耦合协调
发展 σ 收敛性，本书将表6-8转绘为折线图6-12以进一步分析。

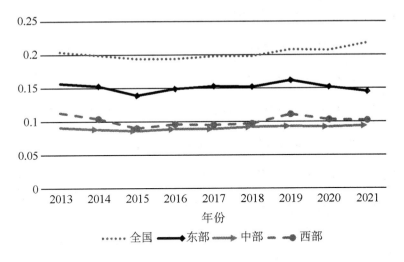

图 6-12　全国及东、中、西部三大区域耦合协调发展 σ 收敛性

结合表 6-8 和图 6-12 进行分析。从整体发展趋势来看，我国数字经济与农产品流通现代化耦合协调发展的变异系数在全国及东、中、西部三大区域内的演变趋势呈现出反复波动的走向，各地区与全国的变异系数并未有一致的走向。而从变异系数绝对水平来看，我国全国及各大区域的变异系数都处于较低水平。其中，全国层面的变异系数水平最高，9 年间平均值达到了 0.202；其次是东部地区，9 年间平均值为 0.151；再次为西部地区，9 年间平均值为 0.101；最后则是中部地区，9 年间平均值仅为 0.091。我们从整体进行横向和纵向的观察比对后可以发现，我国全国及各大地区数字经济与农产品流通现代化耦合协调发展的变异系数在 2013—2021 年保持在一个较低的水平，但是并无进一步变小的趋势，而更倾向于保持已有水平。其中东、中、西部地区内部发展存有差距，但是全国层面的变异系数一直处于较高水平，可以推断我国全国层面的耦合协调度的差距更多来自地区间的差距，且这种地区间差距有轻微扩大倾向。下面具体

对全国及各大地区单独进行详细分析。

从全国层面来看，数字经济与农产品流通现代化耦合协调发展的变异系数的发展趋势在 9 年观测期内呈现出 "V" 字形变动趋势，即从 2013 年的高位 0.204 开始逐年下降，一直到 2015 年和 2016 年的最低值（0.194），随后开始增加，一直到 2021 年的最高值（0.218）。全国呈现出发散趋势的可能原因与本章第三节中的分析类似，即从 2015 年开始我国着重强调对数字网络化和流通业的建设，而我国地区间资源和发展程度固有的差距，使得在 2015 年后我国各地区间的数字经济与农产品流通现代化发展速度和协调度的差距被再次拉大，最终呈现出轻微发散的特征。

从东部地区来看，东部地区的变异系数在 9 年观测期内的发展趋势呈现出倒 "N" 字形变动趋势，即从 2013 年的高位 0.157 开始下降，一直到 2015 年的最低值（0.139）；随后转而递增，直到 2019 年达到最高值 0.162；之后再次开始下降，一直到 2021 年的 0.145 为止。同时，东部地区是三大区域中平均变异系数最高的区域，在 9 年观测期内变异系数的平均值达到了 0.151 的水平。整体来看，虽然在观测期内东部区域的变异系数波动较为频繁，但是其绝对水平仍然表现出最终下降的结果，即表现出收敛的特征。但是从另一方面来看，虽然东部区域的变异系数 9 年间有所下降，但其最低值也要比中部区域或西部区域要高，其原可能在于其内部省份中既有北京、上海和广东这样经济发达、整体协调发展的省份，又有海南、辽宁这样整体发展水平较为落后的地区，在东部区域内形成了较大的内部差异，所以东部地区的整体变异系数呈现出较高的绝对水平。

从中部地区来看，中部地区的变异系数在 9 年观测期内的发展趋势呈现出"一"字形稳定趋势，其 9 年观测期内的最大波动水平基本上未超过其平均值的上下 0.03 个单位。同时，东部区域的变异系数在 9 年观测期内的平均值是三大区域内最低的，仅为 0.091。从中部地区的发展结果来看，虽然中部地区并没有明显的收敛或发散特征，但其仍然是三大区域乃至全国变异系数表现最佳的区域。从中部区域呈现的收敛结果，可以推断中部地区的省份在整体发展过程中处于一个较为同步的发展水平，但对其各自的发展速度来说，却始终保持各自的发展速度，没有呈现出趋于一致的收敛现象。

从西部地区来看，西部地区的变异系数在 9 年观测期内的发展趋势同东部地区较为类似，表现出倒"N"字形发展趋势。即从 2013 年的高位 0.113 开始下降，一直到 2015 年的最低值 0.090；随后转而递增，直到 2019 年达到最高值 0.111；之后再次开始下降，一直到 2021 年的 0.102 为止。西部区域 9 年间的变异系数的平均值较低，为 0.101，仅高于最低的中部地区，而且从整体来看，西部地区最终呈现出轻微收敛的趋势。西部地区变异系数出现收敛性的结果，可能的原因在于西部地区往往是基础建设薄弱且易受到外界因素干扰的省份，在受到国家政策、疫情冲击等影响下更容易产生波动，但在国家"西部大开发""共同富裕"等更具偏向性的政策下，最终在近年呈现出地区间差异逐渐收敛的发展倾向。

（二）绝对 β 收敛结果分析

在对我国数字经济与农产品流通现代化耦合协调度进行 σ 收敛分析之后，为了从多方面更进一步地准确把握我国数字经济与农产品流通现代化耦合协调度的收敛性特征，增强研究的科学性，本书构建了普通面板回归模型，通过 Stata 软件，检验全国及三大经济区域农产品流通现代化发展的 β 收敛趋势。检验结果如表 6-9 所示。

表 6-9 全国及东、中、西部数字经济与农产品
流通现代化耦合协调发展的绝对 β 收敛结果

变量	全国	东部	中部	西部
β	-0.126*** (0.044)	-0.191** (0.075)	-0.217** (0.102)	-0.286*** (0.065)
时间固定效应	YES	YES	YES	YES
省份固定效应	YES	YES	YES	YES
收敛速度/%	1.50	2.36	2.72	3.74
半收敛周期	46.321 4	29.432 1	25.501 8	18.518 4
样本量	240	88	64	88
R^2	0.569	0.458	0.747	0.765
Constant	0.086*** (0.22)	0.114*** (0.37)	0.089*** (0.33)	0.106*** (0.21)
Huasman 检验	107.874***	11.046***	70.048***	77.19***

注：*、**、*** 分别代表在 10%、5%、1% 的显著性水平下显著，括号内的数值为标准误。

一方面，从整体来看，我国全国及三大地区全体的估计系数 β 都显著为负，并且都通过了时间和省份固定效应的检验。这表明我国全国和东、中、西部地区均存在绝对 β 收敛特征，且可信度较高。更进一步，可以认为，在假设各地区经济、人口和政府等变量一致的情况下，通过控制时间和个体的约束条件，我国全国和东、中、西部三大地区都在 2013—2021 年的 9 年观测期内呈现出显著的收敛性，即各地区内部各省份的数字经济与农产品流通现代化耦合协调度之间的差距在不断缩小、趋于一致。

另一方面，从各地区收敛结果看，各经济区域的收敛速度和收敛周期

均有所不同。从收敛速度来看，西部地区收敛速度最快，为 3.74%，其次为中部地区，收敛速度为 2.72%，再次为东部地区，收敛速度为 2.36%。反观全国层面，收敛速度仅为 1.50%，慢于东、中、西部三大区域的收敛速度。虽然我国各区域的收敛速度的绝对水平较低，但是内部各省份的耦合协调度仍在逐渐趋于一致，且收敛速度快于全国地区的收敛速度，造成这一现象的原因在于我国地区间的差距较大，而各地区内部的收敛速度无法弥补地区间整体的差距。另外，各地区收敛速度呈现出西快东慢的特征，即收敛速度与其初始水平呈负相关关系，这即是绝对收敛的典型特征。而从收敛周期来看，全国整体的收敛周期最长，东、中、西部地区的收敛周期从长到短依次为东部地区、中部地区、西部地区，即收敛周期与收敛速度呈反比，故而西部地区具有最强的收敛性。长期来看，西部地区发展的均衡性和协调性要好于其他地区。其原因在于西部地区弱势省份的耦合协调度上升空间大且受特定政策扶持，同时更能学习发展较成熟省份的经验。

（三）条件 β 收敛结果分析

在上述对我国数字经济与农产品流通现代化耦合协调度发展的 β 收敛结果分析的基础上，为了更好地对比全国及各区域在不同分析条件下的收敛情况，得出更加科学、全面的收敛性判断，本书将各地区经济发展水平、财政支出力度、数字普惠金融水平、劳动生产率、人口密度和可支配收入水平等作为控制变量综合考虑后，对样本观测期内全国层面及三大区域数字经济与农产品流通现代化耦合协调度发展进行条件 β 收敛检验，结果如表 6-10 所示。

表6-10　全国及东、中、西部数字经济与农产品

流通现代化耦合协调发展的条件 β 收敛结果

变量	全国	地区		
		东部	中部	西部
β	−0.26*** (0.54)	−0.424*** (0.1)	−0.749*** (0.167)	−0.536*** (0.092)
经济发展水平 (pgdp)	−0.018* (0.01)	−0.004 (0.016)	−0.017 (0.028)	−0.026* (0.015)
财政支出力度 (eco)	0.029** (0.011)	0.03* (0.018)	0.056 (0.051)	0.062*** (0.019)
数字普惠金融水平 (dig)	0.068*** (0.021)	0.126*** (0.038)	0.148** (0.065)	0.083** (0.035)
劳动生产率 (lab)	0.027*** (0.006)	0.045*** (0.013)	0.068** (0.029)	0.008 (0.009)
人口密度 (pop)	0.347 (0.319)	0.008 (0.49)	−4.153* (2.306)	5.642*** (1.749)
可支配收入水平 (inc)	−0.128** (0.049)	−0.149 (0.109)	0.196** (0.087)	−0.167 (0.139)
时间固定效应	YES	YES	YES	YES
省份固定效应	YES	YES	YES	YES
收敛速度/%	3.345 6	6.129 4	15.358 9	8.531 9
半收敛周期	20.718 1	11.308 5	4.513 0	8.124 2
样本量	240	88	64	88
R^2	0.642	0.614	0.836	0.827
Constant	0.121*** (0.87)	0.298** (0.121)	0.447*** (0.15)	0.201*** (0.04)

注：*、**、***分别代表在10%、5%、1%的显著性水平下显著，括号内的数值为标准误。

首先，从整体估计系数来看，全国及东、中、西部三大区域的估计系数 β 均小于0，且均通过了1%的显著性水平检验，这表明全国及东、中、

西部三大区域的数字经济与农产品流通现代化发展均存在显著的条件 β 收敛现象。这也意味着在统筹把握经济发展水平、财政支出和人口密度等经济社会影响因素后，各省份的数字经济与农产品流通现代化发展会逐步趋向自身稳态水平。

其次，对于全国及各地区的收敛速度和收敛周期来说，在综合权衡这些经济社会影响因素后，全国及东、中、西部三大经济区域的收敛速度均取得显著的提升，各地区收敛周期也相应地缩短。其中，中部地区在考虑经济社会影响因素的基础上所提升的收敛速度最快，已经达到15.358 9%的收敛速率，相比于不考虑经济社会影响因素的 2.718% 整整提升了465%，可谓效果显著。此外，东部地区与西部地区的收敛速率也分别提升为 6.129 4% 和 8.531 9%，有了明显的提升，但是全国的收敛速度仅提升为 3.345 6%，提升幅度并不明显。造成这一综合结果的原因在于各地区的省份对于所考虑的经济社会影响因素促进的敏感程度有显著的异质性，且区域内部耦合协调度的一致趋势并不能有效地加快全国区域内的收敛速度。

最后，我们聚焦各类控制变量，并首先转向数字普惠金融水平（dig）。该控制变量在全国及东、中、西部三大区域的回归系数均为正值，且均呈现显著特征，即数字普惠金融水平的提高，可以有效地提升各地区的数字经济与农产品流通现代化耦合协调度。此外，财政支出（eco）和劳动生产率（lab）的回归系数也在各地区不同程度上表现为正值，并且部分地区也通过了显著性检验。即对于充足的财政支出和高效的劳动生产率来说，二者能够显著促进当地耦合协调度的提高。相反，经济发展水平（pgdp）

和可支配收入（inc）在全国绝大部分地区都呈现出负值的回归系数，且在部分地区通过了显著性检验。这表明经济发展水平和可支配收入的提高能够显著推动该区域数字经济和农产品流通现代化耦合发展差异的缩小。而在各类控制变量中最为特殊的则是人口密度（pop），在具有显著性的两个地区中，其在中部区域的回归系数为负值，而在西部区域的回归系数则为正值，即同样的高人口密度或低人口密度，在中、西部区域却起到了完全不同的效果。具体来看，在西部地区，人口密度的提高有助于推进数字经济和农产品流通现代化耦合水平的提升；而在中部地区，人口密度的提高则有助于缩小区域内二者的耦合差异。

第七章　数字经济与农产品流通现代化耦合对农户收入的影响研究

摘要：本章以 2013—2021 年中国 30 个省、自治区、直辖市为研究对象，深入探讨数字经济、农产品流通现代化及其耦合协调度对农户可支配收入及其来源构成的影响作用。研究发现：①数字经济与农产品流通现代化耦合协调度显著促进了农户总体收入提升，在引入两种工具变量、使用 PSM 估计、替换指标评价方法等稳健性检验后，该结论仍然成立；②在异质性方面，拥有高外商投资或高创新能力的省份更能发挥耦合协调度对农户总体收入水平的提升作用。从收入来源的角度看，耦合协调度通过提升农户的工资性收入提升农户总体收入水平；③机制分析表明，收入渠道拓宽在耦合协调度对农户总体收入水平的影响中起到部分中介作用，而农村劳动力转移在其中则起到遮掩效应；④进一步分析发现，耦合协调度与农户总体收入之间存在数字经济、农产品流通现代化、耦合协调度三类面板门槛，随着三者任一水平的提高，耦合协调度的农户增收效应呈现逐渐增强的非线性变化趋势。本书的研究结论为评估数字经济与农产品流通现代化的协调均衡发展及其惠及农户群体的作用效果提供了数据支撑和分析视角，也为探寻农户收入水平的提升路径提供了政策参考。

一、引言

农产品流通现代化作为农业现代化的主要内容和重要任务（郑鹏 等，2012；周丹 等，2016），不可避免地会受到数字经济发展的影响；而加快数字经济与农产品流通现代化深度融合也可以更好地惠及不同收入层次的农户群体，拓宽农户的增收范围和获益渠道，从而达到小农户共同富裕目标。党的二十大报告明确指出，"全面建设社会主义现代化国家，最艰巨最繁重的任务仍然在农村。坚持农业农村优先发展，坚持城乡融合发展，畅通城乡要素流动"；要"深入实施种业振兴行动，强化农业科技和装备支撑，健全种粮农民收益保障机制和主产区利益补偿机制，确保中国人的饭碗牢牢端在自己手中"。我国各地区资源禀赋各异，无论是数字经济还是农产品流通现代化的发展，都会在一定程度上影响农户的收入水平、结构及来源。

数字经济、农产品流通现代化与农户收入之间存在着必然联系。然而，现有文献对农产品流通现代化展开研究的甚少，遑论对数字经济与农产品流通现代化之间复杂、密切、多元联系的深入认识。本书对数字经济赋能农产品流通现代化发展进行理论分析，以数字经济和农产品流通现代化的耦合协调发展为切入点，进一步揭示二者耦合协调发展对农户收入增长的影响效应。

本书结合数字经济融合渗透传统农业全过程各环节多链条的特质属

性，深入诠释了数字经济赋能农产品流通现代化作用于农户收入的理论分析框架，并分别运用熵值法和变异系数法测度了 2013—2021 年全国 30 个省、自治区、直辖市（不包含西藏和港澳台地区）的数字经济发展指数和农产品流通现代化指数，运用多种计量方法实证检验了数字经济和农产品流通现代化耦合协调发展对农户总体收入水平及其构成的影响与作用机制。本章可能的边际贡献在于两个方面：第一，在统一框架下探讨了数字经济与农产品流通现代化主要通过何种路径影响农户收入水平这一关键问题，客观评估农村劳动力转移在数字经济赋能农产品流通现代化发展中起到的关键作用。第二，分别以数字经济、农产品流通现代化及耦合协调度三者为门槛变量，实证检验了数字经济赋能农产品流通现代化发展对农户收入水平的非线性影响关系，这有别于现有文献对数字经济与农户收入之间简单的线性认识。

二、理论分析与研究假设

（一）数字经济赋能农产品流通现代化

数字经济在全球范围内方兴未艾，其已然成为目前世界各国现代化发展的新引擎和新趋势（任保平，2023），而中国作为数字经济大国要充分利用自身先发优势，依托数字经济走出农产品流通困境，缓解农产品产销矛盾从而实现农户"增产又增收"。当前我国农产品已形成区域生产、全国消费的基本格局，大市场、大流通的特点明显，因此必须有完善、健全的流通网络、高效稳定的供应链才能实现区域农产品的供求平衡。但绝大多数人存在"重生产轻流通"倾向，实则在农产品供给量一定的条件下，顺畅的流通才是保供稳价的决定性因素。随着数字经济与传统农业的深度融合，数字红利不断向农业各领域扩散，催生直播带货、社区团购等农产品流通新业态，从本质上冲击了传统农产品流通体系，促成农户与消费者直连对接，市场信息得以双向透明传递的同时最大限度扩展农产品流通贸易范围，实现农产品从田头到餐桌的精准高效转移（刘建鑫 等，2016；杨肖丽 等，2023）。

从生产端看，我国重要农产品面临产需结构性错配（刘长全，2021）、供给能力增长受限（韩磊，2023）、生产成本居高不下、生产效率偏低等挑战；从流通端看，我国以往的农产品流通模式存在流通环节多、链条长、信息不健全（杨仁发 等，2023）、产销不衔接、价值损耗大（赵晓飞 等，2012）等问题，流通环节无法解决农产品的产销矛盾从而造成农户"增产不增收"（陈阿兴 等，2003）。而数字时代的到来恰好一定程度弥补了这些缺陷，以数字技术、数据要素为核心的数字经济凭借其高渗透性、开放共享、突破时空局限、规模效应及网络效应等特征和先天优势，在农产品生产、流通、监管、溯源等方面表现出强大的影响力。

数字经济以整合效应有效打通了农产品流动过程中农户、批发商、经销商、城市用户间信息沟通和实物流动的堵点（姚毓春等，2021）。一方面，数字经济通过电子商务平台、农超对接等新渠道直连生产和消费，助力打破传统农产品流通的地域限制和路径依赖，实现农产品销售渠道扁平化；另一方面，数字经济通过新一代信息通信技术，强化农产品流通过程中的信息对称，使得消费者、生产者和经销商均可通过互联网获取商品质量、市场需求、价格趋势等信息，破除农产品流通的信息壁垒，降低市场参与者的交易成本，弱化经过中间批发环节周转的价格抬升效应（张昊，2023），提高交易效率和市场透明度。此外，数字经济利用物联网、云计算和大数据分析等技术，可以优化农产品流通中的溯源体系和仓储管理，通过实时监控和精准管理，提升农产品供应链整体的协调性和敏捷性，使流通过程更加标准化、智能化、高效化。

（二）数字经济与农产品流通现代化协同发展对农户收入的影响

数字经济与农产品流通的深度融合，不仅有利于驱动农产品流通向智慧化、标准化和现代化方向转型升级，而且在提高农户生活水平、助力乡村振兴等方面也产生了显著的溢出效应（杨海丽 等，2022）。首先，数字经济和农产品流通现代化协调发展破除了传统农产品囿于固定地域和单一途径的销售限制，实现了地域分布广阔的个体农户与全国统一大市场的有效衔接，拓宽了农产品销售渠道，既为农业的规模化经济创造了市场需求，又延伸了农业产业链、价值链以及增收链，促进农业产业链和二、三产业融合（王凤婷 等，2023），在有效提升农户福利水平的同时极大调动农户参与的主动性。其次，数字经济凭借其普惠化、集约化、个性化等特征能引导各项生产要素向以农户为代表的低收入群体倾斜（龚勤林 等，2023），扩展非农就业渠道，提高其劳动收入份额，促进农产品流通，重塑农产品价值，激活乡村发展的内生动力，通过收入分配效应提升农户收入水平，缩小城乡差距，推动形成富裕新生活、共享新局面（周清香 等，2023）。再次，数字经济和农产品流通现代化的有机结合衍生出的在线交易平台和物流配送系统，为农户带来了相对公开透明的市场环境，一定程度上消除了传统农产品流通中利益链条过长和信息不对称的负面影响，简化了交易流程，减少了中间环节和相关费用成本，提高了农户交货效率，从而有助于提高农户对农产品的定价能力，增加利润空间。最后，数字经济还为农户提供了丰富、便利的农业服务和知识支持，包括农业技术咨询、市场分析、种植管理等，提高了农户的生产力、创新力和竞争力，有利于改变农业的要素配置结构，改善农户生活方式，提升其数字素养，从而助其获得持续增收能力。

总而言之，数字经济与农产品流通现代化的协调统筹发展，既能让农户充分发挥自身的主体优势，又能为农户带来社会、经济及生态的多重效益，极大地激发农户发展农业的内生动力（李本庆 等，2022）。因此，本书揭出假设1和假设2。

假设1：数字经济与农产品流通现代化耦合协调发展对农户总体收入水平提升具有显著促进作用。

假设2：数字经济与农产品流通现代化耦合协调发展通过拓宽农户收入渠道对农户收入水平产生积极作用。

（三）数字经济赋能农产品流通现代化对农户总体收入水平的非线性溢出效应

随着数字经济快速发展及其与农产品流通业的深度融合，二者之间联动的边际成本持续下降，运作效率不断提升，对经济高质量发展发挥的乘数效应显著增强，因而其对农户总体收入水平未必是单纯的线性影响。首先，从数字经济的发展特征来看，既有研究指出数字经济发展遵循"梅特卡夫定律"（赵涛 等，2020），即随着数字经济发展规模扩大，产生的价值可能呈指数级上升。同时，数字经济对我国共同富裕目标的实现存在显著的门槛效应（刘儒 等，2022），而广大农户群体收入状况是实现共同富裕的关键环节，数字经济对其或许也具有门槛效应。其次，从我国农产品流通现代化发展的实际情况看，我国农产品流通现代化发展对农户收入的影响力因不同阶段的流通基础会产生不同的作用效度。一般而言，当农产品流通环境改善时，农产品流通突破设施瓶颈，可以大幅提高流通效率，进而使农户获取的收益呈几何级数增加。因此，数字经济和农产品流通现代化的耦合发展对农户收入的影响可能会随着数字经济发展水平的提高或农产品流通现代化进程的加快以及二者协调发展动态关联程度的提升而不断强化。此外，各省份外商投资和企业创新能力的差异可能会导致数字经济和农产品流通现代化耦合协调度对农户收入水平的影响存在异质性。基于此，本书提出假设 3 和假设 4。

假设 3：数字经济和农产品流通现代化的耦合发展对农户收入的影响存在外商投资和创新能力两个层面的特征依赖。

假设 4：数字经济和农产品流通现代化的耦合发展对农户收入的影响具有"边际效应"递增的非线性特征。

三、变量说明、数据来源与研究设计

（一）变量说明

（1）被解释变量：农户总体收入（income）。本书选用农村居民人均可支配收入予以表征，并根据中国统计年鉴按照收入来源将其划分为工资性收入、经营净收入、财产净收入和转移净收入四类用于后续深入研究。

（2）核心解释变量：数字经济与农产品流通现代化耦合协调度

（coo）。在前文理论分析的基础上，综合考虑数字经济和农产品流通现代化在促进农户收入提升中的推动作用，参考相关文献的研究设计（徐生霞等，2023；裴潇 等，2023），利用耦合协调度模型对其进行测度：

$$D = \sqrt{C \times T} = \sqrt{C \times (\alpha \text{digital} + \beta \text{distri})} \qquad (7\text{-}1)$$

$$C = \left\{ \frac{\text{digital} \times \text{distri}}{[(\text{digital} + \text{distri}) /2]^{2}} \right\}^{\frac{1}{2}} \qquad (7\text{-}2)$$

其中，D 表示数字经济与农产品流通现代化的耦合协调度；T 表示数字经济（digital）和农产品流通现代化（distri）的综合协调指数，C 为二者的耦合度；α、β 为数字经济系统和农产品流通现代化系统对二者协同性的贡献率，本书假定两个子系统同等重要，故取 $\alpha = \beta = 0.5$。

（3）中介变量：收入渠道拓宽（chan）和农村劳动力转移（rlt）。鉴于国内学者对前者的实证研究偏少，目前尚未出现能对其进行合理表征的指标数据，因此本书大胆假设，将工资性、经营性、财产性、转移性四种农户收入构成依据等权重法合成该项指标；后者则基于王平达等（2021）和张务伟等（2023）的研究设计，以第二产业就业人数加第三产业就业人数减城镇就业人数衡量。

（4）控制变量：为了尽可能消除遗漏变量的影响，参考已有文献，本书分别从宏观经济层面和农业特定维度纳入相关变量。宏观经济层面变量包括：①教育集聚水平（edu）。本书参照郭峰等（2023）的研究，选用每千人中的在校大学生人数进行刻画。②政府扶持力度（gov），用地方一般财政支出占该省份 GDP 的比重衡量。③经济发展水平（pgdp），选用各省份人均 GDP 进行表征。④人口抚养比（fos），由少年儿童抚养比和老年人口抚养比二者加总得到。⑤城镇失业率（uemp），即城镇登记失业人员所占比重。⑥金融发展程度（fin），用金融业增加值占地区生产总值的比重表示。农业特定维度变量包括：①人均粮食产量（pgra），用粮食产量除以地区常住人口予以表示。②农作物受灾面积占比（aff），由农作物受灾面积除以播种面积得到，其中，受灾面积包括受灾和绝收两部分组成。③第一产业企业比率（pri），具体为第一产业法人单位数占比。

（二）数据来源

研究样本期为 2013—2021 年，研究对象为中国 30 个省、自治区、直辖市（不含西藏和港澳台地区），所涉及指标数据源于中国统计年鉴、中国人口和就业统计年鉴、中国劳动统计年鉴，以及各省份历年政府工作报告、CNRDS 数据库、北京大学数字普惠金融指数。对于部分缺失数据通过插值法进行插补。

（三）研究方法与模型设定

为了检验数字经济与农产品流通现代化耦合协调度（简称"耦合协调度"）对农户总体收入的总效应，本书构建如下计量模型：

$$\text{income}_{i,t} = \alpha_1 + \beta_1 \text{coo}_{i,t} + \theta_1 X_{i,t} + \lambda_t + \mu_i + \varepsilon_{i,t} \tag{7-3}$$

其中，i 和 t 分别代表省份和年份，$\text{income}_{i,t}$ 为农户总体收入水平，$\text{coo}_{i,t}$ 为数字经济与农产品流通现代化的耦合协调度，$X_{i,t}$ 表示一系列控制变量，λ_t、μ_i 分别为省份和年份固定效应，$\varepsilon_{i,t}$ 表示随机扰动项。

考虑到随着数字经济、农产品流通现代化及二者耦合协调度水平三者任一因素的变化，耦合协调度对农户总体收入水平都可能存在非线性效应，对此，本书构建面板门槛模型进行检验：

$$\text{income}_{it} = \alpha_0 + \beta_1 \, \text{coo}_{it} \cdot 1(q_{it} \leq \gamma) + \beta_2 \, \text{coo}_{it} \cdot 1(q_{it} > \gamma) + \theta \, X_{it} + \varepsilon_{it}$$

$$(7\text{-}4)$$

相应地，如果模型存在多重门槛情形，以双门槛模型为例，可将模型扩展为：

$$\text{income}_{it} = \alpha_0 + \beta_1 \, \text{coo}_{it} \cdot 1(q_{it} \leq \gamma_1) +$$

$$\beta_2 \, \text{coo}_{it} \cdot 1(\gamma_1 < q_{it} \leq \gamma_2) + \beta_3 \, \text{coo}_{it} \cdot 1(q_{it} > \gamma_2) + \theta \, X_{it} + \varepsilon_{it} \quad (7\text{-}5)$$

其中，$1(\cdot)$ 代表指标函数，当括号内条件得到满足时，取值为 1，否则取值为 0；q_{it} 表示门槛变量，即耦合协调度（coo）、数字经济（digital）、农产品流通现代化（distri）；γ 为相应的门槛值，其中，$\gamma_1 < \gamma_2$。

进一步，为验证农户收入渠道拓宽和农村劳动力转移在耦合协调度和农户收入之间可能存在的作用机制，在已有基础上构建面板中介效应模型进行检验：

$$\text{mv}_{i,t} = \alpha_2 + \beta_2 \, \text{coo}_{i,t} + \theta_2 \, X_{i,t} + \mu_i + \lambda_t + \varepsilon_{i,t} \quad (7\text{-}6)$$

$$\text{income}_{i,t} = \alpha_3 + \beta_3 \, \text{mv}_{i,t} + \beta_4 \, \text{coo}_{i,t} + \theta_3 \, X_{i,t} + \mu_i + \lambda_t + \varepsilon_{i,t} \quad (7\text{-}7)$$

其中，$\text{mv}_{i,t}$ 为中介变量农户收入渠道拓宽、农村劳动力转移。模型（7-3）检验耦合协调度对农户总体收入的影响，模型（7-6）检验耦合协调度对农户收入渠道拓宽或农村劳动力转移两个中介变量的影响，模型（7-7）则检验农户收入渠道拓宽或农村劳动力转移的真实中介效应。若 β_2、β_3 均显著且 $\beta_2 \times \beta_3$ 与 β_4 符号一致，属于中介效应，应当报告中介效应占总效应的比例，即 $\beta_2 \times \beta_3 / \beta_1$；若 $\beta_2 \times \beta_3$ 与 β_4 异号，则属于遮掩效应，即中介变量所起的间接作用一定程度上掩盖了数字经济与农产品流通现代化的耦合协调度对农户总体收入的真实影响效应，此时报告间接效应与直接效应比

例的绝对值 $|\beta_2 \times \beta_3 / \beta_4|$（温忠麟 等，2014；李政 等，2018；段军山 等，2021）。变量描述性统计见表 7-1。

表 7-1 变量描述性统计

变量	Obs	Mean	Std. Dev.	Min	Max
income	270	14.44	5.807	5.589	38.52
coo	270	0.453	0.086 7	0.268	0.693
digital	270	0.252	0.108	0.059 0	0.655
distri	270	0.183	0.076 9	0.066 0	0.479
edu	270	12.79	4.312	5.832	27.15
gov	270	26.29	11.12	10.50	75.34
pgdp	270	6.020	2.950	2.209	18.75
fos	270	38.78	6.966	22.70	56.70
uemp	270	3.207	0.638	1.200	4.600
fin	270	7.604	3.072	3.241	19.63
pgra	270	488.1	436.7	13.35	2 499
aff	270	13.64	11.50	0.532	69.59
pri	270	8.676	5.524	0.492	23.45
rlt	270	112.2	97.22	6.927	433.1
chan	270	3.600	1.457	1.277	9.630
win	270	6.341	4.625	1.312	24.97
bin	270	4.969	1.733	0.833	10.16
pin	270	0.417	0.417	0.067 1	3.443
tin	270	2.674	1.393	0.427	10.69

四、实证结果与分析

(一) 基准回归分析

表7-2 显示了数字经济与农产品流通现代化耦合协调度对农户总体收入水平的线性估计结果。列（1）到列（4）为均在控制年份固定效应和标准误聚类省份的基础上，逐步加入控制变量且最终进行省份固定效应控制的回归结果，其中，核心解释变量耦合协调度（coo）的估计系数全部显著为正，表明数字经济与农产品流通现代化实现协调发展的动态关联水平越高，农户总体收入越多，验证了数字经济与农产品流通现代化耦合协调发展促进农户总体收入水平提升这一理论预期。

表 7-2 基准回归估计结果

变量	（1）	（2）	（3）	（4）
	income	income	income	income
coo	51.74***	19.23*	21.52**	21.85*
	(12.93)	(10.78)	(10.17)	(11.85)
edu		0.036 6	0.009 22	0.013 1
		(0.134)	(0.132)	(0.205)
gov		0.061 9**	0.053 2***	0.059 0***
		(0.024 2)	(0.019 6)	(0.022 0)
pgdp		1.216***	1.138***	1.148***
		(0.150)	(0.123)	(0.147)
fos		0.025 6	0.023 8	0.021 3
		(0.023 8)	(0.022 7)	(0.025 7)

表7-2(续)

变量	(1)	(2)	(3)	(4)
	income	income	income	income
uemp		-0.190	-0.182	-0.185
		(0.165)	(0.143)	(0.152)
fin		0.222*	0.290**	0.295**
		(0.131)	(0.113)	(0.129)
pgra			0.002 33***	0.002 84***
			(0.000 551)	(0.001 05)
aff			-0.001 77	-0.001 77
			(0.004 34)	(0.004 39)
pri			-0.059 4*	-0.060 2
			(0.035 3)	(0.037 7)
常数项	-10.12**	-6.597**	-7.776***	-7.398
	(4.885)	(3.135)	(2.846)	(4.733)
年份固定效应	YES	YES	YES	YES
省份固定效应	NO	NO	NO	YES
观测值	270	270	270	270
R^2	0.726 7	0.883 9	0.891 2	0.993 9

注：系数下方括号内数值为聚类稳健标准误；*、**、*** 分别表示在1%、5%、10%的显著性水平下显著。

现在我们将目光转向控制变量。由列（4）可知，政府扶持力度（gov）、经济发展水平（pgdp）、金融发展程度（fin）和人均粮食产量（pgra）均能显著正向促进农户总体收入水平提升，其中，经济发展水平和金融发展程度对农户总收入的边际贡献作用相对较为强劲。而教育集聚水平（edu）、人口抚养比（fos）、城镇失业率（uemp）、农作物受灾面积占

259

比（aff）及第一产业企业比率（pri）未能通过显著性检验，表明以上控制变量对于农户总收入无法施加显著影响。

（二）稳健性检验

为验证基准回归结论的稳健性，并解决可能存在的内生性问题，我们接下来通过工具变量法、倾向得分匹配、替换指标评价方法等进行稳健性分析。

1. 内生性讨论

缓解内生性问题是经济学研究中不容忽视的关键步骤。首先，数字经济与农产品流通现代化进程的推动会促使农户收入水平的不断提高，同时随着农户收入的提高，农村居民对于数字经济服务和农产品流通的要求和需求会进一步提高，他们需要更先进的农业信息技术、物流配送服务、普惠金融工具等来支持自身的生产和经营活动，而这些也促进了数字经济与农产品流通现代化更快发展和创新。因此，数字经济与农产品流通现代化的耦合协调发展与农户收入水平存在一定的因果内生关系。其次，影响农户收入水平的客观因素很多，即使在控制省份和年份固定效应后仍无法排除不属于这两类的遗漏变量问题的存在。最后，核心解释变量耦合协调发展的两个组成部分数字经济与农产品流通现代化以及被解释变量农户收入水平，在指标构建、数据搜集、评价测度上并不容易，无法排除研究采用的相关度量指标存在测量误差的可能。综合以上都可能存在的双向因果、遗漏变量和测量误差等原因，在考虑数字经济与农产品流通现代化耦合协调发展对农户收入水平的影响时，存在一定内生性问题的困扰。故本书试图通过面板工具变量模型和倾向得分匹配等来缓解内生性问题，识别二者耦合协调发展对农户收入影响的净增收效应。

本书选取城市公共汽车和电车运营线路总长度（pub）与外商投资和港澳台投资计算机、通信和其他电子设备工业企业资产总额（comp）作为数字经济与农产品流通现代化耦合协调发展的工具变量。从工具变量选取要求来看，一方面，城市公共汽车和电车运营线路的建设和拓展增加了城市内部的交通便利性，推动数字经济产业链衔接与发展的同时，改善了农产品流通环境，影响到数字经济与农产品流通现代化二者的和谐、统筹发展，满足工具变量的相关性；另一方面，城市公共汽车和电车运营线路对农户收入水平的影响微乎其微，满足工具变量的排他性。而选用外商投资和港澳台投资计算机、通信和其他电子设备工业企业资产总额作为工具变量更易于理解，外商和港澳台在计算机、通信和其他电子设备工业制造领域进行投资，为数字经济发展注入资金、技术和管理经验，这有助于扩大数字经济产业规模，推动相关技术创新，提高产业链整体水平，进一步推动数字经济与农产品流通现代化的耦合协调发展，但从短期来看，外商和港澳台在这些领域的投资难以影响农户收入水平。

基于以上逻辑，本书选取城市公共汽车和电车运营线路总长度（pub）与外商投资和港澳台投资计算机、通信和其他电子设备工业企业资产总额（comp）作为工具变量用于研究数字经济与农产品流通现代化耦合协调发展对农户收入影响的净效应。需要说明的是，各省份层面的外商投资和港澳台投资计算机、通信和其他电子设备工业企业资产总额无法直接得到，因此本书选择用各省份外商投资和港澳台投资工业企业的资金总额×其当年投资计算机、通信和其他电子设备制造业领域的占比得到。

表 7-3 列（1）、列（2）分别是以城市公共汽车和电车运营线路总长度（pub）和外商投资和港澳台投资计算机、通信和其他电子设备工业企业资产总额（comp）为工具变量的面板双向固定效应估计结果。不难看出，无论采用哪种工具变量，数字经济和农产品流通现代化耦合协调度对农户总体收入的平均边际效应大幅增强，说明前述内生性问题导致原双向固定效应模型低估了耦合协调度对农户总体收入的影响。从工具变量的有效性来看，在工具变量弱识别检验中，选用 pub 作为工具变量估计的 Wald 统计量为 213.754，选用 comp 作为工具变量估计的 Wald 统计量为 108.94，两者均显著大于弱识别检验 10% 水平上的临界值。表 7-3 列（3）、列（4）、列（5）分别为采用 1∶1 近邻匹配、核匹配和马氏距离匹配方法对样本进行匹配，通过倾向得分检验后对模型进行重新估计的结果。结果表明，无论运用何种匹配方法，耦合协调度与农户总体收入都显著正相关，再次证明基准回归的研究结论是稳健可靠的。

表 7-3　面板工具变量和 PSM 估计结果

变量	工具变量		PSM		
	（1）	（2）	（3）	（4）	（5）
	pub	comp	1∶1 近邻匹配	核匹配	马氏距离匹配
coo	108.5**	34.27***	7.056**	7.202**	16.30***
	(46.07)	(12.71)	(3.411)	(3.481)	(3.353)
常数项	−40.54**	−12.41**	1.185	1.212	−5.327**
	(17.69)	(5.032)	(3.146)	(3.220)	(2.379)
控制变量	YES	YES	YES	YES	YES
年份固定效应	YES	YES	YES	YES	YES
省份固定效应	YES	YES	YES	YES	YES

表7-3(续)

变量	工具变量		PSM		
	(1)	(2)	(3)	(4)	(5)
	pub	comp	1∶1 近邻匹配	核匹配	马氏距离匹配
R^2	0.738 2	0.887 8	0.993 0	0.992 7	0.993 5
Wald 统计量	213.754	108.94			

注：系数下方括号内数值为其标准误；*、**、***分别表示在 1%、5%、10%的显著性水平下显著。

2. 替换指标评价方法

为确保研究结论的准确性，除工具变量回归和 PSM 估计外，本书通过改变数字经济和农产品流通现代化两类指标的评价方式重新进行耦合以克服核心解释变量可能存在的指标度量偏误。

前文提到数字经济和农产品流通现代化的指标评价方法分别是熵值法和变异系数法，这两类评价方法的原理类似、信息清晰、结果相近，可以规避评价赋权特征迥异造成的系统性差异。基于此，本书考虑更换数字经济与农产品流通现代化二者的客观赋权法，分别选用主成分分析法和CRITIC 赋权法，并再次将二者耦合，以检验其对农户收入作用结果的可靠性。其中，主成分分析法是利用降维的思想，在损失很少信息的前提下将众多具有一定相关性的指标重新组合成一组新的互不相关、尽量少的综合指标的多元统计方法。而 CRITIC 赋权法在考虑指标变异性的同时兼顾了指标间的相关性，是一种比熵权法和标准离差法更有优势、更加精确的客观赋权法（戚聿东 等，2020；鞠方 等，2023；匡后权，2023）。

本书经由主成分分析法测度得到的 2013—2021 年中国 30 个省、自治区、直辖市（不包括西藏及港澳台地区）数字经济综合指数如表 7-4 所示。

表 7-4 基于主成分分析法测度的 2013—2021 年

中国 30 个省、自治区、直辖市数字经济综合指数

省份	年份								
	2021	2020	2019	2018	2017	2016	2015	2014	2013
北京	0.427	0.432	0.425	0.391	0.347	0.311	0.301	0.259	0.221
天津	0.247	0.264	0.241	0.219	0.212	0.201	0.187	0.153	0.135
河北	0.311	0.307	0.287	0.265	0.245	0.222	0.208	0.178	0.158
山西	0.196	0.203	0.188	0.181	0.157	0.138	0.14	0.114	0.1
内蒙古	0.225	0.237	0.228	0.206	0.204	0.186	0.177	0.142	0.125
辽宁	0.259	0.266	0.26	0.248	0.234	0.213	0.204	0.17	0.15
吉林	0.211	0.223	0.209	0.187	0.179	0.161	0.151	0.116	0.103
黑龙江	0.231	0.24	0.229	0.213	0.21	0.195	0.18	0.147	0.12
上海	0.417	0.413	0.41	0.378	0.324	0.303	0.286	0.252	0.229
江苏	0.535	0.534	0.547	0.497	0.441	0.41	0.381	0.345	0.325
浙江	0.513	0.508	0.484	0.434	0.399	0.367	0.347	0.296	0.28
安徽	0.314	0.319	0.301	0.26	0.234	0.221	0.202	0.167	0.144
福建	0.295	0.298	0.291	0.27	0.233	0.213	0.202	0.168	0.158
江西	0.25	0.252	0.233	0.202	0.176	0.152	0.148	0.117	0.099
山东	0.441	0.414	0.373	0.364	0.337	0.309	0.293	0.26	0.236
河南	0.312	0.305	0.291	0.266	0.239	0.216	0.205	0.17	0.152
湖北	0.324	0.313	0.301	0.276	0.238	0.211	0.201	0.16	0.143
湖南	0.3	0.291	0.27	0.239	0.211	0.193	0.185	0.154	0.136
广东	0.635	0.611	0.6	0.537	0.461	0.397	0.363	0.331	0.306
广西	0.215	0.224	0.202	0.17	0.142	0.12	0.109	0.093	0.089
海南	0.198	0.208	0.198	0.184	0.164	0.143	0.151	0.111	0.1
重庆	0.232	0.243	0.221	0.203	0.172	0.153	0.139	0.112	0.091
四川	0.303	0.312	0.303	0.269	0.232	0.211	0.199	0.16	0.141
贵州	0.194	0.211	0.203	0.173	0.128	0.11	0.096	0.086	0.068

表7-4（续）

省份	年份								
	2021	2020	2019	2018	2017	2016	2015	2014	2013
云南	0.212	0.229	0.207	0.176	0.174	0.16	0.15	0.115	0.101
陕西	0.248	0.26	0.249	0.227	0.196	0.176	0.168	0.138	0.116
甘肃	0.185	0.193	0.179	0.163	0.145	0.13	0.128	0.094	0.076
青海	0.181	0.203	0.18	0.166	0.14	0.125	0.121	0.083	0.062
宁夏	0.186	0.199	0.179	0.174	0.148	0.12	0.12	0.086	0.07
新疆	0.192	0.207	0.185	0.168	0.146	0.136	0.135	0.107	0.1

本书基于CRITIC赋权法测算得到的样本观测期内2013—2021年中国30个省、自治区、直辖市的农产品流通现代化综合指数如表7-5所示。

表7-5　基于CRITIC法测度的2013—2021年

中国30个省、自治区、直辖市农产品流通现代化综合指数

省份	年份								
	2021	2020	2019	2018	2017	2016	2015	2014	2013
北京	0.296	0.281	0.292	0.311	0.306	0.319	0.276	0.269	0.251
天津	0.275	0.25	0.235	0.246	0.242	0.281	0.278	0.269	0.263
河北	0.289	0.295	0.295	0.337	0.339	0.329	0.326	0.31	0.3
山西	0.191	0.183	0.18	0.209	0.201	0.202	0.194	0.192	0.178
内蒙古	0.173	0.165	0.163	0.223	0.206	0.209	0.207	0.238	0.231
辽宁	0.25	0.244	0.248	0.272	0.276	0.274	0.28	0.271	0.263
吉林	0.194	0.193	0.193	0.227	0.242	0.248	0.247	0.251	0.245
黑龙江	0.224	0.239	0.238	0.28	0.283	0.289	0.292	0.28	0.274
上海	0.419	0.398	0.406	0.437	0.416	0.404	0.377	0.371	0.357
江苏	0.366	0.363	0.378	0.439	0.424	0.416	0.388	0.385	0.386
浙江	0.375	0.358	0.364	0.382	0.37	0.371	0.342	0.332	0.315
安徽	0.274	0.273	0.273	0.326	0.321	0.317	0.305	0.294	0.293
福建	0.262	0.247	0.253	0.289	0.27	0.255	0.236	0.225	0.204

表7-5（续）

省份	年份								
	2021	2020	2019	2018	2017	2016	2015	2014	2013
江西	0.236	0.237	0.274	0.301	0.302	0.299	0.273	0.286	0.287
山东	0.36	0.354	0.361	0.398	0.407	0.429	0.408	0.412	0.407
河南	0.279	0.288	0.279	0.334	0.342	0.354	0.337	0.335	0.317
湖北	0.271	0.275	0.284	0.333	0.322	0.327	0.315	0.307	0.302
湖南	0.305	0.312	0.301	0.357	0.338	0.366	0.33	0.33	0.323
广东	0.35	0.335	0.344	0.379	0.375	0.388	0.358	0.332	0.316
广西	0.244	0.238	0.233	0.265	0.261	0.262	0.25	0.238	0.231
海南	0.29	0.247	0.233	0.279	0.255	0.253	0.236	0.227	0.23
重庆	0.278	0.28	0.293	0.317	0.319	0.334	0.316	0.304	0.292
四川	0.27	0.272	0.283	0.311	0.306	0.316	0.296	0.277	0.26
贵州	0.284	0.285	0.302	0.307	0.28	0.301	0.275	0.247	0.261
云南	0.229	0.227	0.225	0.249	0.249	0.255	0.245	0.24	0.227
陕西	0.218	0.217	0.219	0.265	0.268	0.274	0.256	0.243	0.236
甘肃	0.215	0.202	0.198	0.222	0.214	0.232	0.201	0.2	0.196
青海	0.144	0.143	0.151	0.174	0.182	0.19	0.183	0.166	0.155
宁夏	0.183	0.171	0.172	0.201	0.201	0.191	0.188	0.187	0.188
新疆	0.235	0.224	0.223	0.247	0.242	0.25	0.229	0.231	0.217

本书对分别更换指标评价方法后重新测度的数字经济和农产品流通现代化再次进行耦合协调分析，考察其耦合协调度对农户总体收入水平的直接影响，以验证前文基准回归结论的稳健性。具体回归结果如表7-6所示，列（1）到列（6）为先后放入控制变量以及进行双向固定效应的面板数据模型估计结果。不难看出，无论是否加入控制变量以及对省份和时间层面遗漏变量进行固定，耦合协调度对农户总收入水平的估计系数均显著为正，表明数字经济与农产品流通现代化的协调均衡发展对农户群体具有显著的增收效应，即前文得出的研究结论是稳健可靠的。至此，研究假设1得到验证。

表 7-6 稳健性检验

变量	（1）	（2）	（3）	（4）	（5）	（6）
	income	income	income	income	income	income
coo	37.36***	7.421***	18.76***	6.458***	14.61***	5.426**
	（2.269）	（2.416）	（1.831）	（2.334）	（1.935）	（2.218）
edu			0.797***	−0.654***	0.457***	−0.492***
			（0.096 8）	（0.138）	（0.092 6）	（0.123）
gov			−0.044 1	0.054 1*	−0.092 0***	0.005 26
			（0.032 7）	（0.032 6）	（0.032 9）	（0.028 8）
fos			0.392***	0.051 7	0.387***	0.005 79
			（0.030 4）	（0.038 8）	（0.026 9）	（0.033 5）
uemp			−0.394	−0.190	−0.503**	−0.181
			（0.260）	（0.188）	（0.234）	（0.161）
fin					0.967***	0.750***
					（0.124）	（0.103）
pgra					0.002 56***	0.002 10*
					（0.000 952）	（0.001 22）
aff					−0.019 8**	0.004 95
					（0.010 1）	（0.006 72）
pri					−0.195***	−0.210***
					（0.037 5）	（0.030 7）
常数项	−7.148***	18.59***	−19.38***	26.78***	−17.45***	15.77***
	（1.466）	（1.710）	（2.089）	（3.094）	（1.974）	（2.957）
时间固定效应	NO	YES	NO	YES	NO	YES
省份固定效应	NO	YES	NO	YES	NO	YES
观测值	270	270	270	270	270	270
R^2	0.478 0	0.971 3	0.462 9	0.974 6	0.661 2	0.981 9

注：系数下方括号内数值为其标准误；*、**、*** 分别表示在 1%、5%、10% 的显著性水平下显著。

（三）异质性研究

　　各省份数字经济和农产品流通现代化发展在很大程度上得益于外商直接投资和地区创新能力的支持。一方面，流入外资可以广泛用于冷链仓储、大数据中心、人工智能、工业互联网等新型基础设施建设，同时外商介入能够带来较为先进的技术模式、管理经验和国际资源；另一方面，数字经济和农产品流通现代化的发展均依赖于创新驱动，数字经济新技术新业态新模式、农产品流通现代化新渠道新策略高效率都离不开地区综合创新能力。因而，外商直接投资和地区创新能力是影响省份发展数字经济和农产品流通现代化的重要因素，外商投资和创新能力不同的省份，数字经济与农产品流通现代化耦合协调发展对农户收入可能存在异质性影响。

　　基于此，本书根据外商投资企业投资总额占地区生产总值的比值中位数、规模以上工业企业有效发明专利数中位数，分别将样本分为高外商投资水平组和低外商投资水平组，以及高创新能力组和低创新能力组。按照外商投资、创新能力分组考察数字经济与农产品流通现代化耦合协调发展对农户总收入的影响。由表7-7 Panal A可知，数字经济与农产品流通现代化统筹均衡发展显著提升高外商投资、高创新能力省份的农户总体收入水平。但是对低外商投资、低创新能力省份农户收入水平均有负向作用，且对低创新能力省份农户收入提升的抑制作用并不显著。其原因可能在于：低外商投资和低创新能力的省份往往在市场竞争中处于劣势地位，无法给予数字经济发展所需的技术支撑，无力改善和优化农产品流通低效环节，难以吸引和培育创新企业和新的商业模式，从而无法有效地提高农产品附加值和农户收入水平。综上所述，低外商投资和低创新能力制约了数字经济和农产品流通现代化发展，尤其是低外商投资显著降低了农户总体收入水平。至此，研究假设 2 得到验证。

鉴于《中国统计年鉴》将农村居民人均可支配收入来源分为工资性收入、经营净收入、财产净收入、转移净收入四类，本书进一步探究了数字经济和农产品流通现代化耦合协调发展具体通过影响哪几类农户收入来源来提升农户的总体收入水平。表 7-7 中的 Panal B 表明，耦合协调度会对农户工资性收入产生显著的正向促进作用，而其对农户的经营净收入、财产净收入、转移净收入的影响并未通过显著性检验，这意味着耦合协调度通过提升农户的工资性收入来提升农户的总体可支配收入。

表 7-7　异质性分析结果

Panal A：基于外商投资和创新能力的异质性分析				
变量	（1）	（2）	（3）	（4）
	高外商投资	低外商投资	高创新能力	低创新能力
coo	28.08 ***	−5.951 *	38.96 ***	−0.155
	(5.809)	(3.188)	(5.749)	(2.811)
常数项	−12.55 ***	2.601 *	−15.58 ***	4.386 ***
	(4.803)	(1.359)	(4.921)	(1.495)
控制变量	YES	YES	YES	YES
年份固定效应	YES	YES	YES	YES
省份固定效应	YES	YES	YES	YES
观测值	135	135	135	135
R^2	0.994 4	0.994 3	0.994 4	0.995 0

表 7-7（续）

变量	（1）	（2）	（3）	（4）
	工资性收入	经营净收入	财产净收入	转移净收入
	Panal B：基于农户四类收入来源的异质性分析			
coo	16.63***	−0.273	−0.533	3.157
	(4.443)	(2.152)	(0.990)	(3.419)
常数项	−4.349	9.185***	−2.460***	−5.170**
	(2.975)	(1.441)	(0.663)	(2.289)
控制变量	YES	YES	YES	YES
年份固定效应	YES	YES	YES	YES
省份固定效应	YES	YES	YES	YES
观测值	270	270	270	270
R^2	0.984 7	0.974 4	0.906 5	0.900 1

注：系数下方括号内数值为其标准误；*、**、*** 分别表示在 1%、5%、10% 的显著性水平下显著。

（四）机制检验

本书分别以收入渠道拓宽（chan）和农村劳动力转移（rlt）两个指标为中介变量，按照上述中介效应检验法对以收入渠道拓宽和农村劳动力转移为中介变量的估计结果分别进行检验。表 7-8 中的 Panal A 显示了以收入渠道拓宽为中介变量的估计结果，列（1）对应的是前文模型（2），数字经济与农产品流通现代化耦合协调度对农户收入的影响系数为 21.852，在 1% 显著性水平下显著；列（2）对应的是前文模型（3），数字经济与农产品流通现代化耦合协调度对拓宽农户收入渠道的估计系数为 4.744，通过了 1% 的显著性水平检验，表明耦合协调度的提高能显著促进农户收入来源多元化；而列（3）对应的是前文模型（4），农户收入渠道拓宽对农户收入的回归系数为 3.160，在 1% 显著性水平下显著，表明农户收入渠道拓宽对于农户收入的增长存在明显的提升作用，而耦合协调度的系数为 6.863，β_2、β_3、β_4 均显著为正，表明农户收入渠道拓宽在数字经济赋能农产品流通现代化提升农户收入水平中发挥了部分中介效应，中介效应占比达 68.603%。至此，研究假设 2 得到验证。

表 7-8　中介效应模型估计结果

Panal A：收入渠道拓宽中介效应模型估计结果			
变量	（1）	（2）	（3）
	income	chan	income
Chan			3.160***
			(0.112)
coo	21.852***	4.744***	6.863***
	(3.521)	(0.985)	(1.733)
常数项	−7.398***	−0.698	−5.191***
	(2.357)	(0.660)	(1.107)
控制变量	YES	YES	YES
年份—省份固定效应	YES	YES	YES
R^2	0.994	0.992	0.999
Panal B：农村劳动力转移中介效应模型估计结果			
变量	（1）	（2）	（3）
	income	rlt	income
rlt			−0.012 7***
			(0.004 44)
coo	21.85***	125.9**	23.44***
	(3.521)	(52.38)	(3.511)

表7-8（续）

常数项	−7.398***	91.78***	−6.236***
	（2.357）	（35.07）	（2.356）
控制变量	YES	YES	YES
年份—省份固定效应	YES	YES	YES
R^2	0.994	0.995	0.994
Sobel 检验	−1.837* （0.066）		
Aroian 检验	−1.774* （0.076）		
Goodman 检验	−1.907* （0.057）		

注：系数下方括号内数值为其标准误；*、**、*** 分别表示在1%、5%、10%的显著性水平下显著。表中后三行检验括号外为其 Z 值，括号内为其 P 值。

表7-8 中的 Panal B 呈现的是以农村劳动力转移为中介变量的回归结果，其中，列（1）显示数字经济与农产品流通现代化耦合协调度的估计系数显著为正；列（2）显示耦合协调度的回归系数为125.9，通过5%的显著性检验，表明数字经济与农产品流通现代化的耦合协调发展会大幅推动农村劳动力向非农工作转移；列（3）中的农村劳动力转移系数为 −0.012 7，在1%的显著性水平下显著，而耦合协调度的估计系数为 23.44，显著为正，此时 $\beta_2 \times \beta_3$ 与 β_4 异号，表明农村劳动力转移在数字经济赋能农产品流通现代化提升农户收入水平中存在遮掩效应。在各省份广泛运用数字技术赋能农产品流通现代化加速发展的过程中，会不断衍生出非农新兴工作岗位，从而大幅推动廉价的非熟练农村劳动力向城市集聚，向二、三产业转移，但农村劳动力向非农工作转移并不意味着其总体收入水平相较于从事农业工作时会得到显著提升，甚至由于农村群体专业素质的局限，难以适应现代非农产业发展需要，以致数字经济与农产品流通现代化耦合协调的农户增收效应并不能抵消甚至远小于本身推动农村劳动力

转移对农户总体收入提升的抑制作用，因而无法通过推动农村劳动力向非农岗位转移来提升农户总体收入水平。

(五) 进一步研究——面板门槛检验

鉴于数字经济与农产品流通现代化耦合协调度在不同区间内对农户总体收入造成的影响可能存在差异，因此本书选择耦合协调度、数字经济和农产品流通现代化作为门槛变量进行门槛效应分析，以便深入、精确探究二者耦合协调发展与农户总体收入之间的关系。本书运用 Hansen（1999）提出的"自助法"（Bootstrap），对三者分别进行单一门槛值、双重门槛值、三重门槛值检验，通过 Stata 17 统计软件反复抽样 500 次得出统计量 F 值和相应的 P 值，具体如表 7-9 所示。不难看出，以耦合协调度和数字经济为门槛变量的检验结果显示存在单一门槛，而以农产品流通现代化为门槛变量的检验结果为双门槛模型，表明数字经济与农产品流通现代化耦合协调度对于农户总体收入的影响存在数字经济、农产品流通现代化和耦合协调度本身的三类面板门槛效应。

表 7-9 面板门槛效应的存在性检验

门槛变量	检验类型	F 值	P 值	临界值		
				10%	5%	1%
耦合协调度 （coo）	单一门槛	25.36[*]	0.092	24.698	33.951	46.276
	双重门槛	18.96	0.126	22.187	34.276	54.925
	三重门槛	6.69	0.6460	22.543	29.184	40.453
数字经济 （digital）	单一门槛	27.13[*]	0.056	23.148	27.794	40.445
	双重门槛	14.22	0.186	18.118	21.140	31.830
	三重门槛	6.52	0.648	21.522	27.878	40.950

表7-9(续)

门槛变量	检验类型	F 值	P 值	临界值		
				10%	5%	1%
农产品流通现代化(distri)	单一门槛	76.83***	0.006	25.770	31.554	56.096
	双重门槛	32.80*	0.098	31.454	100.733	161.777
	三重门槛	32.21	0.106	34.598	59.667	113.157

注:***、**、*分别表示在1%、5%和10%的显著性水平下显著。

为了直观表现门槛值的估计及其置信区间的构造,本书分别绘制三者的门槛值似然比函数图,结果如图7-1至图7-3所示。图7-1为以耦合协调度为门槛变量的 LR 图,对应的门槛值为0.569;图7-2为以数字经济为门槛变量的 LR 图,对应门槛值为0.415;图7-3为以农产品流通现代化为门槛变量的 LR 图,对应的门槛值分别为0.334和0.351。其中,LR 统计量最低点为对应的真实门槛值,即似然比统计量 LR 趋于0时对应的 γ 值,虚线代表95%显著性参考线,其临界值为7.35,由于门槛值均位于临界值下方,由此判定门槛值真实有效。

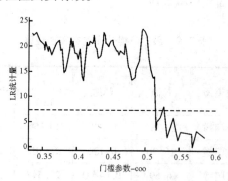

图7-1 耦合协调度单门槛估计 LR 图

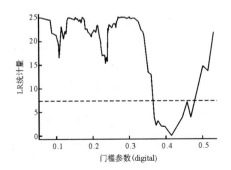

图 7-2 数字经济单门槛估计 LR 图

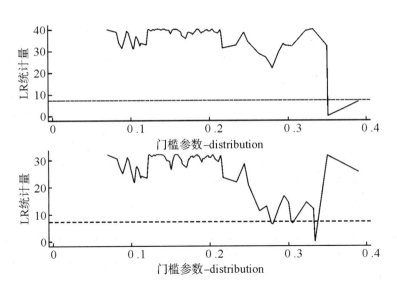

图 7-3 农产品流通现代化双门槛估计 LR 图

表 7-10 是以数字经济、农产品流通现代化、耦合协调度三者为门槛变量的面板门槛模型估计结果。不难看出，数字经济与农产品流通数字化协调发展的农户增收效应随着数字经济或农产品流通现代化抑或是二者耦合协调度的逐步提高而不断增强。随着三者任一发展水平的不断提高，数字经济与农产品流通现代化耦合协调度对农户收入的提升作用越来越强，

呈增速加快的非线性趋势。至此，研究假设 3 得到验证。进一步分析发现，随着数字经济的不断发展，其对各行业全产业的渗透作用更强，由此产生的乘数效应更大，对农户的增收作用也愈发强劲。

表 7-10　面板门槛模型估计结果

变量		（1）门槛变量：digital	（2）门槛变量：distri	（3）门槛变量：coo
门槛值	q_1	0.415	0.334	0.569
	q_2		0.351	
$coo \cdot 1 \, (Thv \leqslant q_1)$		16.501*** (9.115)	11.214** (5.323)	18.032* (9.335)
$coo \cdot 1 \, (q_1 < Thv < q_2)$		17.975*** (9.317)	13.653** (5.333)	19.482* (9.633)
$coo \cdot 1 \, (Thv \geqslant q_2)$			16.429*** (5.183)	
控制变量		YES	YES	YES
年份—省份固定效应		YES	YES	YES
F 检验		453.15***	5 788.61***	636.36***
R^2		0.883	0.897	0.885

注：括号内数值为稳健标准误，***、**、* 分别表示在 1%、5% 和 10% 显著性水平下显著。

五、研究结论与政策建议

（一）研究结论

本书以 2013—2021 年中国 30 个省份为研究对象，从农村劳动力转移这一视角，探究数字经济、农产品流通现代化及其耦合协调度对农户总体收入水平及其来源构成的影响关系。研究发现：第一，数字经济与农产品流通现代化耦合协调度显著促进了农户总体收入提升，二者统筹均衡发展已成为新时代下拓展农户增收空间的重要力量，在引入两种工具变量、使用 PSM 估计、更换指标评价方法等稳健性检验后，此结论仍然成立。第二，在异质性方面，拥有高外商投资或高创新能力的省份更能发挥耦合协调度对农户总体收入水平的提升作用。从收入来源角度来看，耦合协调度通过提升农户的工资性收入提升农户的总体收入水平。第三，在路径机制方面，耦合协调度可以通过拓宽农户收入渠道、促进农村劳动力转移来影响农户总体收入水平，其中农村劳动力转移遮蔽了耦合协调度的农户增收效应。第四，进一步分析发现，数字经济与农产品流通现代化耦合协调度与农户总体收入之间并非线性关系，而是存在数字经济、农产品流通现代化、耦合协调度三类面板门槛，随着三者任一水平的提高，耦合协调度的农户增收效应呈现逐渐增强的非线性特征。

（二）政策建议

首先，深入推进产业数字化发展，以数字经济赋能农产品流通业进一步巩固数字信息技术为农户收入提升带来的优势。数字经济的发展不仅仅是一种经济热点，更是当下及未来我国推进农业农村现代化、拓宽农户增收致富渠道、缩小城乡收入差距并实现共同富裕的重要动力。因此，应当加快数字技术在农业相关领域的渗透融合，不断促进传统产业的数字化转型，助力农产品销售、流通、供应突破地域性边界，努力提升数字经济与农产品流通现代化的良性协调水平，充分发挥二者耦合协调度不断强化的农户增收效应。

其次，各省、市、区县、镇（街）四级政府应制定稳定、透明的地方法规和政策，消除外商及港澳台投资壁垒，降低行政审批成本，加大知识产业保护和执法力度，进一步优化形成市场化、法治化、国家化的营商环境。同时，各地区应结合本地发展特征，坚持动态化、差异化发展战略，有序、稳步推进经济技术开发区、自贸试验区等区域建设和扩容，鼓励试验区中心城市和周边城市实行资源信息共享，强化高质量外资引进（隋广军 等，2023；郝彬凯等，2023）。此外，各级政府应组织企业开展创新交流活动，提供创新资源对接平台，鼓励企业与科研机构、高校和院所建立合作关系，构建多主体深入融合的技术创新体系，实现产学研协同，联合开展拔尖创新人才培养，创新数字经济对农产品流通现代化的全新赋能形式。

最后，客观分析、理性认识农村劳动力转移在数字经济与农产品流通现代化耦合协调度促进农户总体收入提升中的作用效果。鉴于农村劳动力向非农方向转移无法显著提升农户总体收入水平，反而会受自身专业素质束缚，抑制可支配收入增长，因此，推动农村劳动力向非农工作转移并不是促进农户收入增长的奋斗方向，而拓宽农户增收致富渠道才是提升农户收入水平的关键所在。因此，各级政府要重视农户数字就业技能培育，发展比较优势明显、带动能力强、就业容量大的区域富民产业，吸纳农户就近就业创业，并通过农业合作社等组织带动小农户合作经营，借助乡村旅游、农村电商等"三农"新业态建立增收长效机制，并加大对农补助补贴等惠农力度，不断拓宽农户增收渠道，实现就业稳定提质、经营节本增效、财产收入扩张、转移收入拓展的可能。使农户收入来源多元化，增强其经济韧性，改善其收入稳定性，有效激发农业农村农民发展新活力。

第八章　数字经济与农产品流通现代化耦合对农户收入的政策效应

　　摘要： 基于前文的综合分析，本章认为数字经济赋能农产品流通现代化能够显著而稳健地提升农户的总体收入水平。那《长江经济带发展规划纲要》的实施能否提升农户的收入水平？鉴于《长江经济带发展规划纲要》中对加速推进农业现代化、促进信息化和产业融合发展等明确要求，本章将《长江经济带发展规划纲要》政策作为推进数字经济与农产品流通现代化耦合协调发展的准自然实验，利用面板双固定效应双重差分模型完整评估了该项政策对农户总体收入水平及其四种构成的影响效果。研究发现：此项政策显著提升了长江经济带农户的经营性收入，但对农户总体收入水平、工资性收入、财产性收入和转移性收入的影响有待增强，这一结论在经过平行趋势检验、PSM-DID 模型、安慰剂检验后依然成立。针对上述结论，作者从加快培育区域代表性农业龙头企业、加大对农业科技创新和示范推广投入、鼓励设立农民专业合作社等方面提出对策建议。

一、引言

2016 年 9 月，中共中央、国务院印发《长江经济带发展规划纲要》，提出要将长江经济带打造成为生态文明建设的先行示范带、引领全国转型发展的创新驱动带、具有全球影响力的内河经济带、东中西互动合作的协调发展带，通过推动创新转型绿色发展，提升全方位对外开放水平，构建协同发展长效机制，努力把长江经济带建设成为生态更优美、交通更顺畅、经济更协调、市场更统一、机制更科学的黄金经济带。该项发展规划纲要涉及大力保护长江生态环境、加快构建综合立体交通廊道、创新驱动产业转型升级、积极推进新型城镇化、努力构建全方位开放新格局、创新区域协调发展机制体制等多维度全方位长江经济带发展工作内容，势必会对长江经济带数字经济建设、农产品流通现代化进程、地区农户收入水平及其构成带来不同程度的影响。

《长江经济带发展规划纲要》明确强调以创新驱动产业转型升级，推动传统产业整合升级，打造产业集群，加速推进农业现代化，并通过培育和壮大战略性新兴产业，推进新一代信息基础设施建设，促进信息化与产业融合发展，打造核心竞争优势。这意味着《长江经济带发展规划纲要》涵括了数字经济发展与农业农村现代化两个重要组成部分，将推动农业数字化现代化建设作为重要任务之一。而农产品流通现代化作为我国农业现代化的重要环节和主要任务，一定程度上会受到《长江经济带发展规划纲要》的影响，从而带来农户收入水平的变动。

那么，《长江经济带发展规划纲要》实施多年后，长江经济带区域数字经济与农产品流通现代化耦合发展状况如何？该项政策的实施是否也提升了地区农户收入水平？回答这一问题，不仅有助于评估《长江经济带发展规划纲要》的具体效果，还可以为我国缩小城乡差距、助力广大农户增收致富从而实现共同富裕目标提供重要启示。

二、理论分析与研究假设

《长江经济带发展规划纲要》与数字经济及农产品流通现代化存在密切关系。一方面，《长江经济带发展规划纲要》将推进4G移动宽带网络建设、开展沿江城市宽带提速工程、提升宽带用户网络普及水平和接入能力、促进信息技术与产业融合发展等列入重点举措，极大地推动长江流域数字经济的发展，以及数字经济与农业发展深度融合，加速推进农业现代化进程，优化农业资源配置，改善农业生产条件，创新农业生产方式，提升现代农业和特色农业发展水平的同时，推动农业产业链的纵向拓展，实现食品和农副产品精深加工快速成长，从而提升长江经济带农业质量效益和竞争力。《长江经济带发展规划纲要》鼓励推动农业产业结构优化调整，例如发展特色农产品、休闲农业、乡村旅游等，拓宽农户经营领域，持续拓展农户经营净收入空间，并通过提供便利的金融和农业保险服务，帮助农户扩大经营规模的同时增强其风险抵御能力。

《长江经济带发展规划纲要》强调将清除阻碍要素合理流动的地方性政策法规和市场壁垒，实施统一的市场准入制度和标准，并统筹基础设施规划建设，加强长江流域省际沟通交流，构建统一开放有序的运输市场，提出要加快物流体制改革，推进江海联运、铁水联运、公水联运有效衔接，降低物流成本，提高流通效率，这为农产品流通现代化发展奠定了坚实的资源物质基础。此外，开展电子商务进农村综合示范试点是《长江经济带发展规划纲要》的重要任务之一。《长江经济带发展规划纲要》积极推动农产品电商平台的建设和发展，意图为农户提供更为便捷高效的农产品流通渠道和销售网络，借助电商平台夯实农业产业发展基础，改变农产品行销方式，拓宽农产品市场渠道，绕过传统流通环节，让农产品销售直接面向消费者，减少中间环节成本和利润损失，扩大农产品市场覆盖范围的同时改善农户收入状况。综合以上分析，本书提出研究假设1。

假设1：《长江经济带发展规划纲要》的实施能够显著提升农户经营性收入。

三、研究设计

基于此，本书认为有必要就《长江经济带发展规划纲要》对农户收入水平及其来源影响进行实证研究。我们构造如下面板双重差分双固定效应模型：

$$\text{income}_{it} = \alpha + \beta_1 \text{esite}_i \times \text{eperiod}_t + \beta_2 \text{esite}_i + \beta_3 \text{eperiod}_t +$$

$$\varphi \text{control}_{it} + \mu_i + \lambda_t + \varepsilon_{it} \tag{8-1}$$

其中，被解释变量 income_{it} 分别为农户总收入水平及其四类收入来源，eperiod_t 表示《长江经济带发展规划纲要》实行时间政策变量，实行前年份取值为0，实行后年份取值为1，以2016年为实施起始年份。而 esite_i 指的是《长江经济带发展规划纲要》实行地区处理变量，将长江经济带战略具体涉及的11个省份赋值1，作为处理组；而被实行该项战略的省份则赋值0，作为控制组。具体来看，长江经济带发展规划纲要覆盖上海、江苏、浙江、安徽、江西、湖北、湖南、重庆、四川、云南、贵州11个省份。当且仅当处理组和控制组满足平行趋势检验时，β_1 才是《长江经济带发展规划纲要》政策的处理效应。

值得注意的是，本模型控制变量分别是数字经济与农产品流通耦合协调度（coo）、教育集聚水平（edu）、经济发展水平（pgdp）、总抚养比（fos）、失业率（uemp）、金融发展程度（fin）、农作物受灾面积占比（aff）、第一产业企业比率（pri），与前文略有区别。

四、平行趋势检验

使用双重差分法的重要前提是满足平行趋势假设，因此，本书绘制了长江经济带省份与非长江经济带省份农户总收入水平、工资性收入、经营净收入、财产净收入和转移净收入的平行趋势假设检验图，详见图8-1至8-5。由图可知，农户总收入、工资性收入、经营净收入在政策执行之前的年份，各点都大致位于0轴附近，这证明此时政策对长江经济带省份无显著影响，而在政策执行之后的年份，农户总收入水平和工资性收入部分点为负，表明此时政策对个体可能存在负向影响。而农户的经营性收入在政策实行后为正，证明该项政策可能对实行省份的农户经营性收入存在正向影响。因此，三者作为被解释变量使用双重差分模型是相对合理的。至于农户的财产净收入和转移净收入则未通过平行趋势检验，无法使用双重差分模型。

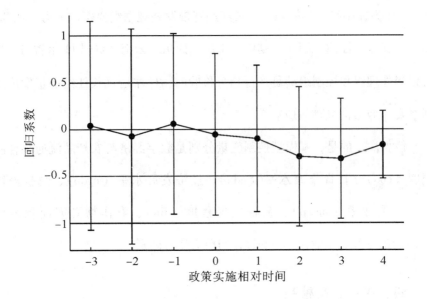

图 8-1　农户总收入水平的平行趋势检验

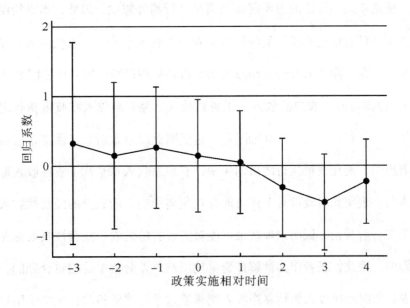

图 8-2　农户工资性收入的平行趋势检验

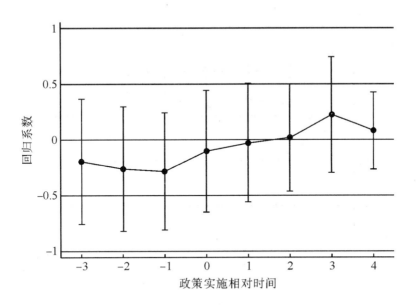

图 8-3 农户经营净收入的平行趋势检验

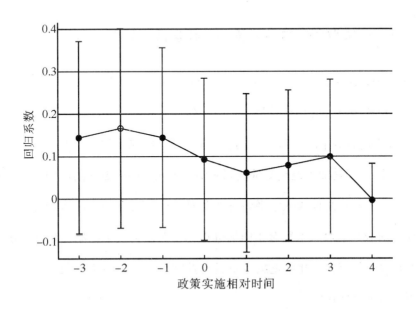

图 8-4 农户财产净收入的平行趋势检验

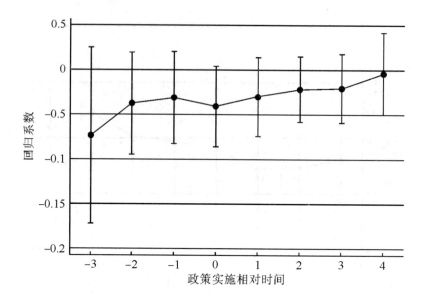

图 8-5　农户转移净收入的平行趋势检验

五、面板双固定效应双重差分模型回归结果

表 8-1 显示了《长江经济带发展规划纲要》对农户的总收入、工资性收入和经营净收入的估计结果。其中，列（1）、列（3）、列（5）是未加入控制变量且未固定年份、省份个体效应的回归结果；而列（2）、列（4）、列（6）是加入控制变量的同时施加了双向固定效应的回归结果。具体来看，就农户总体收入水平而言，在列（1）中，《长江经济带发展规划纲要》对农户总收入呈显著正向促进作用，而在引入了控制变量和对随时间变化以及随省份变化的遗漏变量进行控制后，该项政策对农户总体收入呈不显著的负向影响。

而列（3）和列（4）表明，在引入了控制变量并对省份及年份双向固定后，该项政策对于农户工资性收入的提升表现出显著抑制作用。列（4）中的交互项系数为-0.362，且在10%的显著性水平下显著。由列（4）可知，相较于非长江经济带省份，长江经济带省份的农户工资性收入显著降低了0.362个单位。

列（5）和列（6）显示，无论是否加入控制变量及运用双向固定效应，该项政策对于农户经营净收入都呈显著正向影响，均通过1%的显著性检验。由列（6）可知，相较于非长江经济带省份，长江经济带省份的农户经营性收入显著提升了0.267个单位。

表8-1 长江经济带发展规划纲要对农户收入的回归结果

变量	（1） income	（2） income	（3） win	（4） win	（5） bin	（6） bin
esite×eperiod	5.658***	−0.153	2.508***	−0.362*	1.363***	0.267***
	（0.623）	（0.156）	（0.317）	（0.189）	（0.177）	（0.093 3）
控制变量	NO	YES	NO	YES	NO	YES
年份固定效应	NO	YES	NO	YES	NO	YES
省份固定效应	NO	YES	NO	YES	NO	YES
常数项	13.05***	−5.204***	5.728***	−7.643***	4.636***	11.30***
	（0.901）	（1.952）	（0.810）	（2.370）	（0.284）	（1.169）
观测值	270	270	270	270	270	270
R^2	0.094	0.978	0.049	0.862	0.007	0.894

注：*、**、*** 分别代表在10%、5%、1%的显著性水平下显著。

六、稳健性检验

(一) PSM-DID 模型

本章进一步采用倾向得分匹配的双重差分 (PSM-DID) 方法来缩小处理组和控制组变化趋势存在的系统性差异。在具体估计中,本章采用教育集聚水平、经济发展水平、金融发展程度等协变量估计倾向得分,然后运用核匹配法获得长江经济带处理组样本,之后用匹配好的数据进行面板DID 估计。农户工资性收入的 PSM-DID 检验结果如表 8-2 所示,在利用PSM 方法减少样本选择性偏差后,与非长江经济带省份相比,该项政策实行省份农户工资性收入获得提升但并不显著,与前文回归结果相悖,因此关于《长江经济带发展规划纲要》的实施是否会对农户工资性收入造成影响以及影响程度如何无法得出确切结论。

表 8-2 农户工资性收入的 PSM-DID 方法检验

结果变量	Win	S. Err.	$\lvert t \rvert$	$P > \lvert t \rvert$
Before				
control	4.165			
treated	5.216			
Diff (T-C)	1.051	1.141	0.92	0.358
After				
control	6.595			
treated	8.144			
Diff (T-C)	1.549	0.768	2.02	0.045**
Diff-in-Diff	0.498	1.375	0.36	0.718
R^2	0.11			

表 8-3 显示的是农户经营性收入的 PSM-DID 方法检验结果。不难看出,在减少了该项政策实施的样本选择性偏误后,与非长江经济带省份相比,《长江经济带发展规划纲要》的实施显著提升了农户经营性收入,与前文面板双固定效应双重差分模型回归结论无明显差异,进一步验证了该项政策对于农户经营性收入的提升作用是显著且稳健的。至此,研究假设1 得到验证。

表 8-3 农户经营性收入的 PSM-DID 方法检验

结果变量	Bin	S. Err.	$|t|$	$P > |t|$
Before				
control	4.445			
treated	3.850			
Diff (T-C)	-0.595	0.298	-1.99	0.048**
After				
control	5.456			
treated	5.614			
Diff (T-C)	0.158	0.224	0.71	0.481
Diff-in-Diff	0.753	0.373	2.02	0.045**
R^2	0.31			

(二)安慰剂检验

在理想情况下,如果该政策是外生的,不受不可观测的因素影响,此时可以直接通过 OLS 估计得到交互项系数 β_1 的一致估计量。但是,在现实情况下,该项政策会受到各种可观测因素与不可观测因素的影响,如其他全国性重大政治、经济、环境政策等。为了进一步明确农户经营净收入的

提升作用是由《长江经济带发展规划纲要》的实施所引起，本章设计了证
伪检验。具体而言，将政策实施年份后置到 2018 年，在样本中随机抽取对
应城市作为伪实验组，根据伪实验组和伪政策展开时间虚拟变量生产伪
DID 变量，进而用伪 DID 变量与农户经营净收入进行回归，将此过程循环
1 000次。图 8-6 是自抽样回归系数的 P 值以及核密度分布图，结果表明随
机抽样系数的期望值趋近于 0，较大程度偏离于表 8-1 中列（6）中回归系
数 0.267（图 8-6 虚竖线为面板双固定效应 DID 估计系数，位于分布图的
高尾位置），同时从 P 值也能看出大部分随机抽样估计系数都聚集在 0 附
近且 P 值远大于 0.1，估计结果并不显著。因此进一步验证了面板双固定
效应 DID 回归结果的稳健性，基本排除了长江经济带地区农户经营性收入
提升是受到同窗口期其他全国性政策的影响。

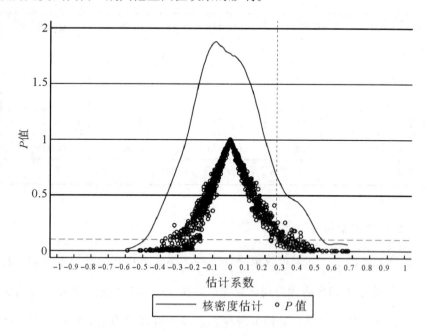

图 8-6　安慰剂检验

七、研究结论与政策建议

在章将《长江经济带发展规划纲要》作为数字经济赋能农产品流通现代化的准自然实验，通过构建面板双固定效应双重差分模型评估数字经济与农产品流通现代化协调发展对农户收入水平的影响。研究发现：《长江经济带发展规划纲要》显著提升了长江经济带省份农户的经营净收入。该结论经过平行趋势检验、PSM-DID 模型检验、安慰剂检验后仍然成立。而此项政策对农户总体收入水平、工资性收入、财产净收入和转移净收入的作用效果有待深入研究。

鉴于数字经济与农产品流通现代化协调发展提升农户经营性收入的良好效果，本书提出如下政策建议：第一，各级政府应当培育有区域代表性的农业龙头企业，引导农户加入农业产业链的高附加值环节，提升农产品质量和品牌价值，加强农产品标准化生产；第二，推进农户与金融机构、科技机构、高校的合作，加大对农业科技创新和示范推广的投入，开展前沿农业技术培训、技术指导和农业知识普及等活动，促进农户提高种植、养殖、加工等生产环节的技术水平，同时帮助农户缓解资金约束，扩大其生产经营规模；第三，鼓励设立农民专业合作社等组织，团结数量众多的小农户群体，形成集体经济资源优势，减轻个体农户生产经营风险压力的同时，互帮互助共同学习分享先进农业生产技术，并通过统一规划和管理，更好地调配农业生产要素，实现资源优化配置；还可通过集中采购、集中销售和共同投资等方式，与大型企业或零售商进行合作，充分发挥合作社的议价能力，降低农户生产成本，提升农户的集体收益水平，改善信用环境。

参考文献

白桦，2016. 基于"互联网+"的农产品物流发展对策研究 [J]. 中国农业资源与区划，37（3）：176-179.

白津夫，2023. 关于数字经济的几个基本问题 [J]. 北京社会科学（4）：84-93.

白世贞，黄绍娟，2021. 数字经济赋能农产品供应链管理转型升级 [J]. 商业经济研究（19）：137-140.

鲍鹏程，2023. 数字经济、创新活跃度与城市绿色创新 [J/OL]. 统计与决策（13）：16-21.

蔡定昆，2021. 我国农产品流通现代化发展的分区域研究 [J]. 商业经济研究（23）：121-124.

蔡昉，2023. 如何利用数字经济促进共同富裕？ [J]. 东岳论丛，44（3）：118-124，192.

蔡跃洲，牛新星，2021. 中国数字经济增加值规模测算及结构分析 [J]. 中国社会科学（11）：4-30，204.

蔡跃洲，张钧南，2015. 信息通信技术对中国经济增长的替代效应与渗透效应 [J]. 经济研究，50（12）：100-114..

曹萍萍，徐晓红，李壮壮，2022. 中国数字经济发展的区域差异及空间收敛趋势 [J]. 统计与决策，38（3）：22-27.

曹瑞芬，张安录，2015. 中部地区农地流转经济效益分析：基于湖北省27个村313户农户的调查 [J]. 中国土地科学，29（9）：66-72.

曹阳，王春超，2009. 中国小农市场化：理论与计量研究 [J]. 华中师范大学学报（人文社会科学版），48（6）：39-47.

曹正勇，2018. 数字经济背景下促进我国工业高质量发展的新制造模式研究 [J]. 理论探讨（2）：99-104.

常皓亮，夏飞龙，2023. 数字经济赋能低碳发展：机制识别与空间溢出 [J]. 科技进步与对策，40（10）：48-57.

车小英，2016. 我国农产品供应链模式评价及发展路径 [J]. 商业经济研究（24）：148-150.

陈阿兴，岳中刚，2003. 试论农产品流通与农民组织化问题 [J]. 农业经济问题（2）：55-60，80.

陈东，刘金东，2013. 农村信贷对农村居民消费的影响：基于状态空间模型和中介效应检验的长期动态分析 [J]. 金融研究（6）：160-172.

陈冬梅，王俐珍，陈安霓，2020. 数字化与战略管理理论：回顾、挑战与展望 [J]. 管理世界，36（5）：220-236，20.

陈飞，翟伟娟，2015. 农户行为视角下农地流转诱因及其福利效应研究 [J]. 经济研究，50（10）：163-177.

陈国军，王国恩，2023."盒马村"的"流空间"透视：数字农业经济驱动下的农业农村现代化发展重构［J］.农业经济问题（1）：88-107.

陈海龙，李阳，2023.数字经济发展对创业活跃度的空间溢出效应研究［J］.统计与信息论坛，38（5）：41-52.

陈静，2016.我国特色农产品流通渠道研究［D］.石家庄：河北经贸大学.

陈君，2015.农村消费升级背景下城乡双向商贸流通服务体系构建［J］.改革与战略，31（7）：99-101，110.

陈玲，段尧清，钱文海，2021.基于变异系数法的政府开放数据利用行为耦合协调性研究［J］.信息资源管理学报，11（2）：109-118.

陈铭，2009.农产品虚拟供应链管理及虚拟物流中心建构［J］.商业研究（8）：151-153.

陈潭，王鹏，2020.信息鸿沟与数字乡村建设的实践症候［J］.电子政务（12）：2-12.

陈晓红，李杨扬，宋丽洁，等，2022.数字经济理论体系与研究展望［J］.管理世界，38（2）：208-224，13-16.

陈晓红，唐湘博，李大元，等，2020.构建新时代两型工程管理理论与实践体系［J］.管理世界，36（5）：189-203，18.

陈秀林，2023.农产品流通渠道数字化转型路径与机制［J］.天津农业科学，29（4）：77-82.

陈衍泰，罗海贝，陈劲，2021.未来的竞争优势之源：基于数据驱动的动态能力［J］.清华管理评论（3）：6-13.

陈耀庭，戴俊玉，管曦，2015. 不同流通模式下农产品流通效率比较研究 [J]. 农业经济问题，36 (3)：68-74, 111.

陈一明，2021. 数字经济与乡村产业融合发展的机制创新 [J]. 农业经济问题 (12)：81-91.

陈永伟，陈志远，阮丹，2023. 中国省域数字经济的发展水平与空间收敛性分析 [J]. 统计与信息论坛，38 (7)：18-31.

陈宇峰，章武滨，2015. 中国区域商贸流通效率的演进趋势与影响因素 [J]. 产业经济研究 (1)：53-60.

陈宇晗，2013. 不同流通渠道下农产品流通绩效比较研究 [D]. 重庆：重庆工商大学.

成福伟，2016. 农产品流通信息渠道的农户好感度评价 [J]. 商业经济研究 (10)：147-148.

程国强，朱满德，2020.2020 年农民增收：新冠肺炎疫情的影响与应对建议 [J]. 农业经济问题，484 (4)：4-12.

程国强，2007. 我国农村流通体系建设：现状、问题与政策建议 [J]. 农业经济问题 (4)：59-62.

程名望，Jin Yanhong，盖庆恩，等，2014. 农村减贫：应该更关注教育还是健康？：基于收入增长和差距缩小双重视角的实证 [J]. 经济研究，49 (11)：130-144.

程名望，史清华，Jin Yanhong，等，2015. 农户收入差距及其根源：模型与实证 [J]. 管理世界 (7)：17-28.

崔军，刘冠宏，黎珍羽，2023. 我国数字经济背景下财政税收发展研究：基于 CiteSpace 的文献计量分析 [J]. 经济问题 (6)：9-17.

崔丽丽，王骊静，王井泉，2014. 社会创新因素促进"淘宝村"电子商务发展的实证分析：以浙江丽水为例 [J]. 中国农村经济 (12)：50-60.

戴定一，2010. 再谈物联网与智能物流 [J]. 中国物流与采购 (23)：36-38.

戴魁早，黄姿，王思曼，2023. 数字经济促进了中国服务业结构升级吗？[J]. 数量经济技术经济研究，40 (2)：90-112.

戴明华，王官伟，高语晗，2022. 基于 CiteSpace 现代农产品流通发展可视化研究 [J]. 价格理论与实践 (9)：110-113.

戴瑞红，2019. 数字经济下会计信息系统的重构：企业云平台中的会计信息系统 [J]. 生产力研究 (5)：156-160.

但斌，吴胜男，王磊，2021. 生鲜农产品供应链"互联网+"农消对接实现路径：基于信任共同体构建视角的多案例研究 [J]. 南开管理评论，24 (3)：81-93.

但斌，郑开维，邵兵家，2017. 基于消费众筹的"互联网+"生鲜农产品供应链预售模式研究 [J]. 农村经济 (2)：83-88.

丁晨辉，宋晓明，田泽，等，2023. 中国数字经济发展水平的时空格局与收敛性研究 [J]. 技术经济与管理研究 (7)：67-72.

丁俊发，2006. 构建现代流通体系　提高流通效率 [J]. 铁道货运 (10)：1-3.

丁艳，2020. "互联网+"共享经济背景下农村经济发展模式的转变

[J]. 农业经济 (9)：58-59.

丁志帆，2020. 数字经济驱动经济高质量发展的机制研究：一个理论分析框架 [J]. 现代经济探讨 (1)：85-92.

丁志国，张洋，覃朝晖，2016. 中国农村金融发展的路径选择与政策效果 [J]. 农业经济问题，37 (1)：68-75，111.

东方，2021. 新发展格局下智慧物流产业发展关键问题及对策建议 [J]. 经济纵横 (10)：77-84.

董康，孙可可，李平，2023. 数字技术会缩小居民收入差距吗?：来自政府工作报告文本分析的证据 [J]. 技术经济，42 (1)：90-103.

董晓波，2023. 新型数字基础设施驱动农业农村高质量发展的创新路径 [J]. 学习与实践 (1)：33-42.

董誉文，2016. 中国商贸流通业增长方式转换及效率评价：来自1993—2014 年省际面板数据的实证研究 [J]. 中国流通经济，30 (10)：12-23.

杜传甲，王成军，2023. 我国省际数字经济空间关联网络结构特征及其影响因素研究 [J]. 统计与决策，39 (4)：106-110.

杜创，2021. 平台经济反垄断：理论框架与若干问题分析 [J]. 金融评论，13 (4)：12-22，123-124.

杜建军，章友德，刘博敏，等，2023. 数字乡村对农业绿色全要素生产率的影响及其作用机制 [J]. 中国人口·资源与环境，33 (2)：165-175.

段军山，庄旭东，2021. 金融投资行为与企业技术创新：动机分析与

经验证据 [J]. 中国工业经济 (1)：155-173.

樊琛, 2014. 农产品流通环节的电子商务模式分析 [J]. 贵州商业高等专科学校学报, 27 (4)：12-14.

樊梦瑶, 张亮, 2023. 数字经济、资源要素配置与城乡协调发展 [J]. 西南民族大学学报 (人文社会科学版), 44 (5)：112-120.

樊西峰, 2013. 鲜活农产品流通电子商务模式构想 [J]. 中国流通经济, 27 (4)：85-90.

范丹, 李琴, 2023. 金融素养对农户消费结构的影响：基于第三方支付的中介机制分析 [J]. 农村金融研究 (3)：36-46.

范林榜, 姜文, 邵朝霞, 2019. 电子商务环境下收益共享的生鲜农产品双渠道供应链协调研究 [J]. 农村经济 (6)：137-144.

房丽娜, 2009. 农产品供应链信息管理的研究 [D]. 北京：中国农业科学院.

费方域, 闫自信, 陈永伟, 等, 2018. 数字经济时代数据性质、产权和竞争 [J]. 财经问题研究 (2)：3-21.

封伟毅, 2021. 数字经济背景下制造业数字化转型路径与对策 [J]. 当代经济研究 (4)：105-112.

冯炳英, 2004. 农村土地流转的绩效与发展对策 [J]. 农业经济 (4)：24-25.

冯丹萌, 许天成, 2021. 中国农业绿色发展的历史回溯和逻辑演进 [J]. 农业经济问题 (10)：90-99.

冯燕芳, 2021. "互联网+" 环境下生鲜农产品供应链升级途径选择

［J］. 价格理论与实践（5）：140-143.

冯应斌，杨庆媛，董世琳，等，2008. 基于农户收入的农村土地流转绩效分析［J］. 西南大学学报（自然科学版）（4）：179-183.

高梦滔，姚洋，2006. 农户收入差距的微观基础：物质资本还是人力资本？［J］. 经济研究（12）：71-80.

高煜，曹大勇，2011. 我国流通产业转型的内涵与方向［J］. 经济纵横（3）：28-31.

郤宣，2020.Web 分析在数字营销绩效评估中的应用研究［J］. 商业经济研究（22）：63-65.

葛翔宇，周尊荣，2023. 数字经济能否缓解中国发展不平衡不充分的局面？［J］. 经济问题探索，488（3）：1-17.

龚勤林，宋明蔚，贺培科，等，2023. 数字经济、流动空间与城乡收入差距［J］. 上海经济研究（6）：95-108.

郭斌，杜曙光，2021. 新基建助力数字经济高质量发展：核心机理与政策创新［J］. 经济体制改革（3）：115-121.

郭峰，熊云军，石庆玲，等，2023. 数字经济与行政边界地区经济发展再考察：来自卫星灯光数据的证据［J］. 管理世界，39（4）：16-34.

郭峰，熊云军，2021. 中国数字普惠金融的测度及其影响研究：一个文献综述［J］. 金融评论，13（6）：12-23，117-118.

郭晗，全勤慧，2022. 数字经济与实体经济融合发展：测度评价与实现路径［J］. 经济纵横（11）：72-82.

郭红东，白军飞，刘晔虹，等，2021. 电子商务助推小农发展的中国

例证 [J]. 江苏大学学报（社会科学版），23（5）：13-21，33.

郭娜，程祥芬，2020. 网红经济背景下农产品线上销售模式研究 [J].
价格理论与实践（4）：124-127.

郭娜，刘东英，2009. 农产品网上交易模式的比较分析 [J]. 农业经
济问题（3）：75-80，112.

郭艳，王家旭，仲深，2014. 我国农产品流通效率评价及影响因素分
析：基于 2000—2011 年省际面板数据 [J]. 商业时代（7）：12-14.

韩国民，高颖，2009. 西部地区参与式扶贫与农民专业合作社发展的
互动研究 [J]. 农村经济（10）：116-118.

韩菡，钟甫宁，2011. 劳动力流出后"剩余土地"流向对于当地农民
收入分配的影响 [J]. 中国农村经济（4）：18-25.

韩晶，孙雅雯，陈曦，2020. 后疫情时代中国数字经济发展的路径解
析 [J]. 经济社会体制比较（5）：16-24.

韩晶，2015. 关于城乡低保标准制定的适度检验与对策研究：以山东
省为例 [J]. 青岛科技大学学报（社会科学版），31（4）：48-53.

韩磊，2023. 大食物观下我国重要农产品稳产保供的现实困境与政策
思路 [J]. 当代经济管理，45（4）：1-10.

韩平，时昭昀，周紫鱼，等，2023. 数字技术赋能黑龙江省农产品流
通路径研究 [J]. 商业经济（5）：1-4.

韩喜艳，高志峰，刘伟，2019. 全产业链模式促进农产品流通的作用
机理：理论模型与案例实证 [J]. 农业技术经济（4）：55-70.

韩长根，张力，2017. 互联网普及对于城乡收入分配的影响：基于我

国省际面板数据的系统 GMM 分析 [J]. 经济问题探索（8）：18-27.

郝彬凯，2023. 高质量利用外资促进"双循环"：理论逻辑、现实基础与政策取向 [J]. 经济学家（8）：76-85.

何大安，2021. 中国数字经济现状及未来发展 [J]. 治理研究，37（3）：5-15，2.

何国俊，徐冲，祝成才，2008. 人力资本、社会资本与农村迁移劳动力的工资决定 [J]. 农业技术经济（1）：57-66.

何立胜，李世新，2005. 产业融合与农业发展 [J]. 晋阳学刊（1）：37-40.

何文彬，2020. 全球价值链视域下数字经济对我国制造业升级重构效应分析 [J]. 亚太经济（3）：115-130，152.

何枭吟，2013. 数字经济发展趋势及我国的战略抉择 [J]. 现代经济探讨（3）：39-43.

何小洲，刘丹，2018. 电子商务视角下的农产品流通效率 [J]. 西北农林科技大学学报（社会科学版），18（1）：58-65.

何宗樾，张勋，万广华，2020. 数字金融、数字鸿沟与多维贫困 [J]. 统计研究，37（10）：79-89.

贺唯唯，侯俊军，2023. 数字经济是否促进了劳动力统一大市场形成？[J/OL]. 经济管理（6）：5-21.

洪岚，2015. 我国城市农产品流通主要特点及发展趋势 [J]. 中国流通经济，29（5）：20-26.

洪涛，李瑞，洪勇，2020. 数字农产品"拉式供应链"模式研究 [J].

农业大数据学报，2（3）：21-30.

洪涛，张传林，2015.2014—2015 年我国农产品电子商务发展报告
[J]. 中国商论（Z1）：44-54.

侯杰，李卫东，张杰斐，等，2023. 城市数字经济发展水平的分布动
态、地区差异与收敛性研究 [J]. 统计与决策，39（13）：10-15.

胡鞍钢，周绍杰，2002. 中国如何应对日益扩大的"数字鸿沟" [J].
中国工业经济（3）：5-12.

胡飞，2020. 流通业高质量发展与消费升级互为因果吗?：基于商贸流
通业发展数据的研究 [J]. 荆楚理工学院学报，35（6）：49-53.

胡联，2014. 贫困地区农民专业合作社与农户收入增长：基于双重差
分法的实证分析 [J]. 财经科学（12）：117-126.

胡伦，陆迁，2019. 贫困地区农户互联网信息技术使用的增收效应
[J]. 改革（2）：74-86.

胡青华，2020. 长江经济带农产品流通效率影响因素实证分析：基于
新经济地理学视角 [J]. 商业经济研究（9）：132-135.

胡瑜杰，2018. 新零售背景下农产品流通现代化升级路径探析 [J].
商业经济研究（11）：131-133.

黄福华，蒋雪林，2017. 生鲜农产品物流效率影响因素与提升模式研
究 [J]. 北京工商大学学报（社会科学版），32（2）：40-49.

黄漫宇，李纪桦，2019. 电子商务对城乡商贸流通一体化的影响效应
研究：基于中国省级面板数据的分析 [J]. 宏观经济研究（2）：92-
102，142.

黄雨婷, 潘建伟, 2022. 电商下乡促进了县域经济增长吗？[J]. 北京工商大学学报（社会科学版）, 37 (3): 48-59, 126.

黄玉娜, 2011. 社会资本视角下政府反贫困政策绩效的定量分析 [D]. 成都: 西南财经大学.

黄赜琳, 秦淑悦, 张雨朦, 2022. 数字经济如何驱动制造业升级 [J]. 经济管理, 44 (4): 80-97.

黄梓轩, 陈菲, 2019. 长江经济带农产品流通效率时空差异分析: 基于 PCA-DEA-Malmquist 指数模型 [J]. 商业经济研究 (21): 127-130.

黄祖辉, 梁巧, 2007. 小农户参与大市场的集体行动: 以浙江省箬横西瓜合作社为例的分析 [J]. 农业经济问题 (9): 66-71.

霍丽娅, 2006. 从农民个人收入变化看农业种植业结构调整: 四川省成都市龙泉驿区转龙村个案调查研究 [J]. 农村经济 (6): 39-41.

纪良纲, 王佳淏, 2020. "互联网+"背景下生鲜农产品流通电商模式与提质增效研究 [J]. 河北经贸大学学报, 41 (1): 67-75.

纪良纲, 2006. 研究流通产业升级的创新之作 [J]. 财贸经济 (2): 94.

纪雯雯, 2017. 数字经济与未来的工作 [J]. 中国劳动关系学院学报, 31 (6): 37-47.

贾燕, 2022. 乡村振兴背景下农产品现代流通体系建设研究 [J]. 吉林农业科技学院学报, 31 (2): 21-25.

江淑斌, 苏群, 2013. 农地流转 "租金分层" 现象及其根源 [J]. 农业经济问题, 34 (4): 42-48, 110-111.

蒋培，2020. 新冠肺炎疫情对农村地区的影响及其应对 ［J］. 世界农业，497（9）：110-119.

蒋廷富，2020. 互联网成熟度与农产品流通效率提升：中国视角下的关系检验 ［J］. 商业经济研究（10）：138-141.

焦点，邢晓荣，刘博，2021. 新冠肺炎疫情冲击下全球农业显韧性 ［J］. 世界农业，512（12）：124-126.

焦勇，2020. 数字经济赋能制造业转型：从价值重塑到价值创造 ［J］. 经济学家（6）：87-94.

焦勇，2021. 中国数字经济高质量发展的地区差异及动态演进 ［J］. 经济体制改革，231（6）：34-40.

金桂英，2007. 对推进农产品流通现代化的若干思考 ［J］. 商场现代化（34）：6-7.

金赛美，2016. 我国农产品流通效率测量及其相关因素分析 ［J］. 求索（9）：129-132.

荆文君，孙宝文，2019. 数字经济促进经济高质量发展：一个理论分析框架 ［J］. 经济学家（2）：66-73.

景娥，2021. 西北地区农产品供给质量评价指标体系构建研究 ［J］. 北方民族大学学报（2）：65-72.

鞠方，李宁，周建军，2023. 居民债务对房地产金融风险的影响研究：基于非理性行为视角 ［J］. 湖南大学学报（社会科学版），37（4）：57-64.

剧希，2016. 基于互联网+的优特农产品供应模式再造研究 ［D］. 石家庄：河北师范大学.

康铁祥，2008. 数字经济及其核算研究 [J]. 统计与决策（5）：19-21.

孔存玉，丁志帆，2021. 制造业数字化转型的内在机理与实现路径 [J]. 经济体制改革（6）：98-105.

赖修源，2016. 农产品电子商务发展中所面临的问题及对策 [J]. 中国农业资源与区划，37（3）：180-183.

李本庆，岳宏志，2022. 数字经济赋能农业高质量发展：理论逻辑与实证检验 [J]. 江西财经大学学报（6）：95-107.

李婵娟，吕优，钟雨欣，2022. 长江经济带数字普惠金融发展的区域差异、动态演进与收敛性考察 [J]. 统计与决策，38（20）：132-138.

李长江，2017. 关于数字经济内涵的初步探讨 [J]. 电子政务（9）：84-92.

李超凡，2021. 产业互联网背景下的农产品流通数字化变革：理论与对策 [J]. 中国流通经济，35（10）：12-20.

李春发，李冬冬，周驰，2020. 数字经济驱动制造业转型升级的作用机理：基于产业链视角的分析 [J]. 商业研究（2）：73-82.

李德力，虞海珍，余升国，2017. 农产品流通价值链的分工与组织模式优化：基于农户增收视角 [J]. 商业经济研究（4）：153-155.

李飞，刘明葳，2005. 中国商品流通现代化的评价指标框架 [J]. 市场营销导刊（1）：9-13.

李飞，刘明葳，2005. 中国商品流通现代化的评价指标体系研究 [J].

清华大学学报（哲学社会科学版）（3）：12-17.

李富忠，郭丽娟，2013. 农户收入构成对土地流转影响的实证分析：基于对山西省晋中市 160 户农户的实地调研 [J]. 晋阳学刊（3）：129-134.

李馥伊，2018. 中国制造业及其在数字经济时代的治理与升级 [D]. 北京：对外经济贸易大学.

李辉华，2005. 商品流通与货币流通关系的静态和动态分析 [J]. 中国人民大学学报（3）：41-48.

李吉艳，2022. 基于"乡村振兴"的农产品流通效率提升契机及战略措施 [J]. 农业经济（1）：138-140.

李瑾，秦向阳，2008. 北京市农产品流通信息化发展的思考 [J]. 农村经营管理（12）：20-21.

李隽波，陈薇，2014. 农产品电子商务发展中的问题与创新对策 [J]. 商业时代（34）：89-90.

李骏阳，余鹏，2009. 对我国流通效率的实证分析 [J]. 商业经济与管理（11）：14-20.

李骏阳，2015. 对"互联网+流通"的思考 [J]. 中国流通经济，29（9）：6-10.

李丽，胡紫容，2019. 京津冀农产品流通体系效率评价及影响因素研究 [J]. 北京工商大学学报（社会科学版），34（3）：41-50.

李丽，刘敬圆，刘文秀，2019. 农产品流通体系及效率的内涵界定 [J]. 商业经济研究（10）：118-119.

李连英，李崇光，2012. 中国特色农产品流通现代化的主要问题与对策 [J]. 中国流通经济，26（2）：21-26.

李林，丁艺，刘志华，2011. 金融集聚对区域经济增长溢出作用的空间计量分析 [J]. 金融研究（5）：113-123.

李美羽，王成敏，2019. "互联网+" 背景下鲜活农产品流通渠道模式优化研究 [J]. 北京交通大学学报（社会科学版），18（1）：102-114.

李娜，宋志燕，2020. 京津冀区域农产品流通市场的空间集聚及外部作用力研究 [J]. 商业经济研究（16）：166-169.

李清政，刘天伦，陈子夏，2014. 社会资本视角下家庭增收效应的理论与实证研究 [J]. 宏观经济研究（1）：126-134.

李庆海，李锐，王兆华，2012. 农户土地租赁行为及其福利效果 [J]. 经济学（季刊），11（1）：269-288.

李胜博，2022. 基于大数据背景下农产品流通的多元化营销策略研究 [J]. 广东经济（11）：70-73.

李实，罗楚亮，2011. 中国收入差距究竟有多大？：对修正样本结构偏差的尝试 [J]. 经济研究，46（4）：68-79.

李实，赵人伟，1999. 中国居民收入分配再研究 [J]. 经济研究（4）：5-19.

李伟娟，张朋程，2022. 我国农产品流通效率对城乡居民消费的影响研究 [J]. 甘肃科学学报，34（4）：141-146.

李文睿，周书俊，2023. 数字经济背景下我国农业生产方式变革：机理、矛盾与纾解 [J]. 西安交通大学学报（社会科学版），43（1）：

65-73.

李先德，孙致陆，贾伟，等，2020. 新冠肺炎疫情对全球农产品市场
与贸易的影响及对策建议 [J]. 农业经济问题，488（8）：4-11.

李晓钟，李俊雨，2022. 数字经济发展对城乡收入差距的影响研究
[J]. 农业技术经济（2）：77-93.

李燕，张明悦，赵德海，2022. 数字经济背景下我国农村流通体系优
化与创新 [J]. 商业经济研究（24）：133-137.

李燕凌，高猛，2021. 农村公共服务高质量发展：结构视域、内在逻
辑与现实进路 [J]. 行政论坛，28（1）：18-27.

李英杰，韩平，2021. 数字经济发展对我国产业结构优化升级的影响：
基于省级面板数据的实证分析 [J]. 商业经济研究（6）：183-188.

李莺莉，王灿，2015. 新型城镇化下我国乡村旅游的生态化转型探讨
[J]. 农业经济问题，36（6）：29-34，110.

李永，2015. 我国城镇农产品流通发展的特征及完善措施 [J]. 商业
经济研究（33）：27-29.

李云新，戴紫芸，丁士军，2017. 农村一二三产业融合的农户增收效
应研究：基于对345个农户调查的PSM分析 [J]. 华中农业大学学报（社
会科学版）（4）：37-44，146-147.

李昭楠，邢天阳，刘七军，2023. 乡村振兴背景下宁夏农户金融素养
对其经济获得感影响研究 [J]. 北方民族大学学报（4）：162-168.

李政，杨思莹，2018. 财政分权、政府创新偏好与区域创新效率 [J].
管理世界，34（12）：29-42，110，193-194.

李志刚，2007. 扶植我国农村电子商务发展的条件及促进对策分析 [J]. 中国科技论坛（1）：123-126.

李中，2013. 农村土地流转与农民收入：基于湖南邵阳市跟踪调研数据的研究 [J]. 经济地理，33（5）：144-149.

梁琳，2022. 数字经济促进农业现代化发展路径研究 [J]. 经济纵横（9）：113-120.

梁锐，2021. 基于电商下沉的农产品集聚与农村流通市场效率检验 [J]. 商业经济研究（8）：137-140.

梁淑慧，荣聚岭，周永圣，2015. 电子商务物流发展现状与对策研究 [J]. 中国市场（12）：164-168.

梁伟军，2011. 产业融合视角下的中国农业与相关产业融合发展研究 [J]. 科学·经济·社会，29（4）：12-17，24.

梁向东，苏在坤，2023. 数字经济驱动中国制造业高质量发展的空间效应 [J]. 江汉论坛（6）：19-25.

梁运文，谭力文，2005. 商业生态系统价值结构、企业角色与战略选择 [J]. 南开管理评论（1）：57-63.

廖信林，杨正源，2021. 数字经济赋能长三角地区制造业转型升级的效应测度与实现路径 [J]. 华东经济管理，35（6）：22-30.

林海英，丁茹，许海清，等，2023. "双循环"视域下自贸区对农产品贸易的区域异质性影响 [J]. 商业经济研究（9）：130-134.

刘彬彬，陆迁，李晓平，2014. 社会资本与贫困地区农户收入：基于门槛回归模型的检验 [J]. 农业技术经济（11）：40-51.

刘超，郑垂勇，丁晨辉，等，2023. 数字经济、绿色金融与绿色技术创新：基于中介效应和空间效应的实证研究 [J]. 技术经济与管理研究 (6)：7-12.

刘传明，尹秀，王林杉，2020. 中国数字经济发展的区域差异及分布动态演进 [J]. 中国科技论坛 (3)：97-109.

刘迪，孙剑，王攀，2021. 生鲜农产品供应链模式数字化演进形态与机理：以永辉超市为例 [J]. 农村经济 (7)：25-33.

刘芳，2008. 农村商品流通现代化的模式分析 [J]. 北方经济 (2)：26-27，96.

刘根荣，慈宇，2017. 中国农产品流通创新及其对农民收入影响研究 [J]. 中国经济问题 (3)：113-122.

刘海启，2019. 以精准农业驱动农业现代化加速现代农业数字化转型 [J]. 中国农业资源与区划，40 (1)：1-6，73.

刘鸿超，王晓伟，陈卫洪，2021. 基于区块链技术的农产品安全生产机制研究 [J]. 农业经济问题 (11)：66-76.

刘建凤，2008. 流通现代化对城乡一体化的作用分析 [J]. 现代商业 (15)：18-19.

刘建国，1999. 我国农户消费倾向偏低的原因分析 [J]. 经济研究 (3)：54-60，67.

刘建鑫，王可山，张春林，2016. 生鲜农产品电子商务发展面临的主要问题及对策 [J]. 中国流通经济，30 (12)：57-64.

刘军，杨渊鋆，张三峰，2020. 中国数字经济测度与驱动因素研究

[J]. 上海经济研究 (6)：81-96.

刘俊杰，张龙耀，王梦珺，等，2015. 农村土地产权制度改革对农民收入的影响：来自山东枣庄的初步证据 [J]. 农业经济问题，36 (6)：51-58，111.

刘蕾，王轶，2022. 数字化经营何以促进农民增收?：基于全国返乡创业企业的调查数据 [J]. 中国流通经济，36 (1)：9-19.

刘明，范丹雪，施子杨，2023. 空间溢出视角下数字经济与经济高质量发展 [J/OL]. 统计与决策 (13)：22-27.

刘儒，张艺伟，2022. 数字经济与共同富裕：基于空间门槛效应的实证研究 [J]. 西南民族大学学报 (人文社会科学版)，43 (3)：90-99.

刘淑春，2019. 中国数字经济高质量发展的靶向路径与政策供给 [J]. 经济学家 (6)：52-61.

刘天祥，2010. 应从农产品流通体系的基础构成要素探索构建路径 [C] //中国商业经济学会，河南省商业经济学会. 第四届中部地区商业经济论坛论文集：241-246.

刘维林，王艺斌，2022. 数字经济赋能城市绿色高质量发展的效应与机制研究 [J]. 南方经济 (8)：73-91.

刘维芝，2016. 二元经济结构背景下我国城乡双向流通的商贸流通体系研究 [J]. 改革与战略，32 (9)：30-33.

刘向东，刘雨诗，陈成漳，2019. 数字经济时代连锁零售商的空间扩张与竞争机制创新 [J]. 中国工业经济 (5)：80-98.

刘晓倩，韩青，周磊，2016. 信息化对农村经济增长影响实证分析及展望：基于区域差异的比较 [J]. 农业展望，12（8）：47-52.

刘晓倩，韩青，2018. 农村居民互联网使用对收入的影响及其机理：基于中国家庭追踪调查（CFPS）数据 [J]. 农业技术经济（9）：123-134.

刘依林，2017. 河北省农产品流通体系建设研究 [D]. 北京：首都经济贸易大学.

刘元胜，2020. 农业数字化转型的效能分析及应对策略 [J]. 经济纵横（7）：106-113.

刘云，2021. 双循环视角下农村电商发展对农村居民消费结构的影响差异性探究 [J]. 商业经济研究（9）：64-68.

刘芸，2007. 国际数字鸿沟的经济发散效应分析 [J]. 经济论坛（3）：52-55.

刘长全，2021. 我国重要农产品供给安全面临的挑战与对策 [J]. 经济纵横（5）：61-73.

刘振滨，刘东英，2015. 共享资源视域下的农产品供应链整合研究 [J]. 农村经济（1）：44-48.

刘助忠，龚荷英，2015. "互联网+"时代农产品供应链演化新趋势：基于"云"的农产品供应链运作新模式 [J]. 中国流通经济，29（9）：91-97.

柳毅，赵轩，毛峰，2023. 数字经济驱动共同富裕的发展动力与空间溢出效应研究：基于长三角面板数据和空间杜宾模型 [J]. 中国软科学（4）：98-108.

龙少波，张梦雪，田浩，2021. 产业与消费"双升级"畅通经济双循环的影响机制研究 [J]. 改革 (2)：90-105.

卢飞，张建清，刘明辉，2017. 政策性农业保险的农民增收效应研究 [J]. 保险研究 (12)：67-78.

卢奇，吴洁，王晶，2022. 基于区块链的农产品供应链优化对策研究 [J]. 商业经济研究 (3)：141-144.

卢燕平，2005. 社会资本与金融发展的实证研究 [J]. 统计研究 (8)：30-34.

芦千文，2021. 区块链加快农业现代化的理论前景、现实挑战与推进策略 [J]. 农村经济 (1)：126-136.

陆生堂，2021. 数字经济视角下生鲜电商"智能超短链"模式构建 [J]. 商业经济研究 (2)：77-80.

路慧玲，赵雪雁，侯彩霞，等，2014. 社会资本对农户收入的影响机理研究：以甘肃省张掖市、甘南藏族自治州与临夏回族自治州为例 [J]. 干旱区资源与环境，28 (10)：14-19.

罗楚亮，2012. 经济增长、收入差距与农村贫困 [J]. 经济研究，47 (2)：15-27.

罗国良，2021. 农产品流通市场空间集聚水平与流通效率：基于农产品价格视角 [J]. 商业经济研究 (13)：39-43.

骆毅，2012. 我国发展农产品电子商务的若干思考：基于一组多案例的研究 [J]. 中国流通经济，26 (9)：110-116.

吕丹，张俊飚，王雅鹏，2021. 农产品电子商务采纳的增收机理研究：

基于589个新型农业经营主体调查数据 [J]. 中国农业资源与区划, 42 (8)：96-106.

吕明元, 张旭东, 苗效东, 2021. 中国数字经济发展的分布动态、区域差异及收敛性研究 [J]. 技术经济, 40 (11)：46-61.

吕雁琴, 范天正, 2023. 中国数字经济发展的时空分异及影响因素研究 [J]. 重庆大学学报 (社会科学版), 29 (3)：47-60.

马晨, 李瑾, 2017. 天津市"互联网+农产品流通"发展现状、存在问题与对策 [J]. 中国蔬菜 (3)：6-12.

马俊龙, 宁光杰, 2017. 互联网与中国农村劳动力非农就业 [J]. 财经科学 (7)：50-63.

马述忠, 贺歌, 郭继文, 2022. 数字农业的福利效应：基于价值再创造与再分配视角的解构 [J]. 农业经济问题 (5)：10-26.

马小龙, 闫鹭, 2019. 学生返乡创新创业、社会创新与小农户增收 [J]. 农村经济与科技, 30 (10)：164-165.

马增俊, 2015. 中国农产品批发市场发展30年回顾及展望 [J]. 中国流通经济, 29 (5)：5-10.

马中东, 宁朝山, 2020. 数字经济、要素配置与制造业质量升级 [J]. 经济体制改革 (3)：24-30.

梅媛, 边丽娜, 2023. 数字普惠金融对商贸流通业发展的作用及其区域异质性分析 [J]. 商业经济研究 (9)：26-29.

孟光辉, 安康, 陆启凤, 2020. 新冠肺炎疫情对农业生产的微观影响：来自东部农业大省130个县域的样本例证 [J]. 中国农业大学学报 (社会科学版), 37 (5): 32-42.

孟雷, 2013. 我国城乡双向商贸流通体系的构建与运行机制探讨 [J]. 中国流通经济, 27 (6): 18-21.

欧阳小迅, 黄福华, 2011. 我国农产品流通效率的度量及其决定因素: 2000—2009 [J]. 农业技术经济 (2): 76-84.

潘锡泉, 2023. 中国式现代化视域下数字乡村建设助力共同富裕的实现机制: 基于产业结构升级的中介效应分析 [J]. 当代经济管理, 45 (8): 39-45.

庞增荣, 马李丽, 2017. 我国生鲜农产品流通模式与流通效率优化研究 [J]. 商业经济研究 (15): 121-123.

逢健, 朱欣民, 2013. 国外数字经济发展趋势与数字经济国家发展战略 [J]. 科技进步与对策, 30 (8): 124-128.

裴辉儒, 2010. 我国农业信贷与农业经济增长的相关性研究: 基于 1978—2007 年 31 个省份的 Panel Data 分析 [J]. 农业技术经济 (2): 31-41.

裴潇, 袁帅, 罗森, 2023. 长江经济带绿色发展与数字经济时空耦合及障碍因子研究 [J/OL]. 长江流域资源与环境 (10): 2045-2059.

裴长洪, 倪江飞, 李越, 2018. 数字经济的政治经济学分析 [J]. 财贸经济, 39 (9): 5-22.

彭柳, 田敏, 2019. 农产品流通中"互联网+"新经济平台搭建思路研究 [J]. 商业经济研究 (17): 5-9.

彭岳, 2018. 贸易规制视域下数据隐私保护的冲突与解决 [J]. 比较法研究（4）：176-187.

戚聿东，刘翠花，丁述磊，2020. 数字经济发展、就业结构优化与就业质量提升 [J]. 经济学动态（11）：17-35.

钱爱兵，2003. 社会信息化进程中的数字霸权现象分析 [J]. 情报科学（5）：544-547.

钱明辉，潘菲，齐悦，2021. 后新冠疫情下我国农业农村数字经济发展：问题、趋势与对策 [J]. 中国农业资源与区划，42（11）：62-71.

钱忠好，王兴稳，2016. 农地流转何以促进农户收入增加：基于苏、桂、鄂、黑四省（区）农户调查数据的实证分析 [J]. 中国农村经济（10）：39-50.

秦芳，王剑程，胥芹，2022. 数字经济如何促进农户增收？：来自农村电商发展的证据 [J]. 经济学（季刊），22（2）：591-612.

秦铮，王钦，2017. 分享经济演绎的三方协同机制：例证共享单车 [J]. 改革（5）：124-134.

屈娟娟，2020. 人工智能及大数据技术在数字营销中的应用 [J]. 商业经济研究（10）：78-80.

瞿春玲，李飞，2012. 中国商品流通现代化的模糊综合评价研究 [J]. 北京工商大学学报（社会科学版），27（2）：38-43.

任保平，贺海峰，2023. 中国数字经济发展的空间分布及其特征 [J]. 统计与信息论坛，38（8）：28-40.

任保平，王辛欣，2011. 商贸流通业地区发展差距评价 [J]. 社会科学研究（2）：45-50.

任保平，2011. 建立城乡双向流通商贸流通体系的必要性及战略分析[J]. 商业经济与管理（10）：5-11.

任保平，2023. 数字经济与中国式现代化有机衔接的机制与路径[J]. 人文杂志（1）：2-7.

任博华，2008. 中国农产品流通体系的现状及优化建议[J]. 北方经贸（10）：58-62.

任书娟，2022. 长尾理论视角下农产品数字营销的发展策略探讨：以地理标志农产品为例[J]. 商业经济研究（12）：73-76.

任兴洲，2012. 我国鲜活农产品流通体系发展的现状、问题及政策建议[J]. 北京工商大学学报（社会科学版），27（5）：1-5.

茹永梅，2017. 差异化流通模式的农产品流通效率对比分析[J]. 商业经济研究（2）：152-154.

沈费伟，胡紫依，2023. 数据生产力驱动数字政府建设的实践逻辑与优化路径[J/OL]. 西安交通大学学报（社会科学版）（5）：23-34.

沈费伟，2020. 乡村技术赋能：实现乡村有效治理的策略选择[J]. 南京农业大学学报（社会科学版），20（2）：1-12.

沈运红，黄桁，2020. 数字经济水平对制造业产业结构优化升级的影响研究：基于浙江省2008—2017年面板数据[J]. 科技管理研究，40（3）：147-154.

师荣蓉，徐璋勇，赵彦嘉，2013. 金融减贫的门槛效应及其实证检验：基于中国西部省际面板数据的研究[J]. 中国软科学（3）：32-41.

石亚娣，2021. 人口城镇化与农产品流通产业效率时空耦合分析[J].

价格月刊 (2)：36-42.

石忆邵，朱卫锋，2004. 商贸流通业竞争力评价初探：以南通市为例 [J]. 财经研究 (5)：114-121.

舒苏平，2015. 增加宁波市农村居民财产性收入的对策研究：基于互联网金融的视角 [J]. 浙江工商职业技术学院学报，14 (3)：15-19.

司增绰，2011. 区域商贸流通发展与公路交通水平计量分析 [J]. 商业研究 (8)：62-67.

宋则，常东亮，丁宁，2010. 流通业影响力与制造业结构调整 [J]. 中国工业经济 (8)：5-14.

宋则，张弘，2003. 中国流通现代化评价指标体系 [J]. 北京市财贸管理干部学院学报 (3)：9-13.

宋则，2003. 新世纪新主题：流通现代化：促进流通创新 提高流通效能政策研究 [J]. 商业研究 (9)：1-9.

宋则，2017. 中国特色农产品流通现代化研究的力作 [J]. 中国流通经济，31 (5)：127-128.

苏岚岚，张航宇，彭艳玲，2021. 农民数字素养驱动数字乡村发展的机理研究 [J]. 电子政务 (10)：42-56.

隋博文，傅远佳，2017. 西南民族地区与周边省域农业外向化发展水平及其影响因素：基于中国-东盟农业互联互通视角 [J]. 经济研究参考 (59)：92-95.

隋广军，江英，王浩，2023. 中国自贸试验区建设是否促进外资流入：基于空间外溢的视角 [J]. 国际经贸探索，39 (10)：42-59.

孙剑, 2011. 我国农产品流通效率测评与演进趋势: 基于 1998—2009 年面板数据的实证分析 [J]. 中国流通经济, 25 (5): 21-25.

孙敬水, 于思源, 2014. 物质资本、人力资本、政治资本与农村居民收入不平等: 基于全国 31 个省份 2852 份农户问卷调查的数据分析 [J]. 中南财经政法大学学报 (5): 141-149, 160.

孙薇, 2005. 基于因子分析法的地区流通力比较研究 [J]. 财贸研究 (4): 36-42.

孙伟仁, 徐珉钰, 2021. 农产品流通体系对农民收入的影响机理及实证研究 [J]. 商业经济研究 (11): 126-129.

孙炜, 万筱宁, 孙林岩, 2004. 电子商务环境下我国农产品供应链体系的结构优化 [J]. 工业工程与管理 (5): 33-37, 41.

孙侠, 张闯, 2008. 我国农产品流通的成本构成与利益分配: 基于大连蔬菜流通的案例研究 [J]. 农业经济问题 (2): 39-48.

孙祥, 2015. 云计算时代背景下电子商务发展面临的问题及其对策研究 [J]. 长江大学学报 (自科版), 12 (4): 38-40, 44.

孙学文, 包金龙, 2013. 苏州现代农业发展的对策研究: 基于信息化及电子商务视角 [J]. 华东经济管理, 27 (11): 26-29.

孙亚男, 费锦华, 王艺霖, 2023. 中国省域数字经济规模测算及空间分异研究 [J]. 统计与决策, 39 (6): 92-97.

谭砚文, 李丛希, 宋清, 2023. 区块链技术在农产品供应链中的应用: 理论机理、发展实践与政策启示 [J]. 农业经济问题 (1): 76-87.

谭燕芝, 李云仲, 胡万俊, 2017. 数字鸿沟还是信息红利: 信息化对城乡收入回报率的差异研究 [J]. 现代经济探讨 (10)：88-95.

唐国斌，赵婉婷，2020. 我国农产品流通效率影响因素研究 [J]. 商业经济研究 (2)：135-139.

唐国芬，2008. 重庆市流通现代化发展研究 [D]. 重庆：重庆工商大学.

唐红涛，谢婷，2022. 数字经济与农民收入消费双提升 [J]. 华南农业大学学报（社会科学版），21 (2)：70-81.

陶爱萍，张珍，2022. 数字经济对服务贸易发展的影响：基于国家层面面板数据的实证研究 [J]. 华东经济管理，36 (5)：1-14.

陶涛，樊凯欣，朱子阳，2022. 数字乡村建设与县域产业结构升级：基于电子商务进农村综合示范政策的准自然实验 [J]. 中国流通经济，36 (5)：3-13.

陶熠，曾庆均，吴佑波，2023. 数字经济背景下区域创新能力的时空演变及影响因素研究：以成渝地区双城经济圈为例 [J]. 重庆社会科学 (4)：61-76.

田传浩，李明坤，2014. 土地市场发育对劳动力非农就业的影响：基于浙、鄂、陕的经验 [J]. 农业技术经济 (8)：11-24.

田刚，张蒙，李治文，2018. 生鲜农产品电商企业技术效率及其影响因素分析：基于改进 DEA 方法与 Tobit 模型 [J]. 湖南农业大学学报（社会科学版），19 (5)：80-87.

田杰，陶建平，2012. 农村金融密度对农村经济增长的影响：来自我国 1 883 个县（市）面板数据的实证研究 [J]. 经济经纬 (1)：108-111.

田俊峰，王彬燕，王士君，等，2019. 中国东北地区数字经济发展空间分异及成因 [J]. 地域研究与开发，38（6）：16-21.

田敏，安建设，张闯，2010. 农产品流通渠道冲突对农户收入的影响研究：基于红壳鸡蛋流通渠道的案例分析 [J]. 广东商学院学报，25（2）：17-23.

涂洪波，赵晓飞，孙剑，2014. 我国农产品流通现代化的模糊综合评价 [J]. 华中农业大学学报（社会科学版）（1）：78-85.

涂洪波，2012. 农产品流通现代化评价指标的实证遴选及应用 [J]. 中国流通经济，26（6）：18-23.

涂圣伟，2020. 城乡融合发展的战略导向与实现路径 [J]. 宏观经济研究（4）：103-116.

汪昊，张俊飚，王志娜，2023. 中国农业现代化水平的测算与俱乐部收敛分析 [J/OL]. 中国农业资源与区划（8）：158-170.

汪普庆，瞿翔，熊航，等，2019. 区块链技术在食品安全管理中的应用研究 [J]. 农业技术经济（9）：82-90.

汪旭晖，张其林，2014. 基于线上线下融合的农产品流通模式研究：农产品 O2O 框架及趋势 [J]. 北京工商大学学报（社会科学版），29（3）：18-25.

汪旭晖，张其林，2016. 平台型电商企业的温室管理模式研究：基于阿里巴巴集团旗下平台型网络市场的案例 [J]. 中国工业经济（11）：108-125.

王春超，2011. 农村土地流转、劳动力资源配置与农民收入增长：基于中国 17 省份农户调查的实证研究 [J]. 农业技术经济（1）：93-101.

王春娟，赖阳，2023. 乡村振兴背景下农产品流通数字化转型 [J]. 商业经济研究（2）：91-94.

王定祥，彭政钦，李伶俐，2023. 中国数字经济与农业融合发展水平测度与评价 [J/OL]. 中国农村经济（6）：48-71.

王凤婷，王浩，熊立春，2023. 农村数字经济如何影响农民生活质量：机制与事实 [J]. 浙江社会科学（8）：4-14，156.

王广斌，冉维龙，2005. 论我国农产品流通市场的资源整合与内涵提升 [J]. 商业研究（1）：174-177.

王广深，马安勤，2007. 农产品流通现代化的内涵及作用研究 [J]. 现代商业（16）：15.

王国顺，杨晨，2014. 实体和网络零售下消费者的信任转移与渠道迁徙 [J]. 中南大学学报（社会科学版），20（4）：9-16.

王海南，宁爱照，马九杰，2020. 疫情后我国生鲜农产品供应链的优化路径与策略 [J]. 农村经济（10）：107-113.

王颢葳，余春宏，2022. 数字经济发展对包容性消费的影响效应：以流通技术变革为中介变量的实证 [J]. 商业经济研究（16）：49-52.

王华春，唐任伍，赵春学，2004. 引导土地流转 增加农民收入 [J]. 南京社会科学（9）：1-5.

王惠琴，薛茂云，王波，2018. 我国商贸流通业利用"一带一路"走出去相关研究和实践综述 [J]. 商业经济研究（4）：134-136.

王家旭，2013. 我国农产品流通体系效率评价与优化路径 [D]. 哈尔滨：哈尔滨商业大学.

王家旭，2013. 我国农产品物流效率的实证分析：基于农产品主产区的省级面板数据 [J]. 物流技术，32（11）：147-149，166.

王进，史明聪，李志超，2023. 数字经济驱动农业高质量发展：内在机制与经验证据 [J]. 西安财经大学学报（4）：78-89.

王婧磊，2012. 中国农村金融发展与农民收入的关系 [J]. 经济研究导刊（35）：27-29.

王静，云建辉，陈蕊，2022. 数字化赋能绿色农产品流通体系的路径机制研究 [J]. 商业经济研究（12）：33-36.

王军，柳晶晶，车帅，2023. 长三角城市群数字经济发展对城乡融合的影响 [J/OL]. 华东经济管理（8）：33-41.

王军，朱杰，罗茜，2021. 中国数字经济发展水平及演变测度 [J]. 数量经济技术经济研究，38（7）：26-42.

王俊豪，周晟佳，2021. 中国数字产业发展的现状、特征及其溢出效应 [J]. 数量经济技术经济研究，38（3）：103-119.

王珂，李震，周建，2014. 电子商务参与下的农产品供应链渠道分析：以"菜管家"为例 [J]. 华东经济管理，28（12）：157-161.

王磊，但斌，王钊，2018. 基于功能拓展的生鲜农产品供应商"互联网+"转型策略 [J]. 商业经济与管理（12）：5-17.

王丽霞，2022. 农产品流通现代化与供应链结构优化的耦合协调关系分析 [J]. 商业经济研究（15）：126-129.

王利国，顾炜宇，2019. 我国农产品流通效率测度与发展趋势 [J].

商业经济研究（17）：120-123.

王玲，2021. 电商赋能下生鲜农产品供应链优化策略研究 ［J］. 价格理论与实践（1）：140-143，175.

王敏，金敏力，2006. 农产品电子商务发展中的问题与对策 ［J］. 办公自动化（7）：12-13.

王娜，张磊，2016. 农产品流通效率的评价与提升对策研究：基于流通产业链视角的一个分析框架 ［J］. 农村经济（4）：109-114.

王宁，黄立平，2005. 基于信息网络的农产品物流供应链管理模式研究 ［J］. 农业现代化研究（2）：126-129，144.

王平达，王泽宇，2021. 农村劳动力转移对地区产业结构优化的影响及治理对策 ［J］. 学术交流（12）：94-105.

王胜，丁忠兵，2015. 农产品电商生态系统：个理论分析框架 ［J］. 中国农村观察（4）：39-48，70，96.

王世波，袁荧，董妍，等，2022. 基于 DEA-Tobit 模型的黑龙江省农产品流通效率测度及影响因素研究 ［J］. 北方园艺（20）：140-148.

王书华，杨有振，苏剑，2014. 农户信贷约束与收入差距的动态影响机制：基于面板联立系统的估计 ［J］. 经济经纬，31（1）：26-31.

王曙光，2014. 普惠金融：中国农村金融重建中的制度创新与法律框架 ［J］. 中国城市金融（4）：80.

王威，2020. 农贸批发市场信息化转型之路 ［J］. 中国国情国力（6）：53-54.

王伟新，祁春节，2013. 我国农产品流通现代化评价指标体系的构建

与测算 [J]. 经济问题探索 (1): 128-133.

王象永, 王延海, 张智, 2015. 山东省土地流转对农民收入影响调查 [J]. 调研世界 (9): 30-32.

王小兵, 康春鹏, 董春岩, 2018. 对"互联网+"现代农业的再认识 [J]. 农业经济问题 (10): 33-37.

王小华, 温涛, 王定祥, 2014. 县域农村金融抑制与农民收入内部不平等 [J]. 经济科学 (2): 44-54.

王小鲁, 樊纲, 2005. 中国收入差距的走势和影响因素分析 [J]. 经济研究 (10): 24-36.

王小艳, 2021. "双循环"格局下城乡一体化商贸流通体系构建研究 [J]. 全国流通经济 (16): 28-30.

王昕天, 荆林波, 2022. 疫情防控中农产品流通堵塞原因、短期应对与长期设想 [J]. 中国流通经济, 36 (12): 55-67.

王新利, 李世武, 2008. 论我国农产品流通渠道再造 [J]. 物流科技 (2): 139-142.

王修华, 邱兆祥, 2011. 农村金融发展对城乡收入差距的影响机理与实证研究 [J]. 经济学动态 (2): 71-75.

王阳阳, 王倩倩, 2023. 乡村振兴背景下电子商务对农产品流通效率的影响 [J]. 商业经济研究 (2): 99-102.

王永培, 宣烨, 2008. 基于因子分析的我国各地区流通产业竞争力评价: 兼论中西部地区流通产业发展对策 [J]. 经济问题探索 (4): 42-46.

王玉香, 徐洪波, 2021. 数字经济赋能下流通业效率对居民消费升级的影响：基于消费扩容提质的视角 [J]. 商业经济研究 (16)：40-44.

王钰明，燕洁，王双进，2023. 河北省农产品流通效率区域差异性分析 [J]. 北方园艺 (1)：135-141.

王正沛，李国鑫，2019. 消费体验视角下新零售演化发展逻辑研究 [J]. 管理学报，16 (3)：333-342.

王梓煜，侯艺瑾，郑泽杰，2021. 区块链技术与农产品供应链结合的价值研究 [J]. 商展经济 (8)：83-85.

魏后凯，芦千文，2020. 新冠肺炎疫情对"三农"的影响及对策研究 [J]. 经济纵横，414 (5)：36-45，2.

温涛，陈一明，2020. 数字经济与农业农村经济融合发展：实践模式、现实障碍与突破路径 [J]. 农业经济问题 (7)：118-129.

温涛，刘渊博，2023. 数字素养、金融知识与农户数字金融行为响应 [J]. 财经问题研究 (2)：50-64.

温忠麟，叶宝娟，2014. 中介效应分析：方法和模型发展 [J]. 心理科学进展，22 (5)：731-745.

文龙娇，张珩，2021. 数字经济下新型农业经营主体融资实现路径研究 [J]. 当代经济管理，43 (11)：90-97.

文启湘，2007. 加快构建农村现代流通体系：推进农村消费和谐发展的重要条件 [J]. 湘潭大学学报（哲学社会科学版）(1)：66-68.

吴江，2023. 新媒体背景下公共图书馆读者服务的创新探究 [J]. 文化学刊 (5)：161-164.

吴泽宇，葛莉，2023. 基于物联网的数字农产品安全监管平台设计

[J]. 科技与创新（6）：51-53，56.

吴志坚，邱俊杰，2015. 农业合作社运营生鲜电商平台的挑战、意义与机制 [J]. 科技管理研究，35（19）：197-201，206.

伍音子，曾鸣，2021. "互联网+"背景下乡村消费品流通体系构建研究 [J]. 商场现代化（10）：1-3.

武丽娟，徐璋勇，2018. 我国农村普惠金融的减贫增收效应研究：基于 4023 户农户微观数据的断点回归 [J]. 南方经济（5）：104-127.

武沁宇，2016. 我国"互联网+生鲜农产品"宅配业态探析 [J]. 经济纵横（6）：76-79.

夏春玉，瞿春玲，李飞，2010. 中国商品流通现代化研究综述 [J]. 商业经济与管理（9）：5-11.

夏会军，张冠楠，2020. 流通产业发展水平测度及其空间可视化分布动态研究：以京津冀城市群为例 [J]. 商业经济研究（12）：10-13.

向俊峰，2017. 农业品牌影响下农产品流通发展潜力研究 [J]. 河南农业（33）：16-17.

肖红波，2021. 基于数字化转型的农产品流通模式创新研究 [J]. 商业经济研究（12）：40-42.

肖艳丽，2012. 中国农产品流通中的合作关系与合作意愿分析 [J]. 中国经济问题（3）：55-62.

肖瑜，2013. 恩施州农业信息化对农民增收的影响研究 [D]. 武汉：中南民族大学.

谢莉娟，庄逸群，2019. 互联网和数字化情境中的零售新机制：马克思流通理论启示与案例分析 [J]. 财贸经济, 40 (3): 84-100.

谢莉娟, 2015. 互联网时代的流通组织重构: 供应链逆向整合视角 [J]. 中国工业经济 (4): 44-56.

谢璐, 韩文龙, 2022. 数字技术和数字经济助力城乡融合发展的理论逻辑与实现路径 [J]. 农业经济问题 (11): 96-105.

谢晓军, 2023. 流通组织数字化对农产品流通效率的影响及空间效应 [J]. 商业经济研究 (1): 79-82.

谢周亮, 2014. 我国个人社会资本影响劳动收入差异的实证分析 [J]. 广东社会科学 (1): 37-45.

邢鹂, 樊胜根, 罗小朋, 等, 2009. 中国西部地区农村内部不平等状况研究: 基于贵州住户调查数据的分析 [J]. 经济学 (季刊), 8 (1): 325-346.

邢小军, 周德群, 孙利娟, 2011. 基于 DEA 模型的农产品国际贸易效率的国际比较研究 [J]. 管理评论, 23 (2): 60-64.

熊光清, 2009. 经济全球化进程中的国际数字鸿沟问题: 现状、成因和影响 [J]. 国际论坛, 11 (3): 32-36, 80.

熊天任, 胡宇辰, 2022. 新零售背景下传统商贸企业数字化转型路径探讨 [J]. 企业经济, 41 (3): 47-56.

熊湘辉, 白彦平, 2006. 我国农产品流通渠道存在的问题及对策 [J]. 河南商业高等专科学校学报 (3): 23-25.

熊艳, 宋旭超, 2023. 数字乡村战略下农产品流通体系构建 [J]. 农业经济 (4): 127-129.

徐可，何桢，王瑞，2015. 供应链关系质量与企业创新价值链：知识螺旋和供应链整合的作用 [J]. 南开管理评论，18（1）：108-117.

徐生霞，裴晶晶，2023. 数字经济、战略性新兴产业集聚与区域经济协调发展 [J]. 统计与决策，39（12）：23-28.

徐胜，梁靓，2023. 数字经济对区域创新效率的空间溢出效应：基于创新价值链视角 [J]. 中国流通经济，37（2）：55-67.

徐舒，2010. 技术进步、教育收益与收入不平等 [J]. 经济研究，45（9）：79-92，108.

徐伟呈，周田，郑雪梅，2022. 数字经济如何赋能产业结构优化升级：基于 ICT 对三大产业全要素生产率贡献的视角 [J]. 中国软科学（9）：27-38.

徐永锋，吴赟，王志增，2015. 商贸流通业对经济发展的贡献：地区差异与动态比较 [J]. 商业研究（6）：1-8.

徐永慧，李月，邓宏图，2022. 俱乐部收敛与中等收入陷阱 [J]. 现代财经（天津财经大学学报），42（11）：48-62.

徐振宇，2007. 提升农产品流通效率 促进经济增长方式转变 [J]. 北京工商大学学报（社会科学版）（6）：6-9.

许恒，张一林，曹雨佳，2020. 数字经济、技术溢出与动态竞合政策 [J]. 管理世界，36（11）：63-84.

许军，2010. 国外农业流通现代化及其经验借鉴 [J]. 吉林农业大学学报，32（5）：591-596.

许庆，田士超，徐志刚，等，2008. 农地制度、土地细碎化与农民收

入不平等 [J]. 经济研究 (2)：83-92, 105.

许宪春, 张美慧, 2020. 中国数字经济规模测算研究：基于国际比较的视角 [J]. 中国工业经济 (5)：23-41.

许竹青, 郑风田, 陈洁, 2013. "数字鸿沟"还是"信息红利"? 信息的有效供给与农民的销售价格：一个微观角度的实证研究 [J]. 经济学 (季刊), 12 (4)：1513-1536.

薛凤蕊, 乔光华, 姜冬梅, 2012. 土地合作社对农户收入影响评价 [J]. 农业经济问题, 33 (5)：34-39.

闫德利, 周子祺, 2017. 数字经济：制造业是主战场 [J]. 互联网天地 (4)：34-36.

严若森, 钱向阳, 2018. 数字经济时代下中国运营商数字化转型的战略分析 [J]. 中国软科学 (4)：172-182.

晏维龙, 2002. 流通革命与我国流通产业的结构变动 [J]. 财贸经济 (10)：36-41.

杨灿明, 郭慧芳, 孙群力, 2007. 我国农民收入来源构成的实证分析：兼论增加农民收入的对策 [J]. 财贸经济 (2)：74-78, 129.

杨承佳, 李忠祥, 2023. 中国数字经济发展水平、区域差异及分布动态演进 [J]. 统计与决策, 39 (9)：5-10.

杨帆, 2020. "互联网＋流通"模式下电子商务对流通效率的影响 [J]. 商业经济研究 (19)：36-39.

杨海丽, 向能, 罗越月, 2022. 农产品流通数字化能改善农村居民生活水平吗：来自省域面板数据与空间杜宾模型的经验证据 [J]. 宏观经济研究（10）：88-102.

杨海丽，2013. 农村流通网络建设的消费效应研究［J］. 统计与决策
（11）：105-107.

杨林广，2021. 在线口碑对地理标志农产品网购意愿的影响效应：兼
论原产地形象的催化作用［J］. 商业经济研究（8）：65-68.

杨仁发，陈存，2023. 电子商务发展有助于缓解县域经济不平等吗?：
来自电子商务进农村综合示范县政策的准自然实验［J］. 世界农业（7）：
86-97.

杨仁发，徐晓夏，2023. 数字经济对商贸流通业高质量发展的影响
［J］. 中国流通经济，37（5）：28-40.

杨入一，孔繁涛，2023. 数字化发展与农产品批发市场技术进步：兼
论农产品电商渠道的中介效应［J］. 中国流通经济，37（3）：3-16.

杨守德，毛心宇，2023. 数字经济背景下数商兴农赋能农村现代化：
基于空间溢出效应的实证［J］. 商业经济研究（14）：80-85.

杨肖丽，赵涵，牟恩东，2023. 数字经济对农产品流通效率的影响：
基于省域面板数据的实证分析［J］. 中国流通经济，37（8）：28-38.

杨新铭，罗润东，2008. 技术进步条件下农村人力资本与收入差距的
互动机制［J］. 数量经济技术经济研究（1）：74-84.

杨新铭，2017. 数字经济：传统经济深度转型的经济学逻辑［J］. 深
圳大学学报（人文社会科学版），34（4）：101-104.

杨增凡，2016. 基于供应链模式的农产品流通企业绩效评价［J］. 商
业经济研究（21）：151-153.

杨子，马贤磊，诸培新，等，2017. 土地流转与农民收入变化研究 [J]. 中国人口·资源与环境，27（5）：111-120.

姚海琴，朋文欢，黄祖辉，2016. 家庭型乡村旅游发展对农户收入的影响机制及效果：以浙江、四川和湖南三省为例 [J]. 经济地理，36（11）：169-176.

姚毓春，张嘉实，赵思桐，2022. 数字经济赋能城乡融合发展的实现机理、现实困境和政策优化 [J]. 经济纵横（12）：50-58..

叶静怡，周晔馨，2010. 社会资本转换与农民工收入：来自北京农民工调查的证据 [J]. 管理世界（10）：34-46.

叶普万，2005. 贫困经济学研究：一个文献综述 [J]. 世界经济（9）：70-79.

殷浩栋，霍鹏，汪三贵，2020. 农业农村数字化转型：现实表征、影响机理与推进策略 [J]. 改革（12）：48-56.

尹成杰，2021. 后疫情时代粮食发展与粮食安全 [J]. 农业经济问题，493（1）：4-13.

尹翔硕，刘能华，2008. 经济全球化进程中的数字鸿沟：基于跨国面板数据的分析 [J]. 世界经济文汇（2）：84-96，98-99，97.

于海龙，武舜臣，张振，2020. 供应链视角下鲜活农产品流通模式比较：兼论环节多、链条长的流通难题 [J]. 农村经济（2）：89-97.

于淑敏，朱玉春，2011. 农业信息化水平的测度及其与农业全要素生产率的关系 [J]. 山东农业大学学报（社会科学版），13（3）：31-36.

于志慧，何昌磊，2023. 流通业发展促进农民收入消费双提升了吗?：

来自 283 个地级市的经验证据 [J]. 中国流通经济, 37 (1)：47-59.

余岭, 2014. 协同商务模式下农产品流通服务体系研究 [D]. 天津：天津大学.

余新平, 熊晶白, 熊德平, 2010. 中国农村金融发展与农民收入增长 [J]. 中国农村经济 (6)：77-86, 96.

余运江, 杨力, 任会明, 等, 2023. 中国城市数字经济空间格局演化与驱动因素 [J]. 地理科学, 43 (3)：466-475.

俞立平, 2021. 客观赋权法本质及在科技评价中的应用研究：以学术期刊为例 [J]. 情报理论与实践, 44 (2)：50-56.

袁惠爱, 赵丽红, 岳宏志, 2023. 数字经济影响旅游业高质量发展：理论机制与经验证据 [J]. 云南财经大学学报, 39 (5)：16-31.

袁野, 李林汉, 2023. 数字经济、技术创新与经济高质量发展的耦合协调效应研究 [J]. 工业技术经济, 42 (1)：45-54.

袁勇, 王飞跃, 2016. 区块链技术发展现状与展望 [J]. 自动化学报, 42 (4)：481-494.

岳一姬, 肖亚成, 2021. 基于流通环节视角的我国农产品流通效率及其演变特征 [J]. 价格月刊 (1)：88-94.

曾庆均, 唐菁, 张娜, 2022. 数字经济、区域创新能力与农产品流通现代化：来自长江经济带的经验证据 [J]. 中国流通经济, 36 (8)：3-15.

曾亿武, 郭红东, 金松青, 2018. 电子商务有益于农民增收吗？：来自江苏沭阳的证据 [J]. 中国农村经济 (2)：49-64.

曾亿武，宋逸香，林夏珍，等，2021. 中国数字乡村建设若干问题刍议 [J]. 中国农村经济 (4)：21-35.

曾亿武，万粒，郭红东，2016. 农业电子商务国内外研究现状与展望 [J]. 中国农村观察 (3)：82-93，97.

曾亿武，张增辉，方湖柳，等，2019. 电商农户大数据使用：驱动因素与增收效应 [J]. 中国农村经济 (12)：29-47.

翟岁兵，2017. 我国农产品流通的特征与发展趋势 [J]. 改革与战略，33 (8)：106-108.

翟学伟，2003. 社会流动与关系信任：也论关系强度与农民工的求职策略 [J]. 社会学研究 (1)：1-11.

张斌，姜鹏，程长林，2020. 北京市农产品流通效率及其空间相关性分析 [J]. 商业经济研究 (14)：148-152.

张博，胡金焱，范辰辰，2015. 社会网络、信息获取与家庭创业收入：基于中国城乡差异视角的实证研究 [J]. 经济评论 (2)：52-67.

张得银，2008. 流通创新与流通现代化述评 [J]. 科技创新导报 (34)：31-32.

张芬芬，邓博华，2023. 数字经济赋能乡村振兴的影响机制与空间效应 [J]. 金融与经济 (3)：65-76.

张昊，2023. 数字信息技术如何缓解农产品价格波动：基于国内大市场的流通视角 [J]. 财贸研究，34 (1)：55-66.

张昊，2023. 运输距离、中间环节与下游市场价格表现：基于对农产品流通特征的考察 [J]. 财贸经济，44 (2)：105-121.

张浩，雷有春，2015. 中国农产品流通组织发展趋势展望 [J]. 农业展望，11 (7)：70-74.

张合振，2021. 我国商贸流通业发展方式转变探讨 [J]. 商业经济研究 (7)：31-34.

张厚珂，2006. 中部地区流通业发展与经济增长问题研究 [D]. 长沙：湖南大学.

张化尧，金波，许航峰，2020. 数字经济的演进：基于文献计量分析的研究 [J]. 燕山大学学报 (哲学社会科学版)，21 (3)：107-114，144.

张嘉怡，胡志明，2022. 中国城市数字普惠金融发展的时空演化特征及影响因素研究 [J]. 西南民族大学学报 (人文社会科学版)，43 (4)：108-118.

张杰，2014. 农产品流通体系建设研究 [J]. 知识经济 (7)：96，100.

张晋华，冯开文，黄英伟，2012. 农民专业合作社对农户增收绩效的实证研究 [J]. 中国农村经济 (9)：4-12.

张柯贤，黎红梅，2022. 城市群数字经济发展水平的空间差异及收敛分析 [J]. 经济地理，42 (9)：120-128.

张磊，向南，陈红华，2022. 农产品电商质量安全管控必要性、作用机制及效果评价探究 [J]. 食品安全质量检测学报，13 (1)：262-269.

张梁梁，袁凯华，2018. 省际文化资本存量估算与经济增长效应研究 [J]. 统计与信息论坛，33 (5)：39-49.

张凌洁，马立平，2022. 数字经济、产业结构升级与全要素生产率

[J]. 统计与决策, 38 (3): 5-10.

张龙耀, 邢朝辉, 2021. 中国农村数字普惠金融发展的分布动态、地区差异与收敛性研究 [J]. 数量经济技术经济研究, 38 (3): 23-42.

张世云, 2020. 浙江省低收入农户增收问题研究: 基于 2013—2017 年低收入农户收入及构成统计分析 [J]. 统计科学与实践 (1): 44-47.

张旺, 白永秀, 2022. 数字经济与乡村振兴耦合的理论构建、实证分析及优化路径 [J]. 中国软科学 (1): 132-146.

张务伟, 周缘, 2024. 农民工转移就业对农村居民收入的影响及其空间溢出效应 [J/OL]. 中国农业资源与区划, 45 (4): 131-142.

张希颖, 祎海霞, 2007. 第三方物流与农产品连锁经营模式创新: 河北省农产品营销模式分析 [J]. 价格理论与实践 (7): 79-80.

张曦, 郭淑芬, 2022. 空间效应视角下的中国省域工业技术创新效率收敛性研究 [J]. 调研世界, 340 (1): 48-57.

张喜才, 2015. 电子商务进农村的现状、问题及对策 [J]. 农业经济与管理 (3): 71-80.

张夏恒, 2014. 生鲜电商物流现状、问题与发展趋势 [J]. 贵州农业科学, 42 (11): 275-278.

张小宇, 黄沁怡, 2023. 中国城市房产价格的俱乐部收敛特征及其溢出效应检验 [J]. 中南大学学报 (社会科学版), 29 (1): 108-122.

张晓林, 2015. 农产品流通创新系统构建与实施路径 [J]. 经济问题 (7): 101-105.

张新红, 2016. 数字经济与中国发展 [J]. 电子政务 (11): 2-11.

张秀生，柳芳，王军民，2007. 农民收入增长：基于农村公共产品供给视角的分析 [J]. 经济评论 (3)：48-55.

张雪玲，焦月霞，2017. 中国数字经济发展指数及其应用初探 [J]. 浙江社会科学 (4)：32-40，157.

张勋，万广华，吴海涛，2021. 缩小数字鸿沟：中国特色数字金融发展 [J]. 中国社会科学 (8)：35-51，204-205.

张延龙，王明哲，汤佳等，2022. 新冠肺炎疫情对我国农业企业的影响分析及应对策略：基于多视角的分析 [J]. 农业经济问题，516 (12)：19-31.

张英浩，汪明峰，刘婷婷，2022. 数字经济对中国经济高质量发展的空间效应与影响路径 [J]. 地理研究，41 (7)：1826-1844.

张永强，张晓飞，刘慧宇，2017. 我国农产品流通效率的测度指标及实证分析 [J]. 农村经济 (4)：93-99.

张永霞，2022. 基于完善农村流通体系的城乡协调发展战略探究 [J]. 农村经济与科技，33 (6)：194-196.

张玉涛，2021. 河南提升粮食市场竞争力存在的问题与对策 [J]. 现代农业研究，27 (9)：155-157.

张岳，张博，周应恒，2023. 数字乡村建设对农民收入的影响：基于收入水平与收入结构的视角 [J]. 农林经济管理学报，22 (3)：350-358.

张岳，周应恒，2021. 数字普惠金融、传统金融竞争与农村产业融合 [J]. 农业技术经济 (9)：68-82.

章成，洪铮，王林，2021. 农村普惠金融对农业产业化的影响研究

[J]. 贵州财经大学学报 (3)：35-44.

赵宸宇，王文春，李雪松，2021. 数字化转型如何影响企业全要素生产率 [J]. 财贸经济，42 (7)：114-129.

赵洪丹，2011. 中国农村金融发展与农村经济发展的关系：基于1978—2009 年数据的实证研究 [J]. 经济学家 (11)：58-63.

赵剑治，陆铭，2010. 关系对农村收入差距的贡献及其地区差异：一项基于回归的分解分析 [J]. 经济学 (季刊)，9 (1)：363-390.

赵凯，宋则，2009. 商贸流通服务业影响力及作用机理研究 [J]. 财贸经济 (1)：102-108.

赵敏婷，陈丹，2021. 农业品牌数字化转型的实现路径 [J]. 人民论坛 (36)：76-78.

赵革，骆毅，2011. 发展农产品电子商务的案例分析与启示：以"菜管家"和 Freshdirect 为例 [J]. 商业经济与管理 (7)：19-23.

赵萍，2007. 论流通产业集群与区域经济发展 [J]. 财贸经济 (2)：111-115.

赵涛，张智，梁上坤，2020. 数字经济、创业活跃度与高质量发展：来自中国城市的经验证据 [J]. 管理世界，36 (10)：65-76.

赵巍，徐筱雯，2023. 数字经济、空间效应与经济高质量发展：以长江经济带 110 个城市为例 [J]. 华东经济管理，37 (8)：42-49.

赵巍，徐筱雯，2023. 数字经济对农业经济韧性的影响效应与作用机制 [J]. 华南农业大学学报 (社会科学版)，22 (2)：87-96.

赵玮，廖四成，廖波，2021. 面向用户体验的"社交+电商"全场景

营销策略分析 [J]. 商业经济研究 (15)：68-71.

赵西三，2017. 数字经济驱动中国制造转型升级研究 [J]. 中州学刊 (12)：36-41.

赵晓飞，付中麒，2020. 大数据背景下我国农产品流通渠道变革实现路径与保障机制 [J]. 中国流通经济，34 (12)：3-10.

赵晓飞，李崇光，2012. 农产品流通渠道变革：演进规律、动力机制与发展趋势 [J]. 管理世界 (3)：81-95.

赵晓飞，田野，2024. 农产品流通领域农民合作组织的经济效应分析 [J]. 财贸研究 (6)：14-21.

赵晓飞，2012. 我国现代农产品供应链体系构建研究 [J]. 农业经济问题，33 (1)：15-22.

赵晓锋，张永辉，霍学喜，2012. 农业结构调整对农户家庭收入影响的实证分析 [J]. 中南财经政法大学学报 (5)：127-133，144.

赵星，2016. 数字经济发展现状与发展趋势分析 [J]. 四川行政学院学报 (4)：85-88.

赵艳丽，2023. 数字化驱动农产品流通业发展的区域差异及行业分异研究 [J]. 商业经济研究 (3)：109-112.

赵玉冰，2020. 数字普惠金融支持商贸流通业高质量发展：基于省际面板数据的实证考察 [J]. 商业经济研究 (22)：21-24.

赵玉鹏，王志远，2003. 数字经济与数字经济时代浅议 [J]. 广西民族学院学报（哲学社会科学版）(S1)：113-114.

赵志田，何永达，杨坚争，2014. 农产品电子商务物流理论构建及实

证分析 [J]. 商业经济与管理 (7)：14-21.

甄泽璠, 2022. 生鲜农产品流通产业数字化转型升级研究 [J]. 河北企业 (1)：60-62.

郑琛誉, 李先国, 张新圣, 2018. 我国农产品现代流通体系构建存在的问题及对策 [J]. 经济纵横, 389 (4)：125-128.

郑红明, 2016. 基于政府导向的农产品电子商务发展模式研究：以韶关市为例 [J]. 经济研究参考 (21)：77-84.

郑鹏, 李崇光, 2012. "农超对接" 中合作社的盈余分配及规制：基于中西部五省市参与 "农超对接" 合作社的调查数据 [J]. 农业经济问题, 33 (9)：77-85, 112.

郑鹏, 李崇光, 2012. 农业现代化背景下农产品流通现代化的路径选择：一个理论分析框架 [J]. 中国流通经济, 26 (5)：24-29.

郑勇, 张阳, 2020. "互联网+" 背景下返乡大学生农产品绿色营销策略研究 [J]. 农业经济 (10)：139-141.

郑中华, 特日文, 2014. 中国三元金融结构与普惠金融体系建设 [J]. 宏观经济研究 (7)：51-57.

周丹, 杨晓玉, 姜鹏, 2016. 中国重要农产品流通现代化水平测度与实证研究：基于 2000—2014 年度省际面板数据 [J]. 贵州财经大学学报, 184 (5)：22-28.

周丹, 2020. 乡村振兴目标下绿色农产品流通体系构建的对策分析 [J]. 农业经济 (8)：133-135.

周冬, 2016. 互联网覆盖驱动农村就业的效果研究 [J]. 世界经济文汇（3）：76-90.

周佳，2019."互联网+流通"背景下公益性流通基础设施发展对策研究 [J]. 首都经济贸易大学学报，21（5）：22-33.

周浪，2020. 另一种"资本下乡"：电商资本嵌入乡村社会的过程与机制 [J]. 中国农村经济（12）：35-55.

周清香，李仙娥，2023. 数字经济对共同富裕的影响效应与作用机制研究 [J]. 经济问题探索（6）：80-93.

周炜，2022. 要素禀赋差异视角下电商下沉对农产品流通的影响 [J]. 商业经济研究（1）：89-92.

周稳海，赵桂玲，尹成远，2014. 农业保险发展对农民收入影响的动态研究：基于面板系统 GMM 模型的实证检验 [J]. 保险研究（5）：21-30.

周洋，华语音，2017. 互联网与农村家庭创业：基于 CFPS 数据的实证分析 [J]. 农业技术经济（5）：111-119.

周晔馨，2012. 社会资本是穷人的资本吗?：基于中国农户收入的经验证据 [J]. 管理世界（7）：83-95.

朱建军，胡继连，2015. 农地流转对我国农民收入分配的影响研究：基于中国健康与养老追踪调查数据 [J]. 南京农业大学学报（社会科学版），15（3）：75-83，124.

朱婷，夏英，2022. 农业数字化背景下小农户嵌入农产品电商供应链研究 [J]. 现代经济探讨（8）：115-123.

朱万里，2017. 农业供给侧改革视角下农产品流通效率实证研究 [J].

商业经济研究（11）：112-114.

朱逸，赵楠，2021. 数字营销的多重关键性面向 [J]. 商业经济研究（15）：72-76.

祝志勇，刘畅畅，2022. 数字基础设施对城乡收入差距的影响及其门槛效应 [J]. 华南农业大学学报（社会科学版），21 (5)：126-140.

宗颖，2008. 江苏省流通业竞争力评价研究：基于13个地级市层面的分析 [J]. 南京财经大学学报 (2)：7-11.

邹薇，张芬，2006. 农村地区收入差异与人力资本积累 [J]. 中国社会科学 (2)：67-79, 206.

AKER J C, 2011. Dial "A" for agriculture: a review of information and communication technologies for agricultural extension in developing countries [J]. Agricultural economics, 42 (6)：631-647.

ATASOY H, 2013. The effects of broadband internet expansion on labor market outcomes [J]. Industrial & labor relations review, 66 (2)：315-345.

AUTOR D H, LEVY F, MURNANE R J, 2003. The skill content of recent technological change: an empirical exploration [J]. The quarterly journal of economics, 118 (4)：1279-1333.

BAILEY D E, LEONARDI P M, BARLEY S R, 2012. The lure of the virtual [J]. Organization science, 23 (5)：1485-1504.

BARRO R J, 1991. Economic growth in a cross section of countries [J]. The quarterly journal of economics, 106 (2)：407-443.

BONFADELLI H, 2002. The internet and knowledge gaps [J]. European journal of communication, 17 (1): 65-84.

BUKHTR, HEEKSR, 2018. Defining, conceptualising and measuring the digital economy [J]. International organisations research journal, 13 (2): 143-172.

DAGUM C, 1997. Decomposition and interpretation of Gini and the generalized entropy inequality measures [J]. Statistica, 57 (3): 295-308.

DEININGER K, JIN S Q, 2005. The potential of land rental markets in the process of economic development: evidence from China [J]. Journal of development economics, 78 (1): 241-270.

DEY S, 2012. Rythu Bazaar: a study of the supply chain of the farmers' markets of Andhra Pradesh [J]. IUP journal of operations management, 11 (3): 43-66.

DRUCKER P F, NOEL J L, 1986. Innovation and entrepreneurship: practices and principles [J]. The journal of continuing higher education, 34 (1): 22-23.

DU K, 2017. Econometric convergence test and club clustering using Stata [J]. The stata journal, 17 (4): 882-900.

GORSKI P, CLARK C, 2002. Multicultural education and the digital divide: focus on disability [J]. Multicultural perspectives, 4 (4): 28.

HAMERI A, PALSSON J, 2003. Supply chain management in the fishing industry: the case of Iceland [J]. International journal of logistics research and applications, 6 (3): 137-149.

HANSEN B E, 1999. Threshold effects in non-dynamic panels: estimation, testing, and inference [J]. Journal of econometrics, 93 (2): 345-368.

HUANG J K, GAO L L, ROZELLE S, 2012. The effect of off-farm employment on the decisions of households to rent out and rent in cultivated land in China [J]. China agricultural economic review, 4 (1): 5-17.

MATEUSZ T, 2020. Spillovers across house price convergence clubs: evidence from the Polish housing market [J]. Real estate management and valuation, 28 (2): 13-20.

MOLONY T, 2008. Running out of credit: the limitations of mobile telephony in a Tanzanian agricultural marketing system [J]. The journal of modern African studies, 46 (4): 637-658.

MORRIS M H, SHIROKOVA G, SHATALOV A, 2013. The business model and firm performance: the case of Russian food service ventures [J]. Journal of small business management, 51 (1): 46-65.

NAKASONE E, TORERO M, MINTEN B, 2014. The power of information: the ICT revolution in agricultural development [J]. Annual review of resource economics, 6 (1): 533-550.

PHILLIPS P C B, SUL D, 2007. Transition modeling and econometric convergence tests [J]. Econometrica, 75 (6): 1771-1855.

PHILLIPS P C B, SUL D, 2009. Economic transition and growth [J]. Journal of applied econometrics, 24 (7): 1153-1185.

SHANNON C E, 1948. A mathematical theory of communication [J]. The

Bell system technical journal, 27 (3): 379–423.

SHEN Q, ZHANG J, HOU Y X, et al, 2018. Quality control of the agricultural products supply chain based on "Internet +" [J]. Information processing in agriculture, 5 (3): 394–400.

TURCAN R V, JUHO A, 2014. What happens to international new ventures beyond start-up: an exploratory study [J]. Journal of international entrepreneurship, 12 (2): 129–145.

WALDER A G, 2002. Income determination and market opportunity in rural China, 1978 – 1996 [J]. Journal of comparative economics, 30 (2): 354–375.

WANG C, WAN G H, 2015. Income polarization in China: trends and changes [J]. China economic review, 36: 58–72.

ZHANG Q F, 2008. Retreat from equality or advance towards efficiency? Land markets and inequality in rural Zhejiang [J]. China quarterly (195): 535–557.